내겐 여전히 불편한 하나님

IVP(InterVarsity Press)는
캠퍼스와 세상 속의 하나님 나라 운동을 지향하는
IVF(InterVarsity Christian Fellowship)의 출판부로
생각하는 그리스도인을 위한 문서 운동을 실천합니다.

Originally published by InterVarsity Press
as *God Behaving Badly* by David T. Lamb
ⓒ 2011 by David T. Lamb
Translated by permission of InterVarsity Press,
P. O. Box 1400, Downers Grove, IL. 60515, U. S. A.
All rights reserved.

Korean Edition ⓒ 2013 by Korea InterVarsity Press
156-10 Donggyo-ro, Mapo-gu, Seoul 04031, Republic of Korea

내겐 여전히 불편한 하나님

데이비드 램 | 최정숙 옮김

차례

1. 평판이 좋지 않은 하나님 7
2. 진노의 하나님 27
3. 성차별주의자 하나님 55
4. 인종차별주의자 하나님 85
5. 폭력적인 하나님 111
6. 율법주의자 하나님 135
7. 완고한 하나님 161
8. 멀리 있는 하나님 183

에필로그 211
토론을 위한 질문 218
주 225
감사의 글 239
참고문헌 241
성구 찾아보기 244

1_____ 평판이 좋지 않은 하나님

"구약 성경의 사랑의 하나님과 신약 성경의 가혹한 하나님을 어떻게 조화시킬 수 있을까?"

나의 이런 질문에 학생들은 처음에 어리둥절해한다. 그러고는 내가 종종 그러듯 뭔가를 잘못 말한 것이라고 생각한다. 사실 학생들이 접하는 전형적인 질문은 정반대다. "구약 성경의 심술궂은 하나님이 어떻게 예수님처럼 선한 분으로 변하게 되었을까?" 그래서 나는 학생들에게, 이번만큼은 내가 실수로 말을 뒤집은 것이 아님을 분명히 말한 후, 구약 성경의 하나님은 항상 은혜롭고 자비로우시며 노하기를 더디 하시며 인애가 크신 하나님으로 묘사되는 반면[1], 예수님은 성경에서 누구보다도 지옥에 관해 많이 말씀하신다는 사실을 말해 준다.[2] 심지어 '지옥'이라는 말은 구약 성경에 나타나지도 않는다.

나의 이런 질문 후에는 보통 활발한 토론이 이어진다. 그리고 나는 신약 성경과 구약 성경에 공통적으로 나타나는 하나님의 성품이 바로 '사랑'이라는 신념으로 학생들을 설득한다. 나는 이 책을 통해 서로 모순되어 보이는 신구약 성경의 하나님 모습을 조화시키려 하는데, 먼저 내가 어떻게 해서 구약 성경의 사랑의 하나님을 가르치게 되었는지 들려주고 싶다.

10여 년 전, 나는 연구와 강의의 초점을 구약 성경에 둘지 신약 성경에 둘지 결정해야 했다. 그 결정은 내 생애에서 가장 중요한 결정 중 하나였다. 성경 전체를 사랑하는데 어느 한 부분만을 택해야 한다고 생각하니 고통스러웠다. 마가복음을 좋아했고, 성경의 어느 부분보다 마가복음 강의에 많은 시간을 들였기에, 신약 성경으로 마음을 정해야 하지 않을까 생각했다. 그러나 신약학 분야에 연구자들이 너무 많이 몰리는 것 같아 다시 망설이게 되었다. 신약 성경에서 연구 주제를 찾는 것은 크리스마스 전날 백화점에서 주차할 곳을 찾는 것 같았고, 이단이 되지 않는 한 신선한 아이디어를 내놓기 어려울 것 같았다.

그래서 구약 성경을 고려했다. 구약 성경을 택한다면, 뜻이 분명치 않은 구절을 놓고 다른 연구자와 충돌하는 일 따위를 걱정할 필요도 없고, 구약 성경을 읽다 보면 으레 기이한 것이 발견되기 마련이므로 이단성 논란도 고민할 필요가 없을 것 같았다.

그러나 내가 연구 방향을 구약으로 정하게 된 가장 큰 요인은 하나님이었다. 구약 성경에 나오는 하나님은 놀랍고도 기이한 분이었다. 그분은 때로 진노하시지만, 때로는 놀라울 정도로 참으신다. 여자와 아내를 소유물 취급하는 것 같다가도, 그들을 영적·정치적 리더로 택하여 이스라엘을 다스리게 하신다. 또 한편으로는 가나안 사람들을 진멸하라고 하시면서, 다른 한편으로는 이스라엘의 가난한 자, 과부, 고아와 더불어 외국인들을 돌보라고 하신다. 이처럼 구약 성경에 나오는 하나님은 복합적인 분이다. 구약 성경에는 하나님에 관해 이해되지 않는 부분이 너무나 많아서 평생 구약 성경을 공부해도 지루하지 않을 것 같았다.

그래서 구약 성경을 택했다. 그리고 그로부터 10년이 지난 지금도, 구약 성경 연구에 싫증이 난다는 것은 상상조차 할 수 없다. 구약을 가르치는 것보다 더 큰 기쁨은 없을 것이라고 말할 정도로 구약 성경을 사랑하게 되었고, 특히 구약 성경에 나타난 하나님을 깊이 살피는 일에 즐거움을 느낀다.

하지만 나는 수년에 걸쳐 무신론자, 불가지론자 그리고 심지어 그리스도인조차도 구약 성경의 하나님을 부정적으로 인식한다는 것을 알게 되었다. 그들은 내가 방금 말한 본문들을 읽으면서 거기에 나타난 복잡한 하나님 묘사를 연구하기보다 문제가 되는 측면에만 주목한다. 결과적으로 그들은 구약 성경의 가혹한 하나님과 신약 성경의 사랑의 하나님을 조화시키는 것에 관해 자주 질문한다. 그들에게 하나님은 진노하는 분, 남자와 여자를 차별하는 분, 인종을 차별하는 분으로밖에 안 보인다.

이처럼 구약 성경의 하나님은 평판이 좋지 않다.

구약 성경의 하나님은 과연 진노하며, 남녀를 차별하며, 인종을 차별하시는가?
구약 성경을 읽어 본 경험이 있다면, 내가 무슨 말을 하는지 알 것이다. 언약궤가 예루살렘으로 향하는 장면에서, 웃사가 정말 죽을 정도로 나쁜 짓을 했는지 의문이 들지 않던가? 언약궤가 넘어지는 것을 막으려 했을 뿐인데, 하나님은 꼭 그를 그 자리에서 치셔야만 했을까?(삼하 6:7) 도리어 상을 주셨어야 하는 것 아닐까? 하나님은 어째서 웃사에게 그렇게 진노하셨을까? 구약 성경의 하나님은 이처럼 항상 진노하시는 분일까?

롯은 소돔 거리에서 밤을 새겠다는 낯선 두 천사를 설득하여 집에 들인다. 그리고 얼마 후 난폭한 무리가 그 집을 둘러싼다(창 19:2-8). 그때 그 무리를 달래려는 롯에게 떠오른 묘책은 그들로 하여금 남자를 가까이 하지 아니한 자신의 두 딸을 대신 취하게 하는 것이었다. 롯은 소돔에서 유일하게 의롭다고 여겨진 사람인데, 자청해서 딸을 강간당하게 하는 행위가 어떻게 의로움과 들어맞을 수 있을까?[3] 성경이 이처럼 잔인한 제안을 하는 롯을 비난하지 않는다는 사실은 롯뿐만 아니라 하나님까지 여성 혐오자로 비치게 한다. 구약의 하나님은 성차별주의자일까?

이스라엘이 약속의 땅으로 이동하는 동안, 하나님은 그 땅에 사는 가나안 사람을 완전히 쓸어버리라고 명령하셨다(수 10:40). 아무리 가나안 사람들이 악했다 해도(신 9:5), 이 명령은 종족 학살처럼 들린다. 대체 어떤 신이 그런 학살을 명한단 말인가? 하나님은 가나안 사람들보다 이스라엘 사람들을 더 귀하게 여기시는 것 같다. 그렇다면 구약 성경의 하나님은 인종차별주의자일까?

이처럼 문제성 있는 본문들은 대중문화에서 흔히 접할 수 있는 하나님에 대한 부정적인 인식을 형성하는 데 한몫을 했다.[4]

재앙을 일으키시는 하나님

개리 라슨(Gary Larson)의 유명한 만화 "파 사이드"(The Far Side)에는 컴퓨터 앞에 앉은 하나님이 등장한다. 컴퓨터 화면에는 뻐드렁니가 난 순진한 외모의 사나이가 어슬렁어슬렁 걷고 있고,[5] 그의 머리 불과 몇 센티미터 위로 가느다란 줄 몇 가닥에 그랜드 피아노가 위태롭게 걸려 있다. 하나님은 자판 위를 빙빙 도는 자기 손가락을 쳐다보고 계시며, 집게손가락으로 '치라'(SMITE)라고 쓰인 키를 누르려 하신다.

라슨이 묘사하는 하나님의 모습은 재미있는 측면도 있지만, 구약 성경에서 하나님이 치고, 때리고, 죽이고, 심지어 학살하시는 본문을 읽는 독자들의 속마음을 상당히 반영하기 때문에 비극적이기도 하다.

대중문화에 나타난 부정적인 하나님 상의 다른 예를 찾는 것은 어렵지 않다. 영화 "브루스 올마이티"(Bruce Almighty)에서 이반 백스터(스티브 카렐 분)에게 앵커 자리를 빼앗긴 브루스(짐 캐리 분)는 죽고 싶을 정도로 우울해진 나머지 하나님을 향해 이렇게 외친다. "나를 치세요. 오, 전능한 주먹이시여!" 흥미롭게, 엘리야도 하나님께 비슷한 요청을 했다. "지금 내 생명을 거두시옵소서"(왕상 19:4).[6] 분명, 브루스와 엘리야는 치는 것이 하나님의 담당 업무(job description)에 속한다고 생각했을 것이다. 브루스는 하나님을 잘 알지 못했다고 할 수 있지만, 엘리야에게는 이런 논리를 적용할 수 없다. 회오리바람을 이용해 직접 하늘로 올리실 정도로 하나님이 엘리야를 (브루스가 아니라) 사랑하셨기 때문이다(왕하 2:11). 그렇다면 치는 것이 진정 하나님 본성의 일부일까?

"심슨 가족"(The Simpsons) 첫 번째 시즌의 한 일화에서, 바트의 주일학교 교사는 "그래서 하나님은 열차를 폭파하신단다"라는 말로 수업을 마친다.[7] 시청자에게 실제 이유를 설명하지 않은 채 하나님을 엄청난 재앙을 가져오는 분으로 설명하는 주일학교 교사의 부정적인 하나님 인식은

"파 사이드"와 "브루스 올마이티"에 드러난 하나님 인식과 같은 맥락에 있는 것처럼 보인다.

과대망상적이고, 가학 피학적이고, 예측할 수 없는 악의적 불한당인가?

통속적인 묘사의 코믹성 때문에 이러한 부정적 묘사를 심각하게 받아들이지 않을 수도 있지만, 무신론자 리처드 도킨스(Richard Dawkins)의 견해는 쉽게 무시할 수 없다. 도킨스는 자신의 베스트셀러 「만들어진 신」(The God Delusion, 김영사)에서 이렇게 쓴다.

> 구약 성경에 나오는 하나님은 틀림없이 허구에 등장하는 모든 인물 중에서 가장 불쾌한 인물이다. 공공연하게 질투하며, 옹졸하고, 부당하고, 용서를 모르는 권위적 인물인데다, 복수심이 강하고, 피에 굶주린 종족 말살자이며, 여자와 동성애자를 혐오하고, 인종차별주의자이며, 영아를 살해하고, 심지어 자식까지도 살해하는 인물이다. 그뿐 아니라 역병을 일으키며, 과대망상적이고, 가학 피학성 변태 성욕자이고, 예측할 수 없는 악의적 불한당이다.[8]

나는 도킨스의 이러한 결론에 동의하지 않지만, 이렇게 과장된 어조 덕분에 그의 책은 흥미로운 읽을거리가 되었고 성공적으로 판매되었다. 도킨스의 책이 세계적인 베스트셀러가 되었다는 사실은 그가 문제를 제대로 건드렸음을 의미한다.

크리스토퍼 히친스(Christopher Hitchens)의 2007년 베스트셀러 제목, "신은 위대하지 않다: 종교가 어떻게 모든 것을 오염시키는가"는 유사한 반

(反)하나님 감정을 노골적으로 드러낸다.[9] 버트런드 러셀(Bertrand Russell) 이후로 대중문화에서 도킨스와 히친스만큼 큰 파문을 일으킨 무신론자는 없을 것이다. 라슨, 브루스, "심슨 가족", 도킨스, 히친스 모두 하나님을 부정적으로 보는 것 같다.

하나님을 부정적으로 보는 관점은 보험회사가 사용하는 용어에서도 발견된다. 홍수, 지진, 회오리바람, 허리케인과 같은 인간이 통제할 수 없는 재난을 일컫는 용어가 무엇인가? 바로 "불가항력"(Acts of God, 하나님 행위)이다. 이 용어가 반드시 하나님의 행위가 선하지도 친절하지도 않음을 말하는 것은 아니지만, '파괴적'이라는 부정적 수식어가 빠진 경우라 할지라도('destructive' acts of God), 이 용어는 하나님이 일단 시작하시면 사정없이 파괴하신다는 점을 암시한다.

나는 "파 사이드"와 "심슨 가족"이 항상 하나님을 파괴자로 묘사하지는 않는다는 것과 "브루스 올마이티"와 "에반 올마이티"(Evan Almighty)에서 모건 프리먼이 연기한 하나님상(像)이 상당히 설득력 있음을 인정한다.[10] 현대 문화에서 이러한 부정적인 하나님 묘사는 드문 일이 아니다. 하나님에 대한 몇몇 코믹한 묘사는 그다지 심각한 문제는 아니지만, 이 주제에 접근하는 도킨스와 히친스 같은 작가들의 태도는 매우 도발적이다. 우리는 그들의 지독한 하나님 비판에 적절하게 응답해야 한다.

하나님 탄핵하기

1974년 8월 8일 저녁, 밖에서 형제들이랑 친구들과 어울려 놀던 중, 부모님이 빨리 들어와 텔레비전에 나오는 역사적인 장면을 보라고 하셨다. '도

대체 이웃집 창문을 박살 낼 홈런을 치는 것보다 중요한 일이 무엇일까'라고 생각하는데(누군가 부모님께 우선순위를 정해 드려야 했다!), 부모님은 대통령이 막 사임하려는 순간이라고 하셨다. "그래서 뭐요?"라는 우리 물음에 "들어와서 텔레비전 봐!"라는 권위적인 음성이 되돌아왔다. 우리가 그날 지켜본 것은 대통령직을 사임할 것임을 밝히는 리처드 닉슨의 대국민담화였다. 그러나 사임 자체보다 충격적인 것은 미국 대통령이 범죄자라는 사실이었다.

세상에서 가장 영향력 있는 사람이 선하지 않은 것이 걱정스러운 일이라면, 우주의 통치자가 선하지 않다는 것은 더 없이 충격적이다. 도킨스와 히친스는 하나님을 믿지 않기로 함으로써 본질에서 하나님을 "탄핵"한다고 말할 수 있다. 그들은 사람들을 부추겨 하나님을 권좌에서 몰아내고, 하나님은 부당하시며 하나님을 경배하는 것은 헛된 일임을 믿게 하려 한다. 우리가 주의 깊게 검토해야 하는 것은 도킨스와 다른 사람들이 하나님을 비난하는 내용뿐만 아니라, 그들이 자신의 주장을 입증하려고 사용하는 성경 본문이다.

실제로 우주의 통치자가 진노하시는 분이며, 성차별주의자이고, 인종차별주의자라면 몹시 괴로울 것이다. 특히 폭력, 성차별 또는 인종차별로 피해를 본 사람들에게는 더더욱 그럴 것이다. 구약 성경의 하나님은 진노하시는 분으로 나타나지만, 그분을 특징짓는 성품은 사랑이다. 하나님은 성차별주의자로 보이시다가도, 여자들을 대중 앞에서 인정해 주시는 분이다. 또한 하나님은 인종차별주의자로 보이시다가도, 모든 사람에게 친절하신 분이다. 앞으로 이 책에서 밝히겠지만, 이런 결론을 뒷받침하는 것은 성경이다.

길고 웨이브가 있는 백발의 하나님

내게 하나님에 관한 이런 부정적 이미지가 특히 문제가 되는 이유는 그 이미지가 내 연구 주제인 구약 성경에 주목하기 때문이다. 라슨이 묘사한 하나님은 예수님(길고 웨이브가 있는 갈색 머리의)이 아니라 구약 성경의 하나님(길고 웨이브가 있는 '백발의')을 닮았다. 예수님은 절대로 누군가를 치시는 분이 아니다. 실제로 예수님은 그런 행동을 싫어하시는 분 같지만(마 5:39; 눅 22:49-51), 구약 성경의 하나님은 종종 치라는 명령키에서 손을 뗄 수 없는 분처럼 보인다(출 3:20; 민 25:17; 신 7:2).[11] 예수님은 폭풍을 잠잠케 하시지만(막 4:39), 구약 성경의 하나님은 재난을 일으키신다(출 32:35; 삼하 24:15).[12]

도킨스도 구약 성경의 하나님에 대해서는 거부감이 있지만 예수님은 좋아하기에 "예수님은 구약 성경의 잔인한 괴물에 비해 한결 개선되었다"라고 말한다.[13] 또한 "예수님을 지지하는 무신론자"라는 글을 쓰기도 했다.[14] 분명 도킨스의 공격 대상은 신약 성경의 하나님이 아니라 구약 성경의 하나님이다. 나는 도킨스의 말에 대부분 동의하지 않지만, 구약 성경이 묘사하는 하나님의 모습이 충격적일 수 있다는 그의 주장은 인정한다. 그가 제시한 하나님의 성품 목록이 이러한 주장을 더욱 뒷받침하는데, 이 목록에 하나님에 대한 수많은 부정적 인식이 담겨 있어 구약 성경을 읽는 사람들의 마음을 괴롭힌다. 도킨스와 비슷한 주장을 하는 사람이 로버트 라이트(Robert Wright)이다. 2009년에 "애틀랜틱"(The Atlantic) 지에 그의 저서 「하나님의 진화」(The Evolution of God)가 인용되어 실렸는데,

여기서 그는 "예수님이 등장함으로써 좀 다른 인상을 만들었다"면서 "호전적"이고 "때로 가혹한" 구약 성경의 하나님과 더 사랑이 많은 신약 성경의 하나님을 대조했다.[15]

우리 주변에는 하나님을 진노하시며, 남자와 여자를 차별하시며, 인종을 차별하시는 분으로 보는 시각을 뒷받침하기 위해 인용되는 글이 많다. 구약 성경을 자주 읽는 사람들이라면 이 같은 글을 대할 때 걱정하거나, 당황하거나, 아예 무시해 버리고 싶은 유혹을 받기도 할 것이다. 나는 이러한 문제를 토론의 장으로 끌어들이는 도킨스에게 박수를 보내지만, 그의 결론에는 동의하지 않는다. 그는 성경을 제대로 읽지 않고 있다.

구약 성경의 하나님 vs. 신약 성경의 하나님

이 장을 시작하면서 내가 처음에 던진 질문을 기억하는 주의 깊은 독자라면 "당신도 도킨스와 똑같이 성경을 제대로 읽지 않는다"라고 말할 수 있다.

솔직히 나도 가책을 느낀다.

구약 성경의 사랑의 하나님과 신약 성경의 가혹한 하나님을 대조시켜 읽는 것은 분명 성경을 잘못 읽는 것이다. 반대로, 구약 성경의 심술궂은 하나님과 신약 성경의 선한 하나님을 대조시켜 읽는 것도 성경을 터무니없이 잘못 읽는 것이다. 그러나 이 장에서 첫 질문을 던진 후에 토론을 해야 했던 것은 성경 해석과 관련해서 다음 두 가지 보편적인 관점을 살피고자 했기 때문이다.

첫째, 개인의 주장을 정당화할 목적으로 성경 본문을 왜곡하여 해석하기 쉽다. 이런 의도로 성경을 왜곡하는 것은 도킨스나 다른 무신론자들만의 이야기가 아니다. 안타깝게도 많은 설교자와 성경 교사도 같은 잘못을 저지른다. 성경 본문을 가장 왜곡하기 쉬운 방법은 문제가 되는 본문을 무시하는 것이다. 도킨스와 같은 작가들이 문제가 되는 본문에 대해 논할 때 성경 교사들은 흔히 그 본문을 회피하기 때문에, 성경을 하나님의 말씀으로 여기는 사람들보다 무신론자들이 성경을 더 주의 깊게 읽는 것처럼 보일 수 있다.

나는 구약 성경이 하나님을 묘사하는 방식대로 하나님 성품의 긍정적인 측면을 강조할 것이다. 그러나 구약 성경 전체를 충실하게 살피려면, 자신의 주장을 약화시킬 것 같은 본문을 비롯한 다른 본문도 검토해야 한다. 도킨스는 그렇게 하지 않는다. 그는 하나님을 호의적으로 말하는 본문을 피한다. 성경을 왜곡하지 않으려면, 많은 본문을 살피고, 문제가 되는 구절의 양 측면을 연구하고, 그 문맥 안에서 본문을 읽어야 한다. 성경을 이런 식으로 읽으려면 수고가 따르겠지만, 그 결과 하나님을 더 깊이 이해하게 될 것이다.

성경 해석과 관련해서 두 번째로 관찰한 것은 각기 다른 두 신이 있다고 생각될 정도로 지나치게 신구약 성경의 차이를 기술하려 한다는 점이다. '구약 성경의 하나님'이라고 말하면, 이분법이 암시되어 있는 말처럼 들릴지도 모른다. 실제로 나는 구약 성경의 하나님이 신약 성경의 하나님과 다르다고 믿지 않지만, 다르다는 인식은 대중문화뿐만 아니라 교회에도 존재한다.

하나님을 구약 성경의 심술궂은 하나님과 신약 성경의 선한 하나님으로 구분해서 묘사하기 시작한 것은 오래전 일이다. 기독교 초기에 마르시온(Marcion, 주후 80-160년경)은 서로 다른 두 신이 있다고 가르쳤다. 신약 성경의 하나님은 자비와 구원을 베푸는 자비로운 신인 반면, 구약 성경의 하나님은 율법과 정의를 강조하는 냉혹한 신이라는 것이다. 그래서 마르시온은 구약 성경을 기독교 경전으로 인정하지 않았다. 부분적으로 마르시온의 관점에 끌리는 점이 있을 수 있으며(구약 성경을 제대로 공부하지 않는다면), 실제로 2세기에 마르시온의 교회는 크게 부흥했다.

구약 성경을 사랑하는 우리에게는 다행스럽게도, 교회는 2세기 중반에 마르시온의 견해를 이단으로 간주했다. 그러나 마르시온의 반(反)구약적 관점을 따르는 여러 종류의 이단은 오늘날에도 근절되지 않고 있다. 이는 구약 성경을 읽지 않기 때문에 그 진가를 알지 못하는 그리스도인이 많다는 것을 암시한다. 마르시온의 잔재를 극복하려면 구약 성경을 더욱 주의 깊게 살펴야 하며, 신약 성경과 함께 구약 성경을 읽어야 한다. 이것이 내가 이 책을 쓴 목적이다.

하나님의 두 이름: 야웨와 예수

신구약 성경에 나오는 하나님의 본성을 이해하기 위한 좋은 출발점은 성경에서 하나님의 이름을 살피는 것이다.[16] 구약 성경은 하나님을 여러 가지 이름과 칭호로 부른다. 이름은 참으로 간단한 것이지만, 하나님이라는 단수를 명사 접두어와 연결형의 복수형으로 구성된 히브리어(구약 성경의 언어)로 살펴보면 그 논제는 금방 복잡해진다. 여기서는 특별한 의미가 있는 이름 몇 가지를 간단히 언급하겠다.[17]

성경은 처음에 하나님을 그냥 "하나님", 즉 '엘로힘'(elohim, 창 1:1)으로 부른다. 구약 성경 전체를 통해 하나님은 종종 이 이름으로 언급된다(대략 2,600번).[18] 하나님을 부르는 다른 이름은 '주님'을 뜻하는 '아돈'(adon)이거나 '아도나이'(adonai)인데(창 15:2), 구약 성경에 400번 이상 나온다.

하지만 구약 성경에 나오는 하나님의 이름은 '야웨'(Yahweh)이다. 전통적으로 이 이름은 영어로 'Jehovah'라고 기록되었으나, 최근에는 철자에서 모음을 빼고 'YHWH'로 기록한다. 이 이름은 현대 영어 성경에서 'The LORD'(우리말 성경은 '여호와'로 표기했지만, 이 책에서는 성경 인용 부분을 제외하고 '야웨'로 표기한다—편집자주)로 번역된다.[19] 성경에 하나님을 일컫는 여러 가지 표현 중 가장 많이 쓰이는 것은 "야웨"이다(6,800번 이상). 하나님이 모세에게 자신을 나타내셨을 때 "나를 야웨라 부르라"고 말씀하셨다(참고. 출 3:15).[20] 하나님이 백성에게 자신을 칭호(주님)가 아닌 이름(야웨)으로 부르게 하신 데는 특별한 의미가 있다. 따라서 나는 구약 성경의 하나님을 말할 때 그분의 이름인 '야웨'를 사용하겠다.

신학적인 문제와 결부하여, 나는 하나님 아버지, 아들 그리고 성령이 한 분임을 믿을 뿐 아니라 분명 예수와 야웨가 본질상 한 분임을 믿는다. 그러나 이 책에서는 편의상 구약 성경의 하나님을 야웨로, 신약 성경의 하나님을 예수로 부르겠다. 이는 단지 신구약 성경이 하나님의 거룩한 이름을 사용하는 관례를 따른 것이므로, 이것이 논쟁의 빌미가 되지 않기를 바란다. 대개 신약 성경에서 "하나님"과 삼위 하나님(아버지, 아들, 성령)을 자주 언급하지만, 신약 성경에서 자주 사용하는 거룩한 이름은 "예수"이며, 이 이름은 구약 성경에서 사용하는 "야웨"라는 이름과 유사하다.

내가 가르치는 대학원생 중에는 나보다 나이 많은 사람이 많으므로 그들에게 나를 "데이브"로 불러 달라고 하지만, 그들은 어김없이 직함(교수, 박사, 선생)을 써서 부른다. 존경의 표시로 직함을 사용한다는 것과 비서구 문화권에서는 직함에 더 가치를 두는 전통이 있음을 알지만, 직함으로 나를 부르는 사람에게는 거리감을 느낄 수밖에 없다. 평소 나를 "램 박사"라고 부르던 학생이 마침내 "데이브"라고 부르게 되었을 때, 우리는 가까워졌다.

나는 많은 경우 하나님을 "하나님", "주님", 또는 "그리스도"로 부르는 것이 적절하다고 생각하지만, 놀랍게도 그리스도인들은 성경에서 하나님을 부를 때 "야웨"나 심지어 "예수"라는 이름도 거의 사용하지 않는다. 우리가 하나님의 이름을 부르지 않을 때, 하나님과의 관계에서 잃어버리는 측면이 있다.[21] 하나님을 주로 구약 성경에서 야웨로, 신약 성경에서 예수로 부르는 패턴은 하나님이 자기 백성과 직함이 아닌 이름을 부르는 관계를 맺고자 하심을 나타낸다. 하나님과 백성의 이런 친밀감은 신구약 성경에서 공통적으로 발견되는 특성이다.

구약 성경을 사랑하신 예수님

신구약 성경을 지나치게 구분하는 사람들은 예수님이 읽으신 성경이 구약 성경이었다는 중요한 사실을 잊고 있는 것 같다. 예수님이 구약 성경을 중시하신 것은 그분의 빈번한 구약 성경 인용에 나타난다. 공생애 초기에 예수님이 광야에서 사탄에게 세 번 인용하신 말씀은 신명기였으며(눅 4:4, 8, 12; 신 6:13, 16; 8:3), 십자가에서 마지막으로 인용하신 말씀은 시편이었다

(마 27:46; 시 22:1). 예수님은 사역 내내 구약의 율법서, 예언서 그리고 시편 (예를 들어, 눅 7:27; 10:26; 18:31; 19:46; 20:17; 22:37; 24:44)을 끊임없이 인용하셨다. 예수님은 정말 구약 성경을 사랑하셨다.

이 토론에 특히 적절하게, 예수님은 구약 성경을 인용하여 하나님을 묘사하셨다. 이사야 5:1-2을 인용하여 하나님을 포도원 주인(마 21:33)으로 묘사하셨으며, 신명기 6:4을 인용하여 서기관에게 우리 주 하나님은 유일하신 분(막 12:29)이라고 말씀하셨다. 대제사장이 예수님께 그리스도이신지 물었을 때 처음으로 "내가 그라"라고 하신 것은 구약 성경에 기록된 하나님의 이름인 야웨를 암시하는 말이었다(출 3:14). 그런 다음, 예수님은 구약 성경에 기록된 두 말씀을 합하여 하나님 오른편에 앉아 계신 인자(시 110:1)가 하늘의 구름을 타고 오시는 것을 그들이 보게 될 것이라고 예언하셨다(단 7:13). 예수님은 자주 구약의 이미지를 사용하여 자기 자신과 하나님을 신랑(사 62:5; 막 2:19), 목자(겔 34장; 요 10:11) 그리고 왕(시 47편; 마 18:23)으로 묘사하셨다. 예수님은 구약 성경을 아셨을 뿐만 아니라, 자신을 구약 성경의 하나님과 동일시하셨다.

예수님은 또한 하나님이 인간에게 가장 기대하시는 것이 사랑임을 알고 계셨다. 사랑이 하나님의 주된 관심사였음을 증명하기 위해 예수님이 향하신 곳은 어디였을까? 구약 성경이다. 가장 큰 계명이 무엇인지 묻는 질문에 예수님은 구약 성경 두 곳을 인용하여 대답하셨다(신 6:5; 레 19:18). 첫 계명은 하나님을 온전히 사랑하라는 것, 둘째 계명은 이웃을 자기 몸과 같이 사랑하라는 것이었다(막 12:30-31).[22] 안타깝게도 그리스도인들에게는 주변 문제에만 주목하려는 경향이 있지만, 예수님은 야웨가 사랑의 하나님이심을 알고 계셨다.

야웨에 대한 부정적 인식은 구약 성경을 읽는 사람에게 어떤 영향을 주는가?
야웨에 대한 부정적 이미지는 우리로 하여금 신구약 성경의 하나님이 주로 사랑에 관심이 있으시다는 것을 잊게 만들 수 있다. 구약 성경을 잘못 해석하는 데서 비롯되는 하나님에 대한 부정적 인식은 비그리스도인뿐만 아니라 그리스도인에게도 분명 미묘한 영향을 준다. 이제 야웨에 대한 뒤틀린 인식이 초래하는 몇 가지 영적 문제를 살펴보자.

하나님의 이미지는 우리가 하나님을 따를지 멀리할지를 결정하는 데 직접적인 영향을 준다. 구약 성경의 하나님이 참으로 가혹하고, 불공평하고, 잔인한 분이라고 믿는다면, 우리는 하나님과 어떤 관계도 맺으려 하지 않을 것이다. 거룩함을 가장한 아돌프 히틀러 같은 존재와 친밀한 관계를 맺으려는 사람이 있을까? 도킨스와 히친스는 하나님을 멀리하려 할 뿐만 아니라, 유신론은 착각이라는 소식을 전하는 그들 나름의 '전도사'가 되었다.

흥미롭게도, 하나님을 잘 알았던 구약 시대의 사람들에게는 하나님과 함께하려는 간절한 마음이 있었다. 에녹과 노아(창 5:24; 6:9), 아브라함과 야곱(창 18:1-5; 32:26), 모세와 여호수아(출 33:11), 드보라와 한나(삿 4:4; 5:1-31; 삼상 1:10-12; 2:1-10), 다윗과 솔로몬(삼상 13:14; 왕상 8:23-61), 엘리야와 엘리사(왕상 1:10; 왕하 6:16-20)가 그들이다. 그들은 분명 하나님에 대해 우리가 이해하지 못하는 무언가를 이해했을 것이다. 우리가 그들의 하나님과 그들의 삶을 살펴보면서 더욱 그들처럼 되고 하나님을 가까이하려는 간절함이 커지기를 바란다.

하나님에 대한 부정적 인식은 말씀을 읽고자 하는 열심에도 영향을 미칠 수 있다. 성경을 자주 읽지 못하기 때문에 죄의식을 느끼는 많은 그리스도인이 짬을 내어 성경을 읽을 때 양털과 베실을 섞어 짠 옷을 입지 말라는 명령과 옷 네 모서리에 술을 달아서 입으라(신 22:11-12)는 명령을 연이어 만나면, 성경을 계속 읽으려는 마음을 접게 될 것이다. 흠, 특히 "악마는 프라다를 입는다"(The Devil Wears Prada)는 사실을 모두 알고 있는 이때, 하나님은 왜 섞어 짠 옷 같은 사소한 것에까지 관심을 두실까? 독실한 신자라도 이 같은 명령을 보면 더는 구약 성경을 읽지 않으려 할지도 모른다(6장에서 의복에 대한 이 명령을 살펴보겠다).

흥미롭게도 시편 119편은 하나님의 명령을 모호하거나, 기이하거나, 부적절하다고 보지 않는다. 시편 기자는 율법에 대해 당혹스러울 만큼 과장된 언어로 말한다. "주의 규례들을 항상 사모함으로 내 마음이 상하나이다"(시 119:20). 시편 119편은 예배를 위한 찬양이라기보다 로맨틱한 시처럼 들린다. 이런 예는 시편 119편 여러 곳에서 발견된다. "내가 주의 법을 어찌 그리 사랑하는지요. 내가 그것을 종일 작은 소리로 읊조리나이다"(시 119:97). 놀랍게도 성경 전체에서 가장 긴 분량을 차지하는 것이 하나님의 율법을 찬양하는 노래다. 시편 기자는 말씀에 사로잡혀 있었다. 그는 하나님과 하나님의 말씀을 잘 알았으며, 그것이 성경을 읽으려는 열정에 불을 지폈다. 야웨와 구약 성경과 친근해질수록 성경을 읽으려는 의지가 꺾이는 것이 아니라 오히려 더 성경을 사랑해야 한다.

하나님의 이미지는 하나님을 따르는 사람이 어떤 사람이어야 한다는 인식에도 영향을 미칠 것이다. 하나님이 정말로 진노하시는 분이며, 남녀를 차별하시는 분이고, 인종을 차별하시는 분이라면, 그리스도인도 그런 사람이어야 할 것이다. 오늘날 세상이 직면한 가장 긴급하고 논란이 많은 문제는 폭력, 인종 그리고 성이다. 많은 글에서 그리스도인과 교회에 대한 대중의 인식이 하나님에 대한 대중의 인식에 어떻게 영향을 미치는지를 다룬다. 안타깝게도 대중문화에서, 교회는 대체로 문제 해결에 기여하는 것이 아니라 문제를 일으킨다고 인식된다.

다른 고대 근동 문헌에 비하면, 구약 성경은 거룩한 사랑, 외국인의 수용, 그리고 여자를 인정하는 묘사에서 놀랄 만큼 앞서 있다. 구약 성경은 거룩한 영감으로 기록되었을 뿐만 아니라 문화적으로 연결되어 있었다. 우리가 구약 성경의 문맥을 알아감으로써 문제가 되는 야웨 묘사가 마술처럼 사라지는 것은 아니지만, 이를 더 잘 이해할 수 있을 것이다. 더 나아가 야웨를 호의적으로 표현하는 수많은 구절을 가지고 문화적 맥락을 연구하는 동안 우리 마음을 사로잡는 하나님의 모습이 나타날 뿐 아니라, 하나님을 따르는 사람들도 성급한 자, 우월주의자, 편협한 자가 아닌 우리가 닮고자 하는 사람들로 나타날 것이다.

부당하게 행하시는 하나님?

이 책의 나머지 부분에서는 하나님이 부당하게 행하시는 것 같은 여러 구약 성경 구절을 살펴보겠다. 각 장에서 각기 다른 쟁점에 주목하면서 구약 성경의 하나님에 대한 부정적 인식을 검토하겠다. 하나님에 대한 몇 가지 인식(진노하시는 분, 남녀를 차별하시는 분, 인종을 차별하시는 분, 폭력적인 분)은 다른 몇 가지 인식(율법주의적인, 완고한, 냉담한)에 비해 분명 더 논란의 여지가 있지만, 그 모든 인식의 근거 중 일부는 구약 성경에 있고, 대부분 도킨스가 인용한 것에 어떤 형태로든 나타난다.

누구든지 필요에 따라 특정 구절을 자신의 견해를 뒷받침할 목적으로 사용할 수 있으므로, 나는 구약 성경의 다양한 문학 장르에서 많은 성경 본문을 살펴봄으로써 하나님의 거룩한 행위를 표현한 사례를 발견하고, 그것을 통해 가능한 한 일반적으로 구약 성경에 나타난 하나님의 성품을 서술하려 한다. 나는 하나님에 대한 이런 부정적 인식이 대중문화에 얼마나 확산되어 있는지를 토론할 뿐만 아니라, 적절한 고대 근동 문헌과 연계하여 그 역사적 맥락에서 문제점을 이해하려 한다. 나는 사복음서에 근거한 적절한 사건을 살피고, 예수님의 행위를 통해 야웨의 특별한 성품이 어떻게 나타나는지를 제시하는 것으로 각 장을 끝내려 한다. 이 책의 나머지 부분을 읽어 가는 동안 구약 성경뿐만 아니라 신구약 성경의 하나님에 대한 사랑이 더욱 깊어지기를 바란다.

2 ___ 진노의 하나님

"구약 성경을 읽어 보면 하나님은 항상 모든 사람에게 심술궂고 신랄하시지만, 신약 성경은 진노의 하나님이 아닌 사랑의 하나님을 말해요."

이것은 2009년 5월 31일자 "둔스베리"(Doonesbury: Garry Trudeau의 신문 연재만화—역주)에서, 슬로안 목사가 하나님의 진노에 관한 성경 본문을 읽는 것을 들은 샘이 어머니에게 하는 말이다. 샘의 말은 구약 성경의 진노의 야웨와 신약 성경의 사랑의 예수님 사이의 모순의 본질을 정확하게 포착한다. 우리는 진노와 사랑에 초점을 맞춘 구약 성경 구절을 살펴가면서 과연 샘이 잘못 듣는지, 슬로안 목사가 잘못 읽는지, 아니면 야웨가 부당하게 행하시는지를 결정해야 할 것이다. 그러면 구약 성경의 하나님은 정말로 진노하시며, 심술궂고, 신랄하신가?

하나님이 치시는 벼락

어느 목사가 자신이 담임하는 교회의 장로와 골프를 치고 있다. 먼저 목사가 페어웨이로 드라이버샷을 멋지게 날려 보낸다. 장로는 공을 몹시 휘게 쳐서 연못에 빠트리자 소리지른다. "제기랄! 빗나갔네!" 목사가 장로에게 말한다. "조심해요, 아니면 하나님께 벼락 맞아요."

세 번 만에 공을 넣어야 하는 다음 홀에서, 목사는 7번 아이언으로 홀에서 몇 십 센티미터 되는 곳까지 공을 쳐서 올린다. 이어서 장로는 자신이 친 티샷이 그린 위를 날아 벙커에 빠지자 다시 외친다. "제기랄! 빗나갔네!" 목사가 다시 경고한다. "조심해요, 하나님께 벼락 맞는다니까요."

다음 홀에서, 목사가 드라이버 샷으로 세게 친 공은 이글 퍼트(골프에서 표준 타수보다 두 타 적게 치는 것—역주)를 낼 수 있는 지점에서 약 3미터 되는 곳에 내려앉는다. 이어서 장로가 슬라이스로 친 공이 숲 속 깊은 곳으로 향하자 또 다시 고함지른다. "제기랄! 빗나갔네!" 즉시 검은 구름이 덮이고 세찬 바람이 불면서 번쩍 빛났는데, 벼락에 맞은 것은 입이 험한 장로가 아니라 목사였다.

장로가 올려다보자 하늘에서 큰 소리가 들린다. "제기랄! 빗나갔네!"[1]

하나님과 진노라는 주제에 관해 순간 떠오르는 통속적인 이미지가 있다면 그것은 분명 하나님을 노하시게 했기에(보통 사소한 것) 벼락을 맞는 모습일 것이다.[2] 인터넷 검색창에 간단히 "벼락"과 "하나님"이라는 검색어를 입력하기만 해도 이런 형태의(야구와 사냥과 관련하여 변형된) 농담이 수없이 뜬다.

1장에서 야웨의 주된 관심이 사랑에 있다고 말했지만, 구약 성경은 하나님이 진노하시며 때로는 진노로 사람을 죽이시기도 한다고 말한다. 이로 말미암아 야웨가 사랑이시라는 생각이 약화되지는 않을까? 이 장에서는 사랑의 하나님이면서 진노하시는 하나님이라는 양면성을 설명하겠다. 문제를 완전히 해결하지 못할 수도 있지만, 적절한 구약 성경 구절을 살피면서 왜 야웨께서 진노하시는지(야웨는 욕설에 진노하시지 않는다) 그리고 그분의 진노가 얼마나 합리적인지를 더 잘 이해하게 될 것이다.

야웨께서 진노의 하나님이라는 견해를 뒷받침하는 본문이 웃사와 언약궤 이야기이므로, 그곳에서 논의를 시작하는 것이 좋겠다.

야웨는 왜 웃사를 치셨나?

다윗이 블레셋 사람의 손에 있었던(삼상 4-5장) 언약궤를 예루살렘으로 되찾아 오고 있었다.

> 다윗이 이스라엘에서 뽑은 무리 삼만 명을 다시 모으고 다윗이 일어나 자기와 함께 있는 **모든** 사람과 더불어 바알레유다로 가서 거기서 하나님의 궤를 메어 오려 하니 그 궤는 그룹들 사이에 좌정하신 만군의 **여호와의** 이름으로 불리는 것이라. 그들이 하나님의 궤를 새 수레에 싣고 산에 있는 아비나답의 집에서 나오는데 아비나답의 아들 웃사와 아효가 그 새 수레를 모니라 그들이 산에 있는 아비나답의 집에서 하나님의 궤를 싣고 나올 때에 아효는 궤 앞에서 가고,
>
> 다윗과 이스라엘 **온** 족속은 잣나무로 만든 여러 가지 악기와 수금과 비파와 소고와 양금과 제금으로 **여호와** 앞에서 연주하더라. 그들이 나곤의 타작마당에 이르러서는 소들이 뛰므로 웃사가 손을 들어 하나님의 궤를 붙들었더니, **여호와** 하나님이 웃사가 잘못함으로 말미암아 **진노하사** 그를 그 곳에서 치시니 그가 거기 하나님의 궤 곁에서 죽으니라. **여호와께서** 웃사를 치시므로 다윗이 **분하여** 그곳을 베레스웃사라 부르니 그 이름이 오늘까지 이르니라. (삼하 6:1-8)

(성경 구절을 인용할 때는, 본문의 중요한 반복어를 강조하여 그것들이 분명하게 눈에 띄도록 하겠다. 이 구절에서는 "모든", "여호와", 또는 "진노" 같은 말이다.)

축제에는 원래 춤추고 노래하고 악대가 연주하는 대규모 거리행진이 있었다. 언약궤를 끌던 소들이 뛰자 그것을 운반하던 수레가 넘어졌다. 언약궤 곁에서 걷고 있던 웃사가 손을 뻗쳐 언약궤를 붙들자, 진노하신 야웨께서 그 자리에서 웃사를 죽이셨다.

야웨께서 이렇게 진노를 나타내신 이유가 뭘까? 넘어지려는 언약궤를 지키려 한 웃사의 행동은 선하지 않았을까? 웃사가 어떻게 했든, 그의 행동은 분명 사형선고를 받을 만한 것이 아니다. 하나님은 어째서 그를 치셔야 했을까? 심지어 하나님의 마음에 합한 다윗도 하나님이 돌연히 진노하시자 화가 났다. 이런 이야기들 때문에 구약 성경의 하나님은 평판이 좋지 않다.

웃사와 언약궤 이야기를 잘 이해하려면 하나님의 진노 원인을 검토해 나가면 된다. 야웨께서 진노하신 데는 세 가지 중요한 이유가 있다.

언약궤 옮기기. 첫째, 야웨는 이스라엘 사람들에게 언약궤 메는 법을 말씀하셨으나, 그들은 순종하지 않았다. 야웨는 그들이 언약궤를 옮길 때 수레에 실어서는 안 되고, 제사장들이 언약궤의 양쪽 고리에 채를 꿰어 메어야 한다고 말씀하셨다(출 25:10-15; 민 4:15; 7:7-9; 신 10:8). 언약궤 옮기는 법을 어느 한 곳에서 모호하게 지시하신 것이 아니라 율법 전체를 통해 분명하게 말씀하셨다. 앞서 나온 구약 성경 내러티브에서는, 이스라엘 자손들이 언제나 언약궤를 올바른 방법으로 운반했다(신 31:9, 25; 수 3:3, 15, 17; 4:9, 10, 18; 6:6; 8:33; 삼상 4:4).

포스트모더니즘의 영향을 받고 별로 용의주도하지 않은 사람에게는 야웨께서 언약궤를 적절한 의례에 따라 옮기는 데 관심을 두시는 모습이 강박장애처럼 보일 수 있다. 여기서, 하나의 유추를 해 보면 예방조치의 필요성을 이해하는 데 도움이 될 것이다. 언약궤를 다루는 것은 원래 방사성 물질을 다루는 것만큼 위험한 일이었다. 플루토늄을 운반할 때 적절한 예방조치를 하지 않으면 사람들은 죽는다. 미 원자력 규제 위원회(NRC)에서 내려오는 방사성 물질 운반 지침은 모세오경의 언약궤 운반 지침보다 상세하다. (다음에 플루토늄을 운반해야 할 때 NRC 웹사이트를 검토하라.[3]) 나는 원자력 규제 위원회가 내 이웃을 통과하여 핵폐기물을 운반하는 일에 강박증을 나타내는 것이 기쁘다. [2010년 4월, BP(영국의 석유회사—편집자주)가 멕시코 만에서 딥워터 호라이즌(Deepwater Horizon)호로 석유를 시추하려 했을 때 강박증을 나타내지 않아 결국 사람들이 죽었다.] 하나님은 이스라엘 사람들을 보호하시려고 운반 지침을 주심으로써 언약궤를 무모하게 다루지 않도록 하셨는데, 이는 하나님이 플루토늄보다 강하시기 때문이다.

하나님이 출애굽기, 민수기, 신명기에서 언약궤 운반법을 말씀하셨지만, 그들은 그것을 잊었거나 최근에 이 책들을 묵상하지 않았기 때문에 야웨께서 원하시는 운반법을 잘 몰랐을 것이다. 그러나 그들이 언약궤 운반법을 잊는 것은 어려운 일이었다. 언약궤 양쪽에 막대기를 꽂는 두 개의 고리가 있었기 때문에, 그들은 언약궤를 볼 때마다 제사장이 그것을 어깨에 메어 운반하는 것이 야웨께서 원하시는 운반법임을 상기할 수 있었다. 그들은 언약궤 운반법을 정확하게 알고 있었을 것이다. 비극적인 웃사 사건이 있은 지 3개월 후에, 하나님이 말씀하신 방법대로 언약궤를 예루살렘까지 운반했기 때문이다(삼하 6:13). 이 사건에 대해 역대기는 야웨께서 진노하신 것은 그들이 언약궤를 적합한 방법으로 옮기지 않았기 때문이라고 분명하게 말한다(대상 15:11-13).

여기서 또한 중요한 것은 야웨께서 진노하신 시기다. 본문은 거듭해서 온 이스라엘이 그 자리에 있었음을 말하며(삼하 6:1, 2, 5), 3만 명이 이 행렬을 지켜보고 있었다. 전에 하나님의 궤를 빼앗기고 이스라엘의 보병 3만 명이 블레셋 사람의 손에 죽은 것이 그들의 불순종 때문이므로(삼상 4:10), 야웨는 온 백성이 보는 앞에서 순종이 선택이라는 메시지를 주고 싶지 않으셨다. 불순종의 상황에서 나타나는 진노는 사람들의 시선을 끈다. 분명 다윗과 백성은 야웨께서 나타내신 무서운 진노를 주목했을 것이다. 웃사 사건 이후 언약궤는 항상 올바른 방법으로 운반되었다(삼하 6:13; 15:29; 왕상 2:26; 8:3).

이스라엘 사람들이 더 잘 알았어야 하기에 야웨의 진노는 타당한 일이다. 웃사를 치신 것이 가혹해 보이지만, 야웨는 이미 누구든지 언약궤에 손을 대면 죽을 것이라고 말씀하셨다(민 4:15). 그러므로 웃사는 언약궤에 손을 대지 말았어야 했다.

구약 시대를 통틀어, 야웨께 가까이 가는 것은 두렵고 위험한 일이었다(출 3:5; 19:16; 33:20; 삿 6:22-23; 왕상 19:11-12; 욥 41:10; 시 76:7; 말 3:2). 단지 이스라엘이 불순종했기에 진노하신 것이라면 야웨를 옹졸하고 가혹한 분으로 생각하겠지만, 야웨께서 진노하신 다음 두 가지 이유는 범죄의 심각성을 설명하는 데 도움이 될 것이다.

트렁크에 타기. 야웨께서 진노하신 두 번째 이유는, 그들이 언약궤를 수레로 옮기기로 한 것이 불순종이었을 뿐만 아니라 야웨에 대한 모욕이었기 때문이다. 옮기는 방법이 어떻게 모욕이 될 수 있는지 이해하려면, 언약궤가 하나님의 임재를 상징한다는 점을 기억해야 한다(출 25:22; 레 16:2; 삼상 4:4). 어떤 일이 있어도 그들은 언약궤를 특별하게 취급해야 했다. 율법이 규정한 언약궤 운반 수단은 원래 가마였다. 고대 중국과 이집트로 거슬러 올라가면 그들은 흔히 이런 이동 방식으로 왕족을 예우했다. 솔로몬 왕도 시리아의 통치자 안티오쿠스 5세(마카베오하 9:8)처럼 가마로 이동했다(아 3:7). 야웨의 임재를 상징하는 언약궤가 장엄한 대우를 받는 것이 중요했던 이유는, 야웨께서 그들의 하나님이자 왕이시기 때문이다. 이스라엘을 다스리는 왕은 다윗이었지만, 다윗과 이스라엘은 자신들을 다스리는 주권자가 야웨임을 기억해야 했다.

가마는 통치자를 위한 것이며, 수레나 마차는 물건을 위한 것이다(헌물, 민 7:3; 성전 기물, 민 7:7-8; 곡식, 암 2:13). 수레나 마차는 **결코** 왕족을 위한 것이 아니었다.[4] 언약궤를 수레에 싣는 것은 모욕이었다. 그들은 언약궤가 돌아오는 것을 축하했으나, 언약궤를 수레에 실음으로써, 본질상 언약궤가 수하물이라고 말하고 있었다. 또한, 언약궤를 수레로 운반하는 것은 블레셋 사람들의 발상이었기 때문에(삼상 6:8-11), 그들은 하나님의 법 대신 적의 전례를 따른 것이다. 우리는 하나님이 진노하셨음을 당연하게 생각해야 한다.

대학 시절에 우리는 친구들과 영화를 보러 갈 때 차에 탈 자리가 충분하지 않으면 트렁크에 타기도 했다. 트렁크가 비교적 편안하다고도 생각했고(당시 트렁크는 컸다), 트렁크를 열어젖힌 채 손을 밖으로 늘어뜨리고 뒤

따라오는 운전자의 반응을 보는 것이 재미있기도 했다(더는 이런 행동을 권하지 않는다). 우리는 왜 트렁크에 사람을 태우지 않을까? 트렁크와 수레는 짐(또는 시체)을 싣기 위한 것이다. 앞자리는 사람을 태우기 위한 것이다. 가마는 왕을 태우고 야웨의 언약궤를 옮기기 위한 것이다.

미국 대통령이 가두 행진을 하려고 어느 도시에 왔는데 시의회에서 그에게 자동차 트렁크에 타라고 한다면 그는 어떤 느낌이 들까? 대통령은 분명 기분이 상하고 화가 날 것이다. 이것이 근본적으로 이스라엘이 언약궤에 한 일이었다. 그들은 더 잘 알았어야 했다. 그것은 야웨를 모욕하는 일이었고, 그분은 진노하셨다. 그들이 언약궤를 궤짝 취급하면 안 되는 이유는, 언약궤에 그들 중에 임하시는 하나님이라는 깊은 상징적 의미가 있었기 때문이다. 언약궤는 마땅히 존경을 받아야 했다. 그러나 언약궤는 그 이상의 것을 상징했다.

언약궤를 잃어버림. 셋째, 언약궤에 대한 이스라엘의 존경심 부족은 하나님과의 관계에 대한 관심의 부족을 나타냈고, 이 또한 하나님을 진노하시게 했다. 언약궤는 야웨의 임재뿐만 아니라 하나님과 하나님 백성의 언약 관계를 상징하기도 했다. 성경에도 언약궤를 "여호와의 언약궤"라고 부르는 본문이 많다(민 10:33; 14:44; 신 10:8; 31:9; 수 3:3, 11; 삼상 4:3, 4, 5; 왕상 3:15; 6:19; 렘 3:16). 언약궤에 들어 있는 십계명은(신 10:1-5) 이스라엘 백성에게 야웨와의 언약 내용이 무엇인지를 말하는데, 이는 하나님을 사랑하고 이웃을 사랑하라는 것이다.

구약 성경은 대체로 하나님과 그 백성의 관계가 한쪽(야웨)이 다른 한쪽(이스라엘)보다 더 언약에 헌신하는 일방적인 관계였다고 말한다. 하나님은 인내하시며 곧장 벌을 내리시지 않지만, 이스라엘의 관심을 끌기 위해서는 결국 극단의 조치를 취하셔야 했을 것이다. 야웨의 언약궤에 대한 그들의 끝없는 무례와 공적인 운반 의식의 특성 때문에, 시기적으로 그때가 중요했으며 갑작스레 징계하시는 것도 타당했다. 야웨는 자기 백성과의 언약을 너무나 소중히 여기셨기 때문에, 그들이 그 관계를 상징하는 언약궤에 무례를 범하는 것을 참지 않겠다는 메시지를 전하고자 하셨다.

결혼한 사람들에게 이와 비슷하게 언약을 상징하는 것이 반지다. 나는 거의 두 달 동안 결혼반지를 잃어버린 적이 있다. 반지가 없어졌다는 것은 나의 무책임함뿐만 아니라 내가 아내와의 관계를 소중하게 생각하지 않음을 시사하기 때문에 마음이 불편했다. 그러다가 디글랏(왕하 15:29에 나오는 앗수르 왕의 이름을 따서 이름 붙인 우리 개)이 세탁실 세면대 밑에서 가지고 놀던 테니스공을 잃어버리는 일이 생겼다. 디글랏은 세면대를 무서워하여 공을 되찾으러(retrieve) 가지 못했다[디글랏은 부분적으로만 리트리버(retriever: 사냥 때 총으로 쏜 새를 찾아 오는 데 이용하는 개) 종이었다]. 그래서 아내 섀넌이 바닥에 엎드려 여러 켤레의 테니스화를 뒤적이고 또 뒤적이면서 축구장 진흙과 잔디 부스러기와 개털과 세탁물 보푸라기가 잔뜩 엉켜 있는 뭉치 사이로 손을 뻗쳐 뒤지다가 잃어버린 반지를 찾은 적이 있다. 아마 디글랏을 씻기는 동안 손가락에서 빠져나갔던 모양이다. 그날 늦게, 다윗이 언약궤 귀환을 축하하여 계획한 것만큼 정성을 들이지는 않았지만, 우리는 소위 데이브의 반지 귀환을 기념하는 축하연을 열었다(나는 정장을 했다. 삼하 6:14, 20을 보라).

반지를 찾고 난 후, 오랫동안 반지를 특별히 조심히 다뤘다. 다시는 반지를 잃고 싶지 않았기 때문이다. 언약궤를 잃어버린 것은 야웨의 책임이 아니었지만, 그분은 분명 그 일에 대해 비슷하게 느끼셨을 것이다. 야웨의 백성은 그들의 악한 행위와 언약궤에 대한 부주의한 태도 때문에 블레셋 사람들에게 그들의 '반지'(언약궤)를 빼앗겼다. 야웨는 그들이 다시는 언약궤를 빼앗기지 않기를 바라셨으며, 내가 반지를 조심히 다루듯, 그들이 언약궤를 지키기를 바라셨다. 하나님이 웃사에게 진노하신 것은 효과적이었다. 나머지 왕국 역사 동안, 그들은 언약궤를 올바른 방법으로 옮겼을 뿐만 아니라 언약궤를 잃어버리는 사건의 '속편'은 다시 없었다.[5]

웃사 사건을 통해, 우리는 야웨께서 진노하시는 것은 자기 율법, 자기 명예 그리고 자기 백성과의 관계를 지키시기 위함임을 배운다. 당신이라면 당신과의 관계에 열정적이지 않은 하나님이라는 존재를 따르겠는가? 이런 각각의 이유는 정당한 것 같다. 이제 우리는 구약 성경에서 하나님의 진노를 말하는 다른 예를 살펴볼 준비가 되었다.

노하기를 더디 하시고

진노는 출애굽기에서 중요한 역할을 한다. "진노"로 번역되는 히브리어 '아프'(*ap*)는 문자적으로는 '코'를 뜻한다(진노가 모이는 곳이 얼굴의 빨개지는 코 부분이라고 생각했기 때문인 것 같다). 이 말은 출애굽기에 열 번 나오는데, 언제나 야웨나 모세와 관련되어 나온다(출 4:14; 11:8; 15:8; 22:24; 32:10, 11, 12, 19, 22; 34:6). 출애굽기에서 하나님과 모세가 무엇 때문에 진노하는지 살펴보자.

출애굽기의 시작 부분을 보면, 이스라엘 자손은 이미 애굽에서 수백 년 동안 종살이를 했으며, 바로는 히브리 남자아이를 살해하는 가혹한 산아제한법을 시행하기 시작한다(출 1:8-22). 이런 야만적인 압제에서 이스라엘 자손은 야웨께 부르짖는다(출 2:23). 본문은 하나님이 그들의 고통 소리를 들으시고 아브라함과 세우신 언약을 기억하셨다고 말한다(출 2:24-25). 그런 다음 야웨는 자기 백성을 애굽 사람들의 압제에서 구출하는 과정을 시작하시는데, 그 일을 위해 택하신 지도자가 모세다.

불꽃이 타오르는 떨기나무 숲에서 모세는 대화 중에 연이어 다섯 번이나 야웨께 이의를 제기한다.

1. 제가 누구입니까?
2. 당신은 누구십니까?
3. 이스라엘 자손은 제 말을 듣지 않을 겁니다!
4. 저는 말을 잘 못합니다!
5. 제발 다른 사람을 택하십시오!(출 3:11, 13; 4:1, 10, 13)

(누군가 나에게 온 땅의 가장 위대한 제국으로부터 수백만 명의 노예를 구출하는 책임자가 되라고 했다면, 나도 이렇게 말했을 것이다.)

야웨는 마음 내켜 하지 않는 모세에게 어떤 반응을 보이시는가? 야웨는 모세가 이의를 제기할 때 처음 네 번까지는 잘 들으시고 상냥하게 반응하시지만, 마침내 진노하신다(출 4:14). 여기서 우리는 야웨의 진노에 관하여 세 가지를 유의해야 한다.

첫째, 야웨는 진노로 누군가를 치지 않으셨다. 야웨께서 진노로 사람을 치시기도 하지만, 보통은 그렇게 하시지 않는다(예를 들면, 욥 42:7; 시

78:21; 사 12:1; 54:8). 야웨는 진노하셨고, 모세는 야웨께서 진노하셨음을 확실히 알았으며, 결과적으로 야웨는 진노하심으로써 목적을 이루셨다. 야웨께서 진노하시자 모세는 더 이상 거부하지 않고 애굽으로 향하면서 구원의 과정을 시작한다(출 4:18-20).

둘째, 야웨께서 진노하신 것은 자기 백성을 구원하려 하셨으나 모세가 돕지 않았기 때문이다. 이스라엘 자손은 가혹한 종살이로 고생하고 있었지만 모세는 그 일에 관여하고 싶어 하지 않았다. 하나님이 진노하신 이유가 자기 백성이 종이었기 때문만은 아니다. 모세가 넓은 의미에서 자신의 가족이기도 한 그들의 고통을 상관하지 않는 것처럼 보였기 때문이다. 나중에 시내 산에서 야웨는 모세에게 자신의 백성은 압제당해서는 안 되며, 그들도 애굽에서 외국인이었기 때문에 과부나 고아나 외국인을 괴롭혀서도 안 되며, 그렇게 한다면 야웨의 진노가 그들에게 임할 것이라고 말씀하셨다(출 22:21-24).

아모스서에서 야웨는 이와 비슷한 이유로 유다에 진노하셨고, 진노로 인해 사자처럼 부르짖으셨다(암 1:2; 3:4, 8). 아모스서에서 야웨께서 진노하시는 표적이 된 것은 정의에 관심이 있는 사람이라면 원칙적으로 화가 날 만한 학대(1:6, 9; 2:12; 3:9; 4:1; 8:4, 6), 폭력(1:3, 11, 13; 2:7; 8:4), 불의(2:6-7; 5:15; 6:12)였다. 나를 화나게 하는 것(누군가 화장실을 너무 오래 차지하거나 마지막 남은 박하칩 아이스크림을 먹어 버리는 일)과 비교하면, 야웨께서 학대, 폭력, 불의에 노하시는 것은 훨씬 정당한 것 같다. 문맥을 보면, 하나님의 진노는 궁극적으로 그분의 긍휼하심에서 비롯된 선한 일이다. 우리도 야웨처럼 불의를 보고 화가 나야 한다.

셋째, 야웨께서 진노하시기까지는 긴 시간이 걸렸다. 모세가 한 번, 두 번, 세 번, 심지어 네 번 이의를 제기할 때까지도 진노하시지 않다가, 다섯 번째 이의를 제기했을 때에야 비로소 화를 내셨다. 야웨는 노하기를 더디 하신다.

주님의 '긴 코'

야웨께서 노하기를 더디 하신다는 개념은 구약 성경 전체를 통해 강조된다. 야웨는 거듭해서 "노하기를 더디 하시는"(문자적으로는 '코가 긴'—하나님과 나의 몇 안 되는 유사성 중 하나) 분으로 묘사된다. 야웨를 이렇게 묘사하는 것은 구약 성경의 특정 본문에서만이 아니라 다양한 장르의 본문에서 발견된다. 이 묘사는 역사적 문맥(출 34:6; 민 14:18; 느 9:17), 예언적 문맥(욜 2:13; 욘 4:2; 나 1:3), 시적 문맥(시 86:15; 103:8; 145:8)에서도 발견된다.

노하기를 더디 하시는 것은 참으로 야웨 성품의 한 측면이며, 이는 그분의 이름에도 있다. 시내 산에서 모세에게 자신을 나타내셨을 때, 본문은 야웨께서 모세에게 자신의 이름을 선포하셨다고 말한다. "여호와라 여호와라 자비롭고 은혜롭고 노하기를 더디 하고 인자와 진실이 많은 하나님이라"(출 34:5-6).[6)] 성경에서 이름에는 그 사람의 본질과 성품을 나타내는 중요한 뜻이 있다. 구약 성경에서 하나님의 이름(first name)은 야웨이지만, 전체 이름(full name)은 그분의 은혜로우심, 참으심, 노하기를 더디 하심을 나타낸다.

아이러니하게도, 야웨께서 방금 자신의 백성에게 크게 진노하셨기 때문에(출 32:10), 나머지 이야기를 다 읽을 때까지는 야웨께서 참으시는 것처럼 보이지 않는다. 노하기를 더디 하시는 야웨를 이해하는 것은 오직 수백 년 동안의 압제에서 자기 백성을 구원하시는 문맥에서만 가능하다.

내가 방금 평생의 종살이에서 자유로운 몸이 되었다면, 1년 내내 추수 감사절을 지키듯 감사하는 마음이 있을 것이다. 그러나 이스라엘 자손들은 애굽을 빠져나오자마자 불평하기 시작한다. 병거가 다가오는 것이 보이자 그들은 야웨가 자신들을 이끌어내어 죽이려 하신다고 불평한다(출 14:11). 물이 쓰다고 불평하고, 양식이 없다고 불평하고, 물이 없다고 불평한다(출 15:24; 16:3; 17:2). 물론 이스라엘 자손은 보호받아야 하고 양식과 물이 필요하지만, 그들은 불평할 때마다 하나님이 행하시는 최악의 상황을 추정한다. 야웨께서 그들을 비밀리에 죽이려 하신다는 것이다. 야웨께서 이제까지 자신들을 구원하기 위해 모든 일을 하셨음에도 불평을 일삼는 그들은 불신을 드러낸다. 그러나 야웨는 당신의 백성에게 대단한 인내를 보여 주신다. 그들이 시내 산에 이르기까지, 출애굽기에서 야웨의 진노 대상은 애굽 사람들뿐이다(출 15:7-8).

마침내 하나님이 이스라엘 자손에게 크게 진노하시지만, 문맥을 보면 하나님의 반응은 정당하다. 모세가 오랫동안 자리를 비운 것에 이스라엘 자손이 다섯 번째로 아론에게 불만을 터뜨리면서 "우리를 위하여 신을 만들라"고 요구하자 아론은 금송아지를 만들어준다(출 32:1-4). 이 일이 아론과 이스라엘 자손이 특별히 우상과 다른 신을 만들거나 절하는 것을 금하는(출 20:3-5) 야웨의 모든 명령에 준행하겠다고 약속한 직후에 일어났음에도(출 24:3, 7), 아론은 이 행위에 문제가 있음을 알지 못하는 것 같다.

시내 산 언약은 야웨와 이스라엘의 결혼과 같았으며, 이 언약에서 그들은 서로에게 신실할 것을 약속했다(출 19:5-6; 24:3-8). 그러나 이스라엘 자손은 밀월 중에 다른 사람과 관계를 가졌다. 이는 마땅히 하나님의 진노를 살 만한 일처럼 보인다. 야웨께서는 자기 백성에게 불같이 진노하시면서, 모세에게 그들이 진멸당할 것이라고 말씀하신다(출 32:10). 이스라엘 자손에게 다행스럽게도, 모세는 야웨를 설득하여 마음을 바꾸시게 한다(출 32:11-14; 또한 7장을 보라).

출애굽기 패턴은 대체로 구약 성경 전체 패턴에 들어맞는 것 같다. 먼저, 야웨께서 이스라엘 자손을 구원하신다. 그들이 불평한다. 야웨께서 참으신다. 그들이 순종하겠다고 약속한다. 하지만 그들은 기회만 있으면 불순종한다. 마침내 진노하신 야웨께서 그들을 징벌하신다. "노하기를 더디 하신다"는 야웨의 이름은 적절한 것 같다.

얼마 전 신선한 봄 공기가 들어오도록 창문을 열어 놓고 막 잠이 들었는데, 우리 집 앞마당에서 데이토나 500(Daytona 500: 플로리다 주 데이토나 해변에서 매년 열리는 주행 거리 500마일의 자동차 경주—역주)이 시작되는 소리에 놀라서 깼다. 실은 집 앞 도로에서 가속하던 할리데이비드슨 소리였는데,[7] 이 소리에 두 아들 모두 잠에서 깼고 나는 몹시 화가 났다(이 글을 쓰는 지금도 화가 치민다).

순간적으로 화를 내는 것은 쉽다. 누군가 우리 집 앞 도로에 차를 세우고, 우리 잔디밭에 쓰레기를 버리고, 식당에서 너무 오래 기다리게 하면 우리는 금방 화가 난다. 많은 사람에게 분노는 매일 일어나는 일이다. 분노는 금방 오고 쉽게 온다. 하지만 화내기를 더디 하는 것은 어렵고, 인내를 필요로 한다. 야웨는 인내하신다. 그러나 그것이 전부가 아니다.

2. 진노의 하나님

풍성하고, 영원토록 변함없는 야웨의 사랑

앞서 말했듯이, 제일 먼저 야웨를 "노하기를 더디 하는" 분으로 묘사하는 것은 금송아지 사건 이후에 하나님의 이름이 선포되는 문맥에서다(출 34:6). 6절의 나머지 부분에서, 야웨는 또한 "자비롭고", "은혜롭고", "인자와 진실이 많은" 분으로 표현된다.

이런 표현은 모두 긍정적으로 들리지만, 특히 "인자", 즉 히브리어로 '헤세드'(besed)라는 말이 두드러진다. 다른 번역본에서는 '헤세드'를 "자애", "친절", "사랑", "자비"로 옮기기도 한다. 다른 나라 말에 들어 있는 뜻을 완전하게 다 이해하기는 어렵지만, '헤세드'는 인간이 상상할 수 있는 최고의 사랑이다. '헤세드'는 자녀에게 쏟는 부모의 헌신적인 사랑으로, 유아기부터 성년기를 거쳐 그 이후까지 지속된다. '헤세드'는 수십 년 동안 지속적으로 배우자에게 바치는 헌신적인 사랑이다. '헤세드'는 관계 묘사에서 가볍게 사용되는 말이 아니다. 이런 관점에서, 이제 야웨의 '헤세드'에 관하여 세 가지를 살필 수 있다.

첫째, 구약 성경에서 '헤세드'는 대개 야웨의 행위를 묘사한다. 이 말은 구약 성경에 자주 나오며(251번), 대부분 야웨를 묘사하는 데 사용된다(179번). 이 말은 시편에 많이 나오지만(123번), 야웨가 '헤세드'의 성품을 지닌 분으로 묘사되는 것은 대체로 구약 성경의 주요 부분에서다. 아브라함이 아들을 기다려야 하는 동안, 야곱이 자신을 죽이려는 형을 피해 도망가는 동안, 요셉이 감옥에서 고뇌하는 동안, 야웨께서는 그들 모두에게 '헤세드'를 보이셨다(창 24:27; 32:10; 39:21). 하나님은 아브라함에게 이삭을 아들로 주시고, 야곱을 보호하고 복 주셨으며, 요셉을 형통하게 하셔서 결국 그를 애굽 온 땅에서 높이셨다. 야웨는 변함없는 사랑의 신이다.

둘째, 야웨는 사랑이실 뿐만 아니라 '헤세드'가 풍성한 분이다. 앞서 말한 야웨를 "노하기를 더디 하는" 분으로 묘사하는 구약 성경 다른 여덟 구절(민 14:18; 느 9:17; 시 86:15; 103:8; 145:8; 욜 2:13; 욘 4:2; 나 1:3)의 문맥에는 출애굽기 34:6-7을 반향하는 정형화된 언어가 있는데, "인자(hesed)가 많은"(7번), "자비로운"(6번), "은혜로운"(6번), "진실한"(1번), "용서하는"(2번), "뜻을 돌이켜 재앙을 내리지 아니하는"(2번)이라는 단어나 문구가 반복해서 나온다. 흥미롭게도, 야웨가 "노하기를 더디 하는" 분이라는 묘사와 제일 많이 연결되는 것은 그분의 풍성한 '헤세드'다(민 14:18; 느 9:17; 시 86:15; 103:8; 145:8; 욜 2:13; 욘 4:2). 야웨의 이름도 그분을 풍성한 '헤세드'를 지닌 분으로 선포할 수 있다. 야웨의 풍성한 '헤세드'는 자비, 은혜, 진실, 용서와 같은 다양한 긍정적 속성과 더불어, 그분을 경배받기에 합당한 신이 되게 한다.

셋째, 야웨의 헤세드는 풍성할 뿐 아니라 영원하다. 야웨를 "그의 인자하심이 영원하도다"라고 묘사하는 문구는 구약 성경에 42번 나온다. 이 가운데 26번은 한 편의 시(시 136편, 헤세드 시편)에 있고, 나머지 16번은 구약 성경 여기저기에 흩어져 있다(대상 16:34, 41; 대하 5:13; 7:3, 6; 20:21; 시 100:5; 106:1; 107:1; 118:1, 2, 3, 4, 29; 스 3:11; 렘 33:11). 모세에게 자신의 이름을 선포하셨을 때, 야웨께서는 삼사 대까지 자손에게 죄에 대한 벌을 내리시는 반면에 수천 대에 이르기까지 '헤세드'를 베푸신다고 말씀하셨다(출 34:7).[8] 순종하는 자를 수천 대에 이르기까지 영원토록 사랑하신다는 것과 비슷한 개념은 다른 세 본문(신 7:9; 대상 16:15; 시 105:8)뿐만 아니라 십계명에도 있다(출 20:6). 천 대는 오랜 시간이다(약 3만 년). 따라서 당신이 다윗 왕의 후손이라면(다윗의 자손은 상당히 많았는데, 이것이 예수님이 탄생하실 때 베들레헴에 나붙은 모든 "빈방 없음"이라는 간판의 주 원인이었다), 당신은 여전히 3천 년 전 다윗이 변함없이 순종한 혜택을 입고 있는 셈이다.

이렇듯 야웨가 노하기를 더디 하시며 영원히 넘치도록 사랑하시는 분이라면, 가나안 사람들이나 애굽 사람들에 대한 궁금증이 생길 수 있다. 야웨는 그들도 넘치도록 사랑하셨을까?

야웨는 가나안 사람들과 애굽 사람들을 넘치도록 사랑하셨을까?

가나안 사람들과 애굽 사람들의 하나님과의 관계는 문제가 많기 때문에, 4장과 5장에서 다시 보기로 하고, 여기서는 하나님의 진노를 말하는 문맥에서 몇 가지 요점을 살펴보겠다. 야웨는 아브라함과 언약을 세우시면서(창 15:12-21), 그의 자손이 400년 동안 종이 될 것이라고 말씀하신다.[9] (나 같으면 야웨께 "그렇다면 이 언약이 어떻게 좋은 언약이란 말씀입니까?"라고 질문했을 것이다.) 이 문맥에서 야웨는 애굽 사람들과 가나안 사람들을 언급하신다. 야웨는 아브라함의 자손을 압제하는 백성(애굽)과 가나안에 사는 우상숭배자들(아모리 사람들, 가나안 사람들, 브리스 사람들 등)에게 심판이 임할 것이라고 말씀하신다.

나는 사람들이 출애굽기의 애굽 사람들을 왜 옹호하는지 이해한다(하나님은 왜 바로의 마음을 완악하게 하셨을까? 하나님은 왜 그들을 홍해에 익사시키셨을까?). 하지만 이런 질문을 할 때는 큰 그림을 기억해야 한다. 애굽은 세상에서 가장 강한 나라였으며 애굽의 힘을 상징하는 피라미드 꼭대기에 바로가 서 있었다. 그는 신으로 숭배받았다. 애굽 사람들은 노예를 부리고 압제하던 사람들이다. 애굽을 동정하는 것은 만화 "캘빈과 홉스"(Calvin and Hobbes)에 나오는 모(Moe)를 동정하는 것과 같다. 모는 여섯 살 난 깡패로, 체육 시간에 캘빈을 괴롭히고 점심 값을 빼앗는가 하면, 그를 "얼간이"라고 부른다(당연히 모는 면도도 한다). 모세 시대의 바로에 걸맞은 현대인을 들라면, 우리는 대부분 로버트 무가베(Robert Mugabe: 짐바브웨의 대통령. 1970년대 소수 백인정권을 상대로 게릴라전을 펼쳐 독립을 일궈 냈지만, 1980년 짐바브웨 독립 이후 계속 집권하면서 서방 언론으로부터 아프리카 최장수 독재자로 불린다—편집자주)나 김정일 같은 포학한 독재자들을 생각할 것이다.

우리가 동정심을 갖는 대상이 깡패가 아닌 희생자라는 것은 애굽과 이스라엘 자손에 관해 내가 던지는 중요한 질문과 관련이 있다. 하나님은 왜 자기 백성이 그처럼 오랫동안 애굽의 압제 아래서 고통당하게 하셨을까? 그것은 노하기를 더디 하시는 하나님이기 때문이다. 하나님은 400년 동안 기다리셨다. 나는 전자레인지로 칠리소스를 데우는 2분을 기다리지 못한다. 무엇인가를 400년 동안 기다린다는 것은 상상하기도 어렵다. 하나님이 심판을 늦추시는 주된 목적은 기다림을 통해 회개할 기회를 주시려는 데 있다. 야웨께서 니느웨를 향한 심판을 늦추셨기 때문에 사람들은 마침내 회개했으며, 야웨는 이에 진노를 돌이키셨다(욘 3:5-10).

야웨께서 기다림 끝에 가나안 사람들을 징벌하신 이유는 그들에게 죄가 있었지만 아직 가득 차지 않았기 때문이기도 하다(창 15:16). 그래서 하나님은 400년을 기다리셨다가 애굽 사람들과 가나안 사람들을 징벌하셨으며, 그동안 그분의 백성은 대가를 치렀다. 야웨께서 노하기를 더디 하시기 때문에, 그분의 백성은 집이 없었을 뿐만 아니라 종노릇을 했으며 압제를 당했다. 결국 애굽과 가나안 사람들의 죄에 진노하신 야웨는 이스라엘 자손을 종살이에서 자유롭게 하시고 그들에게 국가를 주셨다. 하지만 그들은 노하기를 더디 하시는 야웨 때문에 애굽에서 400년 동안 대가를 치렀다.

우리가 피해도 문제는 사라지지 않을 것이다

구약 성경에서 야웨의 진노를 나타내는 모든 말씀을 한 장에서 토론할 수 없기 때문에, 더 문제가 되는 몇 구절에 주목했다. 혼자 힘으로 다른 몇 구절을 더 살필 것을 권한다. 야웨께서 진노하신 대상은 발람(민 22:22), 모세(신 3:26), 솔로몬(왕상 11:9), 욥의 친구들(욥 42:7), 이스라엘(삿 2:20; 왕하 17:18; 시 106:40; 슥 7:12) 그리고 심지어 온 땅의 열방이다(사 34:2).

구약 성경에 기록된 하나님의 진노 부분을 공부하면서 시편 23편을 묵상할 때 느끼는 따스함과 포근함을 맛볼 수 없더라도, 이런 본문들을 피하지 않는 것이 중요하다. 다른 사람들이 하나님이 진노하시는 사건을 이야기할 때 성경을 가르치는 우리가 거기서 하나님이 진노하셨는지조차 모른다면 이는 당혹스러운 일이다. 개인적인 당혹감 때문이 아니더라도, 하나님의 진노를 말하는 본문을 정확하게 해석하려면 노력이 필요하다. 어려운 본문을 두려워하는 것은 도움이 되지 않는다. 이런 본문은 우리가 피한다 해도 없어지지 않는다. 읽고, 공부하고, 토론하고, 가르치는 것만이 이런 본문을 이해하는 유일한 해결책이다.

야웨의 진노하심을 말하는 구약 성경 구절 때문에 당혹스러운 사람들에게 세 가지를 제안하고 싶다. 첫째, 야웨께서 왜 진노하셨는지 질문하

라. 그분이 진노하신 가능한 여러 가지 정당한 이유를 생각하라. 웃사의 경우, 야웨께서 진노하신 이유는 자기 백성이 야웨의 규례를 따르지 않았으며, 결과적으로 관계를 중요시하지 않았기 때문이다. 야웨께서 진노하시는 데는 그만한 이유가 있을 것이다. 그것을 찾을 수 있을지 검토하라.

둘째, 문맥 전체를 읽어라. 야웨는 출애굽기 32장에서 크게 진노하셨으나, 그것은 야웨께서 그들을 종살이에서 자유롭게 하시고, 그들을 애굽 군대로부터 구해 내시고, 그들에게 만나를 먹이시고, 그들에게 물을 공급하시고, 그들을 시내 산에서 만나신 다음이었다. 야웨께서 진노하신 것은 그들이 밀월 중에 간음했기 때문이다. 이런 문맥을 고려할 때, 야웨께서 진노하신 것은 당연한 일이다.

셋째, 합리적으로 기대하라. 모든 문제를 해결할 수는 없을 것이다. 그러나 좀더 노력하면 이런 구절들을 더 잘 이해할 것이며, 부족한 성경 지식이나 하나님의 행동 때문에 당혹스럽지 않을 것이다.

예수님은 누구를 매질하려 하실까?

이 장의 시작 부분에서 인용한 연재만화 "둔스베리"에서, 샘은 계속해서 예수님과 구약 성경의 하나님을 비교한다. "하나님의 외아들은 벼룩 한 마리도 해치지 않을 완전한 평화주의자에요. 누구에게든, 심지어 로마인에게도 물러 터진 그런 변변치 못한 남자인 걸요. 그 사람 정말 딱 한 번은 세게 나가요. 맞죠?" 붑시가 묻는다. "누구에게 세게 나가는데?" 샘은 대답한다. "그야 환전상들이지요!" 붑시가 반문한다. "그래? 대체 환전상들이 뭐가 문젠데?" 마침내 슬로언 목사가 끼어든다. "환전상들은 정말로 사람들을 짜증나게 하는 것 같아요. 안 그렇습니까?"

샘이 꺼낸 이야기는 흔히 "성전 청결 사건"이라고 부르는, 진노하시는 예수님에 대한 가장 유명한 실례다. 이 사건이 사복음서에 모두 실린 것으로 보아, 분명 복음서 저자들은 예수님의 진노를 강조하는 것이 중요하다고 생각했을 것이다(마 21:12-13; 막 11:15-17; 눅 19:45-46; 요 2:14-16). 예수님은 성전에서 무슨 일이 진행되는지 보시자 채찍을 만들어 짐승들(소, 양, 비둘기)뿐만 아니라, 그것들을 취급하는 사람들(짐승을 팔고 돈을 바꿔주는)도 성전 밖으로 내쫓으셨다.[10] (어릴 때 내게 채찍이 있었으나, 엄마는 절대로 동생들에게 그것을 쓰지 못하게 하셨다. 나는 "그렇지만 예수님도 채찍으로 환전상들을 내쫓으셨잖아요" 라고 말했어야 했다.) 예수님은 또한 그들의 상을 엎으시고 돈을 쏟으셨다.

예수님은 사람들, 특히 이방인들이 하나님께 기도하고 예배하는 기회를 빼앗기는 것에 진노하셨다. 짐승 판매자들과 환전상들이 장사하던 곳은 이방인의 뜰이었으며, 예수님은 특히 이사야 56:7을 인용하여 성전은 만민이 기도하는 집이어야 한다고 말씀하셨다. 뉴욕 증권거래소 한복판에서 기도하려는 모습을 상상할 수 있는가? 예수님이 격분하신 이유는 짐승 판매자들과 환전상들이 하나님과 친밀하게 교제하려는 사람들을 방해했기 때문이다. 그것은 당연히 진노할 이유가 되는 것 같다.

흥미롭게도, 성전 청결 전날 밤에, 예수님은 예루살렘에 승리의 입성을 하신 다음 성전에 들어가 모든 것을 둘러보셨다(막 11:11). 예수님은 환전상들의 상(床)을 보셨고 가축의 퇴적물 냄새를 맡으셨으나, 다음 날까지 기다리셨다가 진노를 행동에 옮기기로 하셨다. 이처럼, 예수님은 야웨처럼 노하기를 더디 하셨다.

분명 예수님은 성전을 청결케 하시는 동안 진노하셨으나, 사복음서에서 예수님이 진노하셨다고 명백히 진술하는 것은 예수님이 손 마른 사람을 고치셨을 때뿐이다(막 3:1-6). 예수님이 바리새인들에게 진노하신 이유는, 예수님이 안식일에 손 마른 사람 고치시는 것을 그들이 원하지 않았기 때문이다. 아이러니하게도 바리새인들은 안식일에 병 고치는 것은 문제 삼으면서 안식일에 예수님을 죽이려고 모의하는 것은 전혀 문제 삼지 않았다. 놀랍게도 예수님이 바리새인들에게 화를 내신 것은 그들이 그리스도 살해를 모의했기 때문이 아니라 그들의 완악한 마음 때문이며, 예수님이 병자에게 긍휼을 베푸시는 것을 그들이 원하지 않았기 때문이다. 예수님의 진노는 정당한 것이었다. 예수님과 야웨 두 분 다 긍휼이 없을 때 진노하셨다.

하나님의 자비를 당연시함

이처럼 예수님과 야웨는 오래 참은 후에 진노하시지만, 야웨께서 진노를 나타내시는 모습은 여전히 지나쳐 보인다. 나는 하나님이 벌은 주시되 진노로 사람을 죽이지만 않으셨다면 좋았을 것이라는 생각을 하곤 한다. 여기서 간단히 죄와 사망에 관한 성경 말씀을 생각해 볼 필요가 있다. 비록 사람들이 좋아하는 말씀은 아니지만, 신구약 성경 모두 죄의 마땅한 벌이 사망이라고 가르친다(창 2:17; 롬 6:23; 약 1:15). 구약 성경에 나오는 웃사의 죽음과 신약 성경에 나오는 아나니아와 삽비라의 죽음(행 5:1-11)에 충격을 받아서는 안 된다. 우리가 이런 극단적인 이야기를 듣고 놀라는 것은 사람들이 그 많은 시간 동안 죄를 범해도 아무도 즉사하지 않았기 때문이다. 누군가 즉사하면 그것은 부당한 일처럼 보인다. 죄의 삯이 사망이라면, 왜 더 많은 사람이 즉사하지 않는 것일까?

더 많은 사람이 즉사하지 않는 이유는 하나님이 자애롭고 노하기를 더디 하시기 때문이다. 하나님은 죄에 대한 징벌을 지연하심으로써 사람들에게 회개할 기회를 주신다. 가혹한 징벌을 받을 때 사망이 죄의 당연한 결과임을 기억해야 하지만, 오히려 우리는 하나님이 심술궂다고 생각한다. 징벌이 지연됨을 볼 때 하나님이 노하기를 더디 하신다는 것을 기억해야 하지만, 오히려 우리는 우리가 마땅히 죽어야 한다고 생각하지 않는다. 우리는 결국 하나님의 자비를 당연한 것으로만 여기고 있다.

언제 화를 내야 하나?

야웨의 진노의 가혹함을 완전히 이해하기란 불가능할 것이다. 그러나 야웨께서 왜 진노하셨으며 구약 성경의 문맥에서 야웨의 진노가 얼마나 정당한지를 이해하는 데 이 장이 도움이 되길 바란다. 하지만 우리가 자신의 상황에서, 구약 성경의 하나님을 적절한 진노를 보이시는 본으로 삼을 수 있을까? 나는 그럴 수 있다고 생각하며, 야웨께서 진노하시는 두 가지 중요한 유형의 상황을 살피면 우리가 그 이유를 알 수 있을 것이라고 생각한다.

첫째, 야웨는 관계가 깨어지는 것에 진노하신다. 우리가 앞서 웃사와 시내 산의 이스라엘 자손들에게서 보았듯이, 야웨는 백성이 자기와 맺은 언약을 깨뜨릴 때 진노하신다. 언뜻 말이 안 되는 이유라는 생각이 들지만, 이것을 결혼이라는 맥락에서 생각해 보면 이치에 맞는다. 사람들은 대부분 부정한 배우자에게 화를 내는 것이 정당하다고 말할 것이다. 배우자가 외도할 때 화가 나는 이유는 결혼 관계가 배타적이어야 하기 때문이다. 우리는 많은 것을 공유해야 하지만, 남편과 아내를 공유해서는 안 된다. 만일 당신의 배우자가 불륜을 저지르고 있다면, 당신은 관계가 깨지는 것을 걱정할지라도 화를 낼 것이다.

야웨는 당신의 백성이 언약을 깨뜨릴 때 진노하실 정도로 그들과 맺은 언약에 관심을 쏟으신다. 마찬가지로, 우리도 배우자나 가족이나 친구와 문제가 생겼을 때 마음이 상하고 심지어 화가 날 정도로 깨어진 관계에 관심을 쏟아야 한다. 쓴 뿌리, 상처 또는 단순한 무관심 때문에 관계의 문제를 무시하거나 피하기 쉽다. 다행히, 야웨는 그런 방법이 아니라 화목을 중시하는 방법을 보여 주신다.

분노는 종종 화해에 이르는 첫 걸음이다. 요셉 이야기는 흔히 가족의 화해를 말하는 구약 성경의 전형적인 예로 간주되지만, 흥미롭게도 요셉은 처음에 그의 형들을 만나 그들에게 소리 지르고 가혹하게 다루는가 하면, 사흘 동안 옥에 넣기도 한다(창 42:7-17). 나중에 요셉이 한 말(창 50:20)로 미루어 볼 때 이런 요셉의 행동이 분노가 아닌 더 고상한 어떤 것 때문이었다고 좋게 말하고 싶다면, 13년 동안 요셉의 종살이와 옥살이의 책임이 형들에게 있었음을 상기하라(당신이라면 당신의 형들이 나빴다고 생각하지 않겠는가!). 오히려 요셉이 형들이 자신에게 한 짓에 별로 상처받지 않았으리라고 추정하는 게 이상할 것이다. 요셉이 화가 난 이유는 단지 그가 상처를 받았기 때문이 아니라 관계를 중시했기 때문이다. 요셉의 분노를 계기로 르우벤이 요셉에게 저지른 자신과 형제들의 행위가 옳지 않았음을 인정하게 되었고, 이것이 화해에 이르는 기폭제가 되었다(창 42:22). 르우벤의 이런 고백을 엿듣게 된 다음에야 비로소 요셉은 울었다(창 42:24). 마침내 요셉과 형들의 화해는 절정에 이르렀다(창 45:1-15; 50:15-21). 우리는 야웨와 요셉의 예에서 분노가 종종 용서에 이르는 중요한 첫 단계라는 교훈을 얻는다.

둘째, 야웨는 불의에 진노하신다. 야웨는 애굽의 압제에 진노하셨으므로 먼저 이스라엘을 애굽에서 구원하신 다음, 자기 백성에게 과부, 고아 그리고 외국인을 돌보라고 명령하셨다. 불의에 대한 야웨의 진노는 예언서, 특히 아모스서의 주요 주제다. 대체로 우리가 사는 세상은 불의나 박해를 상관하지 않으며, 분명 그것에 분노하지 않는 것처럼 보이지만, 역사를 통틀어(성 프란시스, 요한 웨슬리, 윌리엄 윌버포스) 그리고 최근에도(마더 테레사, 마틴 루터 킹 주니어, 짐 월리스, 로날드 사이더, 보노) 가난한 자들을 위해 영향력을 발휘한 많은 옹호자는 믿음의 사람들이었다. 이 사람들은 모두 신구약 성경의 가르침에서 영향을 받았다. 특별히 우리가 구약 성경에서 배우는 것은 야웨는 긍휼 없음에 진노하실 정도로 가난한 자들과 핍박당하는 자들에게 관심이 많으시다는 것이다. 야웨는 심지어 다른 사람을 핍박하는 자들도 진노로 응징하신다.

구약 성경의 하나님은 진노의 하나님인가? 그렇다. 구약 성경의 하나님은 사랑의 하나님인가? 그렇다. 신약 성경의 하나님은 진노의 하나님인가? 그렇다. 신약 성경의 하나님은 사랑의 하나님인가? 그렇다. 진노와 사랑은 서로 배타적이지 않다. 사람을 사랑하기 때문에 깨어진 관계를 보고 분노할 수 있다. 사람을 사랑하기 때문에 또한 불의를 보고 분노할 수 있다. 구약 성경과 신약 성경의 하나님은 사랑하기를 속히 하시고 노하기를 더디 하신다(약 1:19). 그리고 우리도 그래야 한다.

3 _____ 성차별주의자 하나님

무신론자들과 세속적인 페미니스트들은 하나님과 성경은 성차별적이며, 따라서 지난 2천 년 동안 여성들이 받은 혐오에 책임이 있다고 분명하게 말한다.

> 구약 성경으로 알려진 미개한 청동기 시대 문서에서 반인간적인 세 종교가 출현했는데, 유대교, 기독교, 이슬람교다.…이 세 종교는 그야말로 가부장적(하나님은 전능하신 아버지)이며 이런 이유로 2천 년 동안 여성 혐오가 있었다.[1]

> 성경을 통독하는 정직하고 사려 깊은 사람이라면, 여성에 대한 노골적인 혐오와 야만성을 인정하지 않을 수 없다.[2]

> 하나님의 부조리함이 분명하게 드러나는 것은 하나님의 성차별을 볼 때다.[3]

하지만 많은 그리스도인은 다음과 같은 말로 하나님과 성경이 결코 성차별적이지 않다고 대답한다.

> 성경의 성차별을 비난하는 것은 성경에 대한 지식이 부족하기 때문이다.[4]

> 성경은 하나님이 성차별주의자가 아니라는 많은 증거를 드러낸다.[5]

> 성경은 어떤 식으로도 차별을 용납하지 않는다.[6]

교회의 어떤 여자들(간혹 남자들)은 첫째 그룹의 관점에 깊이 공감하지만 둘째 그룹의 관점에 동의하지 못하는 것에 대해 죄책감을 느낀다.

그렇다면, 하나님과 구약 성경은 성차별적인가 아닌가?

나는 성차별적이라는 비난에 맞서 하나님과 구약 성경을 옹호하는 그리스도인들 편을 들고 싶지만, 성경에 대해 감히 그런 말을 할 수 있다는 것이 충격이라는 등의 말이 섞인 그들의 논증은 피상적으로 들릴 수 있다.[7] 그들이 페미니스트 여성, 특히 성경에서 하나님이 성차별주의자인 것처럼 보이는 본문을 읽고 나서 신앙을 버리기로 했다고 말하는 사람과 마주앉아 그의 말을 귀담아들어 본 적이 있는지 궁금하다. 앞에 인용한 그리스도인들의 세 가지 말에는, 성경이 성차별적이라고 비난하는 사람은 무지하거나 비논리적이라는 암시가 담겨 있다. 내가 세속적인 페미니스트라면 그리스도인들의 이런 말에 기분이 상할 것이다.

나는 하나님이나 성경이 성차별적이라고 생각하지 않지만, 이것은 간단히 일축할 수 있는 문제가 아니다. 구약 성경에 성차별적인 본문이 많은 것 같다. 성차별은 성경에서만 문제가 되는 것이 아니라 교회에서도 문제가 된다. 2010년 여름, 작가 앤 라이스(Anne Rice)는 교회의 성차별 때문에 자신을 더 이상 그리스도인으로 간주하지 않는다고 공언했다.[8] 많은 그리스도인 여성이 교회에서 무시당하고, 경시당하고, 영향력이 없다고 느끼는데, 이것은 특별히 야웨와 예수님 모두 여성을 인정하셨음을 생각할 때 비극적이다. 세속적인 페미니스트들과 그리스도인들 모두 성경의 특정 본문에만 주목하여 자신들의 입장을 옹호하고 자신들의 입장을 약화시키는 구절은 무시해 버리지만, 성경의 적절한 증거를 모두 검토하려면 한 장(chapter)만으로 충분치 않을 것이다. 그래서 야웨께서 여자들에게 비호의적이심을 암시하는 중요한 구절과 호의적이심을 암시하는 중요한 구절을 몇 개만 살피려 한다.[9] 이런 논의에서 자주 언급되는 성경 말씀은 창세기의 처음 세 장이다. 성경이 성차별적이 아님을 주장하는 진영에서는 창세기 1장을, 성경이 성차별적임을 주장하는 진영에서는 창세기 3장을 언급하며, 두 진영 모두 공통적으로 언급하는 것은 창세기 2장이다. 이제 성경의 첫 부분에서 시작하자.[10]

여자들은 하나님 같다

나는 최근 수업 시간에 "창세기와 최초의 여자라는 말을 들을 때 제일 먼저 무슨 생각이 나는가?"라고 물었다. 학생들은 "죄", "하와", "사과" 그리고 "뱀"이라고 대답했다.[11] 흥미롭게도, 그들이 주목한 것은 뱀이 여자를 유혹해 열매를 먹게 함으로써 범죄하게 만드는 창세기 3장이었기 때문에, 학생들의 처음 대답은 그들이 여자에게 비호의적임을 나타낸다. (무화

과나무 잎으로 지은 옷을 입혔으므로 아마 이 열매는 사과보다는 무화과에 가까웠을 것이다. 어쨌든 이 그림은 모두 뜯어 고쳐야 한다.)

하지만 우리가 최초의 여자를 만나는 것은 본문의 더 앞부분이다. 창세기 3장은 여자에 대해 부정적이지만, 창세기 1장과 2장은 훨씬 더 호의적이다. 성경이 여자에 관해 제일 먼저 하는 말은 놀랄 만큼 긍정적이다. 여자를 이보다 멋지게 말할 순 없을 것이다.

성경은 먼저 여자가 하나님의 형상으로 창조되었다고 말한다.

하나님이 이르시되 우리의 **형상**을 따라 우리의 **모양**대로 우리가 사람을 만들고[12] 그들로 바다의 물고기와 하늘의 새와 가축과 온 땅과 땅에 기는 모든 것을 다스리게 하자.

    하나님이 자기 **형상**

      곧 **하나님**의 **형상**대로 사람을 창조하시되

      남자와 여자를 창조하시고

    하나님이 그들에게 복을 주시며 하나님이 그들에게 이르시되, 생육하고 번성하여 땅에 충만하라 땅을 정복하라 바다의 물고기와 하늘의 새와 땅에 움직이는 모든 생물을 다스리라 하시니라. (창 1:26-28)

본문은 두 절에서 사람이 하나님의 **형상대로** 또는 **모양대로** 창조되었다고 네 번이나 말한다. ['형상'에 해당하는 히브리어 '첼렘'(*tselem*)은 또한 '모양대로'로 번역될 수 있다.] 이처럼 단 두 절에 형상/모양대로를 네 번이나 반복해서 말하는 것은 이 개념의 중요성을 나타낸다. 하나님이 여자에 대해 처음

하신 말씀은 하나님 같다는 것이다. 여자는 하나님 같다. (남자도 하나님 같으나, 남자들은 대부분 이미 그렇게 생각하고 있다.)[13] 하나님이 여자를 창조하신 것은 하나님과 하나님의 영광을 나타내시기 위함이다. 어떻게 인간이 하나님의 형상을 나타낼 것인가?[14] 하나님이 창세기 1장에서 주로 창조하신다는 사실은 하나님의 형상을 지닌 자들이, 하나님이 창조하셨듯이, 창조해 나갈 것임을 암시한다. 번성하라는 하나님의 명령을 인간이 수행해 나가는 과정에서 여자들은 중요한 역할을 할 것이다.[15]

의미심장하게도, 성경은 처음에 여자에 대해 지극히 호의적으로 말한다. 적어도 처음에는, 구약 성경의 하나님이 여자를 인정하신다. 하나님은 여자가 "거룩"하다고 생각하신다. 여자가 하나님 같다는 개념은 창세기 그 다음 장에 다시 나온다.

교정본인 여자

여자는 두 번째로 창조되었기 때문에 남자보다 열등하다고 주장하는 사람들이 있을지도 모른다. 그런 주장이야말로 성차별로 들린다. 그러나 두 번째 만든 물건이 처음 것보다 개선되는 경우가 종종 있으며, 여자의 창조를 검토해 나가면서 우리는 '두 번째 성'이 얼마나 호의적으로 묘사되는지에 놀랄 것이다.[16]

여호와 하나님이 이르시되 사람이 혼자 사는 것이 좋지 못하니 내가 **그를 위하여 돕는 배필**을 지으리라 하시니라. **여호와 하나님**이 흙으로 각종 새를 지으시고 아담이 무엇이라고 부르나 보시려고 그것들을 그에게로 이끌어 가시니 아담이 각 생물을 부르는 것이 곧 그 이름이 되었더라. 아담이 모든 가축과 공중의 새와 들의 모든 짐승에게 이름을 주니라. 아담이 **돕는 배필**이 없으므로 **여호와 하나님**이 아담을 깊이 잠들게 하시니 잠들매 그가 그 갈빗대 하나를 취하고 살로 대신 채우시고 여호와 하나님이 아담에게서 취하신 그 갈빗대로 **여자**를 만드시고 그를 아담에게로 이끌어 오시니 아담이 이르되,

 이는 내 뼈 중의 뼈요

  살 중의 살이라

 이것을 남자에게서 취하였은즉

  여자라 부르리라 하니라. (창 2:18-23)

야웨는 처음에 남자를 만드시고 다음에 여자를 만드셨다. 글쓰기에 비유하면, 남자는 초고이고 여자는 교정본이다. 일반적으로 교정본이 초고보다 뭔가 낫다. (이 책이 훌륭하지 않다고 생각한다면, 당신은 초고를 읽었어야 했다.) 따라서 교정본에 해당하는 여자는 초고에 해당하는 남자를 개선한 것이라고 주장할 수 있을 것이다. 글쓰기 비유를 성경에 적용하는 것이 적절하지 않을 수 있지만, 그리스도인들에게 구약 성경과 신약 성경 중 어느 것이 더 중요하냐고 묻는다면 대부분 신약 성경이라고 대답할 것이다. 나중에 나온 것이 더 우월하다. 하나님이 다른 것들(식물, 동물, 해, 달 등)을 모두 창조하신 다음 창조의 절정인 최고 걸작으로 사람을 창조하셨기 때문에, 창세기 1장도 이런 생각을 지지한다. 그렇다면 여자는 나중에 만들어졌기 때문에 남자보다 우월한가?

신약 성경처럼 단지 두 번째로 등장했다는 이유로 여자가 우월하다고

주장해서는 안 되지만, 창세기 2장을 근거로 여자가 열등하다고 주장하는 것도 타당하지 않다.[17]

여자를 남자를 '돕는 자'로 묘사하는 것도 성차별이라는 비난을 면치 못할 것이다. '돕는 자'라는 말은 사업가 같은 사람에게 필요한 비서라는 말처럼 들릴 수 있을 것이다. 따라서 거룩하게 임명된 돕는 자가 남자의 중요한 업무를 돕는(그의 식사를 준비하고, 그의 셔츠를 다리고, 그에게 신문을 가져다주는) 비서나 종같이 되는 것이다. 이는 구약 성경의 다른 곳에서 '돕는 자', 즉 '에제르'(ezer)라는 히브리어가 어떻게 사용되는지를 살펴볼 때까지는 성차별처럼 들린다.

모세오경에서는 한결같이, 도움을 베푸시는 분은 하나님이다. 단 한 번 예외가 있지만, 모세오경에서 '에제르'가 사용될 때마다 하나님이 돕는 분으로 등장하신다(창 49:25; 출 18:4; 신 33:7, 26, 29).[18] 구약의 다른 곳, 특히 시편과 이사야서에서도 하나님은 주로 '에제르' 즉 자기 백성을 도우시는 분으로 등장한다.[19]

창세기 2장에서, 여자는 열등한 위치에서 종속적인 조력자로 존재하지 않고 남자의 '에제르'가 되어 남자를 돕는 하나님처럼 행동한다. 다시 말하지만, 여자는 하나님 같다. 창세기 1장에서는 남자와 여자 모두 하나님 같으나, 창세기 2장에서 하나님처럼 행동하는 것은 여자뿐이다. 창세기 2장은, 여자가 남자보다 우월하다는 점을 암시하지도 않지만, 분명 남자보다 열등하다고 말하지 않는다.

돕는 자가 남자에게 '적합하다'(NIV, NASB는 "돕는 배필"을 "suitable helper", 즉 '적합한 조력자'로 표기한다—역주)는 것은 무엇을 의미할까? '적합하다'로 번역되는 히브리어 '케네그도'(kenegdo)는 문자적인 의미로는 거울 이미지처럼 '얼굴과 얼굴을 마주 대하는 것 같은'이라는 뜻이다. 이 말은 같다는 뜻뿐만 아니라 다르다는 뜻도 함축하고 있지만, 어느 쪽 성도 열등하다고 암시하지 않는다. 돕는 자는 노리개가 아닌 동반자요, 고용인이 아닌 친구요, 종이 아닌 영혼의 벗이다.

창세기는 여자를 매우 호의적으로 묘사하는데, 이는 고대 근동의 맥락에서 보면 놀랄 만큼 진보적이다. 우리가 창세기 첫 두 장을 검토했지만, 아직 구약 성경에서 하나님이 성차별주의자임을 나타내는 것을 발견하지는 못했다.

벌거벗었을 때, 남편은 아내 가까이에 있다

2007년 10월 17일 자 "불합리한 추론"(Non Sequitur: 와일리 밀러의 코믹 연재만화로, 일상생활의 부조리함을 표현한다—역주)에 묘사된 에덴 동산을 보자. 최초의 남자는 그의 아내에게 그들 뒤에서 메모하고 있는 옷 입은 사나이를 설명한다(물론 둘은 벗었다). "저 사람이 바로 내 홍보 담당자야. 대중매체에 제대로 상황을 알리려고 고용한 사람이지. 당신 이거 하나 먹어 보지 그래." 그러더니 아내에게 사과를 건넨다. 그의 발밑에는 먹고 버린 사과 속 여섯 개가 떨어져 있다.

그녀가 자기 홍보 담당자를 고용하는 것 외에, 창세기 3장의 여자에 대한 묘사를 제대로 이해하게 만들 방법이 있을까?

그런데 뱀은 **여호와 하나님**이 지으신 들짐승 중에 가장 간교하니라. 뱀이 **여자**

에게 물어 이르되 **하나님**이 참으로 너희에게 동산 모든 나무의 열매를 먹지 말라 하시더냐. 여자가 뱀에게 말하되 동산 나무의 열매를 우리가 먹을 수 있으나 동산 중앙에 있는 나무의 열매는 **하나님**의 말씀에 너희는 먹지도 말고 만지지도 말라 너희가 죽을까 하노라 하셨느니라. 뱀이 **여자**에게 이르되 너희가 결코 죽지 아니 하리라 너희가 그것을 먹는 날에는 너희 눈이 밝아져 **하나님**과 같이 되어 선악을 알 줄 하나님이 아심이니라. **여자**가 그 나무를 본즉 먹음직도 하고 보암직도 하고 지혜롭게 할 만큼 탐스럽기도 한 나무인지라. 여자가 그 열매를 따먹고 자기와 함께 있는 남편에게도 주매 그도 먹은지라. (창 3:1-6)

이 이야기는 분명 여자를 형편없어 보이게 한다. 그녀는 뱀의 말을 듣지 않았어야 했다. 열매를 먹지 않았어야 했다. 열매를 자기 남편에게 주지 않았어야 했다. 그녀가 한 일은 상상할 수 있는 가장 형편없는 짓이었을 것이다.

그러면 창세기 3장은 성차별적인가? 그렇게 생각하지 않는다. 여자가 부정적으로 남자가 긍정적으로 묘사되었다면, 창세기 3장이 성경에서 성차별의 전례를 수립했다고 주장할 수 있을 것이다. 하지만 여기에서 남자도 여자가 나쁜 죄를 저지른 것만큼 나쁜 죄를 저지른 것으로 등장하며, 오히려 남자의 죄가 더 나쁜 것 같다.

첫째, 남자도 열매를 먹었지만, 여자와 달리 조금도 주저하지 않고 먹었다(항상 허기진, 전형적인 남자). 그는 완전히 수동적이었다. 둘째, 그는 열매를 먹지 말라는 말씀을 야훼께 직접 들었으나, 여자는 남자를 통해 들었다. 여자는 메시지를 전해 듣는 과정에서 잘 알아들을 수 없었던 것 같다

3. 성차별주의자 하나님

(아내와 의사소통을 잘하지 못하는, 전형적인 남자). 셋째, 여자가 열매를 먹을 때 남자는 여자와 같이 있었으면서도 여자를 말리지 않았는데, 이것이 바로 이 구절을 배울 때 종종 간과되는 부분이다. 뱀이 말할 때 그는 우리말 번역으로 전달되지 않는 2인칭 **복수형**(원래는 "너희 모두")을 사용하는데, 이는 이런 대화가 오갈 때 남자가 동산의 다른 곳이 아닌 바로 그곳에 있었다는 또 다른 증거다.

창세기 3장을 가르칠 때마다, 학생들은 여자가 열매를 먹을 때 남자가 바로 여자 곁에 있었다는 말씀을 발견하고 놀란다. 그러나 창세기 2장 끝을 보면, 그들은 한 몸처럼 서로 밀착되어 있으며 둘 다 벌거벗었다. 보통 벌거벗었을 때 남편은 아내 가까이에 있다.

여성 혐오증이 있다는 부당한 비난을 받는 바울은 여자를 탓하지 않고 "한 사람으로 말미암아 죄가 세상에 들어[왔다]"(롬 5:12)고 말한다.[20] 궁극적으로, 나는 어느 쪽에 더 잘못이 있다고 생각하지 않는다. 누가 더 비난받아야 하는지를 놓고 옥신각신하는 것은 문제 해결에 도움이 되지 않는다(물론, 이혼 소송은 예외지만). 둘 다 죄를 저질렀으며 여기서는 둘 다 형편없어 보인다. 이 시점까지, 여전히 성차별의 증거를 발견할 수 없다.

저주와 약속

여자에게 주어진 저주는 어떻게 보아야 할까?

여호와 하나님이 뱀에게 이르시되

네가 이렇게 하였으니

    네가 모든 가축과 들의 모든 짐승보다

    더욱 **저주를 받아**

배로 다니고

    살아 있는 동안

    흙을 먹을지니라.

내가 너로 여자와 원수가 되게 하고

    네 후손도 여자의 후손과 원수가 되게 하리니

여자의 후손은 네 머리를 상하게 할 것이요

    너는 그의 발꿈치를 상하게 할 것이니라 하시고

또 여자에게 이르시되

내가 네게 임신하는 고통을 크게 더하리니

    네가 수고하고 자식을 낳을 것이며

너는 남편을 원하고

    남편은 너를 다스릴 것이니라 하시고

아담에게 이르시되

네가 네 아내의 말을 듣고

    내가 네게 먹지 말라 한 나무의 열매를 먹었은즉

땅은 너로 말미암아 **저주를 받고**

　너는 네 평생에 수고하여야 그 소산을 먹으리라.

땅이 네게 가시덤불과 엉겅퀴를 낼 것이라.

　네가 먹을 것은 밭의 채소인즉

네가 흙으로 돌아갈 때까지

　얼굴에 땀을 흘려야

　먹을 것을 먹으리니

　네가 그것에서 취함을 입었음이라.

너는 흙이니

　흙으로 돌아갈 것이니라 하시니라. (창 3:14-19)

구약 성경이 성차별적이라고 생각하는 사람들은 여자에게 임한 저주 끝 부분에 나오는 남자가 여자를 '다스릴 것'이라는 구절에 집중한다. 이 구절은 남성이 여성을 억압할 수 있는 거룩한 근거인 것 같다. 하지만 우리가 다른 저주의 맥락에서 여자에게 임한 저주를 읽으면, 몇 가지 이유로, 이 구절이 더 이상 반여성적인 저주처럼 보이지 않는다.

첫째, 여자에게 임한 저주는 남자가 여자를 억압하는 것을 지지하지 않는다. 엄밀히 말하면, 저주는 최초의 남자와 최초의 여자에게만(그리고 최초의 뱀에게?) 적용될 수 있다. 각각의 저주는 저주받아야 할 대상에게만 전달되며, 이때 사용되는 2인칭 대명사(너, 네)는 모두 단수다. 다른 말로 하면, 분명히 하나님은 여기서 여자들과 남자들 일반에게 말씀하시는 것이 아니라 '아담'과 '하와'에게만 말씀하신다. 해석자들은 대부분 각 저주가 다음 세대의 남성들과 여성들에게로 전승된다고 추정한다. 나는 그런 추정이 타당하다고 생각하지만, 그렇게 생각하기 전에 우리가 인정해야 할 것은 저주가 최초의 인간을 넘어가게 하려면 해석상의 도약이 필요하다는 점이다.

저주는 남자가 여자를 억압할 것이라는 뜻이 아니라, 그저 남편이 그의 아내를 '다스릴' 것이라는 뜻이다(이 말이 성차별처럼 들릴 수 있다는 것을 알지만, 아직 할 말이 더 있으니 기다리라). 그러므로 이 저주는 결혼한 여자에게만 적용될 뿐, 여성 전반에 적용되지는 않는다. 우리 사회는 다스리는 자들이 우월하다고 믿지만, 열등한 신분과 다스림을 받는 사람을 연관 짓지 않도록 주의해야 한다. 출애굽기에서, 야웨는 자신의 택하신 백성이 수백 년 동안 애굽의 통치를 받도록 허락하셨다. 사복음서에서, 예수님은 크게 되는 것은 다른 사람을 다스림에서 오는 것이 아니라 다른 사람을 섬김에서 온다고 말씀하신다(막 10:42-45). 바울은 아내들에게 남편에게 복종하라고 말하는가 하면, 피차 복종하라고 말한다(엡 5:21-22). 그러므로 이 저주는 억압이 아닌 복종을 의미하며, 성경에 따르면, 복종해야 하는 사람은 여자들만이 아니다. 신구약 성경에서 하나님의 백성은 모두 복종하도록 부르심을 받았다.

둘째, 남자가 받은 저주는 여자가 받은 저주보다 가혹했다. 남자가 받은 저주에서는 땅이 저주를 받지만(그리고 뱀은 직접 저주를 받는다), 여자가 받은 저주에는 실제로 '저주'라는 말이 나오지 않는다. 여자는 더 큰 산고를 치르는 저주를 받으나, 남자는 흙으로 돌아가는 사망의 저주를 받는다.[21] 여자의 고통은 출산 과정에 국한되지만, 남자의 고통은 '평생' 지속된다.[22] 남자의 저주는 또한 여자의 저주에 비해 분량상 거의 네 배다. 히브리어로, 여자의 저주는 열세 단어이고 남자의 저주는 마흔여섯 단어다. 성경에서 죄의 엄중함과 심판의 길이에는 관련성이 있다.

셋째, 저주를 받는 와중에도, 남자는 아무런 긍정적 약속도 받지 못하지만 여자는 중요한 약속을 받는다. 여기서 인간에게 희망적인 말은 여자의 후손이 마침내 뱀의 머리를 짓밟게 될 것이라는 예언뿐이다. 이 예언의 중요성은 아무리 강조해도 지나침이 없다. 이 예언은 예수님과 예수님이 십자가에서 사망을 이기실 것을 예시하기 때문에, 때로 원시 복음(protoevangelium), 즉 최초의 메시아 예언이라고 부른다.[23] 뱀을 이기고 승리할 것이라는 이 약속은, 분명 두 사람이 공동의 조상이었으므로 '남자의 후손'이라고 말씀하실 수도 있었지만, 하나님은 축복의 초점을 여자에게 두기로 하신다. 구약 성경에서 이 약속에 필적할 만한 다른 약속 하나를 들자면, 다윗의 후손들이 "영원히" 다스릴 것임을 보장하는 다윗 언약(Davidic Promise)일 것이다(삼하 7:13-16).

여자에게 임한 저주와 남자에게 임한 저주는 같지 않았으나, 그렇다고 그것이 하나님이 여자를 성차별적 태도로 다루셨음을 뜻하는 것은 아니다. 남자와 뱀이 받은 저주와 달리, 여자가 받은 저주에는 실제로 '저주'라는 말이 없다. 여자가 받은 벌은 억압이 아닌 복종에 관한 것이며, 남자에게 임한 저주만큼 가혹하지 않았다. 그리고 가장 중요한 것은, 이처럼 저주를 받는 와중에, 여자만 약속이 있는 축복을 받았다는 점이다.

하나님이 원하시지 않는 방법

우리는 창세기 3장의 결과를 어떻게 이해해야 할까? 사람들은 남성의 지배를 제정하신 분이 하나님이셨기에 그것을 그냥 수용해야 한다고 말할지도 모른다. 하지만 그것은 성차별주의자의 말처럼 들린다. 우리는 창세기 3장이 하나님이 원래 의도하신 모습이 아니라는 점을 기억해야 한다. 하나님이 남자와 여자를 위해 세우신 이상은 창세기 1장과 2장이었다. 처음에 하나님은 인간, 즉 남자와 여자를 하나님처럼 서로의 동반자로 만드셨다. 그러나 그들은 열매를 먹음으로써 하나님의 이상을 망쳐 버렸기에 창세기 3장이 만들어 낸 결과를 겪어야 했다. 일그러진 남성-여성 관계도 그중에 포함된다. 이런 결과의 수용이 여성에 대한 억압이나 다른 성차별 행위에 이를 수 있으나, 우리는 창세기 3장에서도 이미 하나님이 그 결과를 그냥 내버려 두시지 않음을 발견한다.

하나님이 저주를 말씀하셨을지라도, 창세기 2장과 3장에서는 저주의 결과로 생겨나는 고통과 수고를 완화하시는 모습을 보게 된다. 저주 이전에도 하나님은 남자에게서 갈빗대를 취하실 때 최초의 마취사로서 그를 잠들게 하셨으며(2:21), 저주 이후에는 그들을 위해 의복을 지어 입히심으로써 그들의 수고를 덜어 주셨다(3:21). 무엇보다 하나님은 그들을 저주하시는 중에도 궁극적으로 자신이 어떻게 여자의 후손을 통해 저주를 물리치실 것인지를 선포하셨다. 하나님께는 부정적인 저주의 결과를 수용하실 의도가 없으셨다. 하나님은 몸소 그 저주를 극복하려 하셨다.

에피듀랄과 콤바인

여자가 남자의 다스림을 받아야 한다고 생각하는 사람들에게, 그들이 에피듀랄(epidural, 경막외 마취제)과 콤바인(combine harvester, 복식 수확기)을 어떻게 생각하는지 묻고 싶다. 에피듀랄과 콤바인이 출산의 고통과 농부의 수고를 줄임으로써 저주의 결과를 축소한다 해도, 대체로 이런 현대적인 기술혁신은 좋은 것으로 인식된다. 우리가 창세기 3장을 근거로 출산과 농사를 더 수월하게 하려는 어떤 노력도 해서는 안 된다고 말하면 마음이 불편할 것이다.

하나님이 저주의 결과를 거부하신 것처럼, 우리 또한 그 결과를 축소하려 한다. 우리는 출산의 고통을 줄이려 한다. 우리는 작물을 더 쉽게 추수하려 한다. 우리는 남성과 여성을 화목하게 하고 성차별을 없애려 한다. 하나님의 도우심으로, 우리는 창세기 3장(여자 위에 군림하는 남자)의 현실에서 살려 하지 않고, 창세기 1장과 2장(서로 돕는 하나님처럼 돕는 자인 남자와 여자)의 현실로 돌아가려고 노력하며, 그리스도 안에서 하나가 되었기에 남성과 여성의 차별이 줄어들 때가 오기를 고대한다(갈 3:28). 저주는 환영해야 할 선한 것이거나 수용해야 할 피할 수 없는 현실이 아니라 극복해야 할 부정적 결과다.

인간과 하나님의 관계 그리고 남자와 여자의 관계에 관해, 창세기는 중요한 교훈을 준다. 남자와 여자는 모두 하나님의 형상을 지녔다. 결혼 관계에서 남자와 여자는 동반자가 되어야 한다. 남자와 여자는 하나님을 닮은 존재임에도, 모두 죄를 짓는 성향을 지니고 있다. 심지어 성차별처럼 보이는 구절의 문맥에서도, 여자들은 유례없이 인정을 받는다. 우리는 성차별 주제가 드러나는 다른 본문을 검토할 때에도, 그 본문을 성경의 처음 세 장에서 말하는 이 근본적인 진리에 비춰 이해해야 한다. 우리는 창세기 뒷부분에서 젊은 두 여성이 당하는 성적 억압을 용납하는 것처럼 보이는 이야기를 발견한다. 이번에는 그 이야기를 살펴보자.

롯과 그의 두 딸

야웨는 소돔 성의 사악함 때문에 그곳을 심판하기로 결정하시며, 아브라함은 자신의 조카 롯과 롯의 가족이 소돔에 살기 때문에 그 성을 위해 간구한다. 야웨는 사람 모습을 한(그래서 날개나 광륜이 없는) 두 천사를 롯에게 보내 그가 소돔 성을 떠나야 함을 납득시키신다(창 18-19장). 손님 대접하기를 기뻐하는 롯은 두 나그네가 마을 광장에서 밤을 보내지 않도록 설득한다. 소돔 사람들은 롯과 다른 방식으로 두 천사를 대접하려 한다. 그들은 두 천사를 집단 강간하기로 마음먹는다.

> 롯을 부르고 그에게 이르되 오늘 밤에 네게 온 사람들이 어디 있느냐 이끌어 내라 우리가 그들을 상관하리라. 롯이 문 밖의 무리에게로 나가서 뒤로 문을 닫고 이르되 청하노니, 내 형제들아 이런 악을 행하지 말라 내게 남자를 가까이 하지 아니한 두 딸이 있노라 청하건대 내가 그들을 너희에게로 이끌어 내리니 너희 눈에 좋을 대로 그들에게 행하고 이 사람들은 내 집에 들어왔은즉 이 사람들에게는 아무 일도 저지르지 말라. 그들이 이르되 너는 물러나라. 또 이르되 이 자가 들어와서 거류하면서 우리의 법관이 되려 하는도다. 이제 우리가 그들보다 너를 더 해하리라 하고 롯을 밀치며 가까이 가서 그 문을 부수려고 하는

지라. 그 사람들이 손을 내밀어 롯을 집으로 끌어들이고 문을 닫고 문 밖의 무리를 대소를 막론하고 그 눈을 어둡게 하니 그들이 문을 찾느라고 헤매었더라. (창 19:5-11)

두 천사를 보호하고 성난 무리를 진정시키기 위해 롯은 소돔 사람들에게 두 천사 대신 자신의 딸들을 취하라고 제안한다. 자기 딸에게 그처럼 악한 일을 시키려는 아버지는 상상하기 어렵다. 우리는 창세기 1-3장에서 성차별적인 것을 발견하지 못했으나, 분명 롯의 계획은 성차별적이다. 롯의 행위는 자신의 두 딸보다 두 나그네가 더 소중하다는 명백한 메시지를 전한다. 이 이야기가 롯의 행위를 용납하는 것으로 비친다면, 롯뿐만 아니라 야웨와 구약 성경도 성차별적으로 보일 것이다.

이 이야기가 롯의 행위를 지지하지 않는다고 결론내릴 수 있는 세 가지 이유가 있다. 첫째, 본문이 결코 롯을 옹호하지 않는다.[24] 비난하지 않는다고 해서 지지하는 것은 아니다. 창세기 이 부분에서 롯과 그의 가족은 일관되게 부정적인 본보기로 제시된다. 롯은 속히 마을을 떠나지 않았으며, 그의 아내는 재앙을 보려고 고개를 돌려 불순종했고, 그의 딸들은 임신하려고 그를 술에 취하게 했다. 롯이 구출된 것은 그의 의로운 행위 때문이 아니라 그의 삼촌 아브라함의 중재로 야웨께서 자비를 베푸셨기 때문이다(창 18:23-32).

둘째, 롯의 딸들을 아버지가 생각해 낸 무서운 일에서 극적인 방법으로 보호한 것은 야웨께서 보내신 두 천사였다. 야웨는 직접 사건에 개입하시지 않았으나, 천사들에게 초자연적인 힘을 주셔서 공격을 막게 하셨다. 분명 야웨와 그분이 보내신 천사들은 소녀들이 강간당하는 것을 원치 않았다.

셋째, 소돔 성 사람들은 처음에는 강간 미수 때문에 징계를 받아 눈이 멀었으며 나중에는 그들의 사악한 행위 때문에 성이 진멸되었다. 야웨는 강간을 미워하신다.[25] 하나님이 이렇게 강간을 증오하시는 것은 구약의 율법을 살피는 동안에도 보게 될 것이다.

강간범과 결혼하기?

출애굽기, 레위기, 신명기에 집중적으로 기록되어 있는 수많은 율법은 야웨께서 이스라엘 자손에게 주신 것으로, 성과 성생활의 문제점을 언급하는 율법을 비롯하여 다양한 사안을 다룬다. 구약 성경의 여러 율법은 분명히 강간을 금한다. 구약 성경의 한 율법에 따르면, 강간은 살인에 해당하는 것으로 간주되기에 강간범은 죽이고 여자는 처벌받지 않게 해야 한다(신 22:25-27). 강간에 대해 사형을 선고하는 것은 대단히 가혹해 보이지만, 이는 강간은 악이며, 강간을 하면 가혹한 벌을 받고, 여자들은 강간당하지 않게 보호받아야 함을 분명하게 전달한다. 오늘날의 관대한 선고에 비해 강간을 이처럼 가혹하게 다루는 율법 덕분에, 당시에는 잠재적인 강간범의 수가 적었다. 불행히도, 이스라엘에는 오늘날과 마찬가지로 처벌을 피한 강간범이 많았을 것이다.

하지만 강간에 대한 다른 율법들은 성차별적인 것처럼 보일 수 있다. 한 율법은 약혼하지 않은 여자가 강간을 당하면 강간한 자의 아내가 되어야 한다고 명시한다(신 22:28-29). 야웨는 왜 그처럼 성차별로 보이는 명령을 하실까?

이렇게 명령하신 이유를 이해하려면 어느 정도 문화적 배경을 알아야 한다. 오늘날에도 강간은 악한 일이지만, 구약 시대에는 더 악한 일이었다. 강간에 희생된 미혼 여성은 폭력 행위 자체에서 오는 외상을 다루어야 할 뿐 아니라, 처녀성을 잃었다는 낙인이 찍혔다. 여자는 수치심 때문에 결혼할 수 없었을 것이다. 당시 여자들이 안전을 보장받을 수 있는 주된 방법이 결혼이었기 때문에, 강간 피해자는 결국 빈곤해졌을 것이다.

구약 시대에는 오늘날보다 성차별이 심했다. 우리에게 성차별로 보이는 이 율법도 실제로는 구약 시대의 성차별 문제를 개선하기 위한 것이었다. 우리에게는 이런 시도가 타당해 보이지 않지만, 당시 상황에서는 피해자에게 좋은 일이었다. 피해를 입은 여자는 율법이 정한 결혼을 통해 필요한 안정을 얻었으며 강간의 비극적인 결과는 축소되었다. 또한, 율법이 남자가 여자와 이혼하는 것을 허용하지 않았기 때문에, 대부분의 여자에게 보장되지 않은 안전한 미래가 강간당한 여자에게는 보장되었다. 남자는 또한 이 연합이 정상적인 결혼이라는 인상을 주려고 신부에게 지참금을 지불해야 했다.

강간보다 악한 것?

다윗의 가정을 예로 드는 것이 신명기에 기록된 이런 강간에 대한 율법의 문맥을 이해하는 데 도움이 될 것이다. 암논이 이복 누이동생 다말을 강간했을 때(삼하 13:1-20), 강간당하기 이전에 강간하지 말아 달라고 애걸하던 다말은 강간당한 후에 오히려 자기를 보내지 말아 달라고 간청했다. 심지어 다말은 암논이 자기를 보내는 것은 강간보다 악한 일이 될 것이라고 말했다(암논은 여전히 다말에게 떠나라고 강요했으며, 다말은 미모를 지녔음에도 재혼하지 못했다).²⁶⁾ 다말이 암논에게 한 말은 충격적이지만, 그녀의 관점은 강간에 관한 신명기 율법과 일치한다. 강간당한 여자는 자신을 강간한 자와 결혼하는 것을 성차별로 여기지 않았다.

여기서 야웨의 명령이 성차별이라고 성급하게 결론짓는 것은 그들의 문화를 모르는 행위다. 다말 이야기가 보여 주듯, 당시 맥락에서 강간당한 여자는 강간한 자와 결혼하는 것을 당연시했을 것이다. 오늘날에는 강간한 자와 그 희생자에게 결혼하라고 명령하는 법을 상상도 할 수 없지만, 다말 시대에는 그것이 여자에게 좋은 일이었다. 그런 명령을 주신 하나님은 성차별을 하신 것이 아니라, 오히려 당시의 성차별 문화와 싸우신 것이다.

우리는 여자들에 대한 구약 성경의 다른 율법을 검토하면서, 21세기 맥락에서는 성차별로 보이는 다른 율법을 발견할 수 있다. 하지만 윌리엄 웹(William Webb)이 주장하듯, 여자들에 대한 구약 성경의 율법은 고대 근동의 맥락에서 그와 비슷한 법과 비교할 때 일관되게 구원을 지향한다.²⁷⁾ 구약 성경의 율법이 우리에게는 성차별적으로 보이지만, 고대 근동의 맥락에서는 진보적이었다. 예를 들어, 도둑질에 관한 앗수르 법은 여자를 남자보다 가혹하게 처벌하는 것을 금하는 반면(보통은 사형), 이에 상응하는 구약 성경의 율법은 처벌에서 남녀를 차별하지 않는다(출 22:1-4; 레 19:11, 13).²⁸⁾ 율법을 넘어서, 성경에 등장하는 인상적인 여인 몇몇을 살펴보면 우리는 여자를 인정하시는 구약 성경의 하나님을 발견할 수 있다.

여성 대통령과 세 명의 여성 보좌관

런던 "타임스"(Times)는 최근 연구를 바탕으로 "여자들에 관한 성경의 부정적 입장은 허구다"라고 주장하면서, "죄인들"보다 네 배나 많은 여성 "성자들"이 있음을 들어, 성경에 나오는 여자들은 대부분 긍정적이거나 중립적으로 묘사된다고 결론지었다.[29] 이런 유형의 연구 결과를 의구심을 가지고 볼 수도 있지만, 구약 성경에서 여자들이 야웨의 축복으로 놀라운 일들을 했다는 것은 분명한 사실이다. 오늘날 세계의 진보적인 민주국가 중에 여성의 통치를 받은 나라는 없지만, 야웨는 약 3천 년 전에 여성 대통령(드보라, 삿 4장)을 선택하셨다(그런데도 야웨가 성차별주의자라니?). 드보라는 이스라엘의 정치적인 지도자였을 뿐만 아니라, 야웨의 예언자로서 영적인 지도자였다(근본적으로 '대통령'이면서 '교황'이었다). 또한 드보라가 지은 시는, 한나와 예수님의 어머니 마리아의 시처럼, 성경에 기록되었다.[30] 여자들이 부분적으로 성경을 기록하게 하는 것이 괜찮은 일이라면, 여자들로 하여금 성경을 가르치게 하는 일도 재고해야 하지 않을까?

사무엘서에 나오는 지혜로운 세 여인은 그들 나라의 남성 통치자들을 대면함으로써 평화를 이루었다. 생명의 위협을 무릅쓰고 다윗을 찾아간 아비가일이 나발의 온 집안을 죽이지 말아 달라고 설득하자, 다윗은 야웨께서 자신에게 아비가일을 보내어 피 흘림을 막아주셨다고 말하면서 마음을 누그러트렸다(삼상 25장). 드고아 출신의 지혜로운 여인은 다윗을 설득하여 압살롬과 화해하게 했다(삼하 13장). 아벨의 지혜로운 여인은 다윗의 군대 장관인 요압을 대면했고, 아벨 사람들이 반역자 세바를 죽이도록 설득함으로써 요압이 성읍 포위망을 풀고 물러가게 했다(삼하 20:14-22).

야웨는 이 지혜로운 세 여인을 통해 다윗 왕과 요압 장관을 권면하셨다. 다윗과 요압이 여자들에게 영향을 받았다고 해서 그들이 소심하며 남성적이지 못한 사람들이라고 비난해서는 안 된다. 그들은 이스라엘 역사상 가장 강한 군사 영웅이었다. 참된 남자는 여자에게서 배운다. 다윗과 요압 같은 지혜로운 남자들은 지혜로운 여자들의 말을 귀담아듣는다.

드보라와 아비가일 이야기는 구약 성경을 읽는 사람들에게 낯설지 모르지만, 구약 성경의 다른 두 여자 영웅 룻과 에스더 이야기는 잘 알려져 있다. 과부인 룻은 마찬가지로 과부이며 이스라엘 사람인 시어머니 나오미를 돌보려고 자신의 고향 모압을 버렸다. 그녀는 보아스의 밭에서 열심히 이삭을 주웠으며, 이스라엘의 하나님께 헌신했고, 다윗과 예수님의 조상이 되는 축복을 받았다. 에스더는 자신의 아름다움 덕에 바사의 여왕으로 간택되었으나, 동족인 유대인들이 위험에 처하자 나라를 위해 목숨을 걸었다. 이 두 여인은 사람들과 야웨로부터 칭찬을 받았으며, 구약 성경은 그들의 이름을 붙인 두 권의 책을 통해 그들의 이야기를 전한다. 신약 성경으로 넘어가면서 보게 되겠지만, 당연히 예수님도 여자들을 인정하셨다.

기름 부음 받은 자에게 향유 붓기

예수님 시대에, 남자들은 공개적으로 여자들에게 말을 걸지 않았으나(요 4:27), 예수님은 일관되게 여자들을 진지하게 대하셨다. 예수님은 여자들과 대화하셨으며,[31] 여자가 주역인 이야기를 하셨고,[32] 여자들을 아낌없이 칭찬하셨다. 예수님은 실제로 사람들을 그다지 칭찬하시지 않았기 때문에(사람들을 자주 책망하시기는 했지만), 그분이 누군가를 칭찬하실 때는 의미가 있었다. 마르다는 음식을 준비하는 전형적인 여자의 일을 하고 있었으나, 예수님은 남자처럼 랍비의 발치에 앉아 말씀을 배우려는 마리아의 결단을 칭찬하셨다(눅 10:38-42). 부유한 사람들은 성전에 엄청난 양의 헌금을 바쳤으나, 예수님은 자신의 모든 것을 드린 가난한 과부를 칭찬하셨다(막 12:43-44). 사복음서에서 가장 극적으로 예수님의 칭찬을 받은 사람은 이 여자였을 것이다.

> **예수께서** 베다니 나병환자 시몬의 집에서 식사 하실 때에 한 **여자**가 매우 값진 향유 곧 순전한 나드 한 옥합을 가지고 와서 그 옥합을 깨뜨려 **예수의** 머리에 부으니, 어떤 사람들이 화를 내어 서로 말하되 어찌하여 이 향유를 허비하는가 이 향유를 삼백 데나리온 이상에 팔아 가난한 자들에게 줄 수 있었겠도다 하며 **여자**를 책망하는지라. **예수께서** 이르시되, 가만 두라 너희가 어찌하여 **그를** 괴롭게 하느냐 **그가** 내게 좋은 일을 하였느니라. 가난한 자들은 항상 너희와 함께 있으니 아무 때라도 원하는 대로 도울 수 있거니와 나는 너희와 항상 함께 있지 아니하리라. 그는 힘을 다하여 내 몸에 향유를 부어 내 장례를 미리 준비하였느니라. 내가 진실로 너희에게 이르노니 온 천하에 어디서든지 복음이 전파되는 곳에는 **이 여자**가 행한 일도 말하여 **그를** 기억하리라 하시니라. (막 14:3-9)

이름이 밝혀지지 않은 이 여자는 믿기 어려울 만큼 후하고 겸손하게 행동한다. 여자가 예수님의 머리에 쏟아부은 기름은 오늘날 적어도 3천 3

백만 원의 가치가 있을 것이다.[33] 예수님 주변에 있던 사람들의 행위와 비교할 때, 이 여자의 행위는 더 충격적이다. 대제사장은 예수님을 죽이려고 모의했으며(막 14:1), 유다는 예수님을 배신할 계획을 세웠으며(막 14:10), 제자들은 예수님을 버리려 했고(막 14:27), 베드로는 예수님을 부인하려 했다(막 14:66-72). 종교 지도자들과 예수님의 가장 가까운 친구들은 모두 그분의 마음을 아프게 했으나, 이 여자는 예수님을 축복했다.

여자는 제자들이 이해하기 어려워하던 개념들을 이해한 것 같다. 여자는 예수님이 그리스도, 즉 '기름 부음 받은 자'이심을 파악한 것 같았다. 우리는 기름 부음을 받은 자에게 어떻게 해야 하는가? 향유를 부어야 한다. 하지만 제자들은[34] 기름 부음을 받은 자에게 향유를 부어야 한다고 생각하지 않았기에, 여자가 예수님께 향유를 붓자 그녀를 꾸짖었다. 여자가 제자들의 비난에 대꾸하지 않자, 예수님은 방어에 나서서 도리어 그녀를 꾸짖는 제자들을 꾸짖으셨다. 예수님은 여자의 행위를 낭비가 아닌 아름다운 행위로 여기셨다.

예수님은 또한 여자가 예수님의 장례를 준비하고 있었으므로, 그녀가 예수님이 죽으셔야 한다는 것을 이해하고 있다고 암시하셨다. 제자들은 거듭 예수님이 곧 죽음에 이르게 될 것을 파악하지 못했지만, 여자는 그것을 파악한 것 같다.

예수님은 자신을 따르던 자들에게 복음과 함께 여자의 행위가 영원히 기억될 것이라고 선포하셨다. 예수님은 여자가 그녀의 행위로 말미암아 온 세상에서 칭찬받게 될 것이라고 말씀하셨다. 여자의 행위는 도를 넘었다. 뿐만 아니라, 그녀를 칭찬하신 예수님의 행위도 도를 넘었다. 사복음서에 나오는 어떤 사람도 예수님께 이 정도로 칭찬받지 못했다.

예수님의 제자들이 이해하지 못한 것은 그뿐만이 아니었다. 그들은 예수님이 야웨처럼 여자들을 인정하시는 것도 이해하지 못했다. 애석하게, 오늘날 예수님의 많은 제자에게도 같은 문제가 있다. 섬기고자 하는 여자들을 인정하신 예수님의 본을 따르는 대신에, 우리는 종종 주도적 역할을 하는 여자들을 꾸짖는 성차별적인 제자들에 더 가깝다.

사람들은 왜 구약 성경의 하나님이 성차별주의자라고 생각할까?
구약 성경과 신약 성경의 성차별 문맥에서, 야웨와 예수님은 모두 여자를 인정하셨다. 그렇다면 사람들은 왜 구약 성경의 하나님이 성차별주의자라고 생각할까? 대답하기 어려운 질문이지만, 구약 성경을 탓하지 말고 다른 요인을 검토해야 한다. 성차별은 사회와 교회에서 문제를 일으키는 중요한 원인이 되고 있다. 야웨와 예수님은 여성을 존중하는 맥락에서 진보적이셨으나, 교회는 보통 그렇지 않다. 성차별하는 사회를 바꾸기 어렵고, 이보다는 조금 쉽겠지만 성차별하는 교회를 바꾸기 어려울지라도, 나 자신의 성차별 성향에 대해서는 내가 할 수 있는 것이 있다. 여기서 내가 시행하려고 노력한 것 세 가지를 말하겠다.

첫째, 여자들은 하나님의 형상으로 창조되었으니 여자들의 말을 귀담아듣고 그들에게서 하나님을 배운다. 다윗처럼 지혜로운 남자들은 지혜로운 여자들의 말을 선선히 귀담아들으려 한다. 나는 성경에서 아비가일과 드보라와 같은 경건한 여자들의 삶을 읽고 공부하는 데 전념했다. 나는 또한 현대 여성 작가들의 글을 읽는다. 여자들은 대개 아무런 문제 없이 남성 작가들의 글을 읽지만, 남자들은 여성 작가들의 글을 피하려는 경향이 있다. 다윗과 요압 같은 군사 영웅들은 여성으로부터 배운다고 해서 자신들의 남성성이 위협받는다고 생각하지 않았다. 겸손한 남성은 다른 사람들과 여자들에게서 배울 수 있어야 한다.

둘째, 야웨와 예수님의 본을 따르고 가능한 한 여자들을 칭찬한다. 나는 가르칠 때, 성경, 교회사 그리고 근세사에 나타난 여자들에 관한 긍정적인 사례를 활용하려고 노력한다. 예수님께 향유를 부었던 여자를 가르칠 때마다 나는 예수님의 예언을 성취한다(이렇게 하면, 당신도 이 예언을 성취할 수 있다). 수업 시간에 여학생이 기탄없이 자신의 생각을 말하면, 긍정적인 태도로 그녀의 통찰을 참고하려고 노력한다. 공공연하게 여자들을 무시하는 논평을 삼가며 아내에 대해 긍정적으로만 말한다.

셋째, 성차별에 대해 말한다(그리고 쓴다). 성에 관한 주제가 현대 문화에서는 엄청난 문제이지만, 교회에서는 그렇지 않다(제자들처럼, 우리는 단지 그것을 이해하지 못할 뿐이다). 교회에서 여자가 성차별 문제를 제기할 때, 사람들은 종종 그녀에게 숨은 의도가 있다고 생각한다.[35] 그녀의 문제 제기 방식이 아무리 뛰어나도, 사람들은 그녀에게 딴 속셈이 있다고 생각하기에 그냥 무시해 버린다. 남자들은 더 자주 성차별 문제를 제기해야 한다. 그것이 정치적으로 정당해서가 아니라, 성경적으로 정당하기 때문이다. 야웨와 예수님 모두 여자들을 격려하셨고, 권한을 주셨으며, 인정하셨다.

부당하게 행하는 남자들

나는 섀넌과 결혼 후 처음 8년 동안 기독학생회(InterVarsity)의 간사로 함께 일했다. 그 기간 중 우리는 세 번 이사했으며, 그때마다 예배드릴 교회를 찾으려고 수많은 교회를 방문했다. 새로운 교회를 방문할 때마다, 보통 목사님께 우리를 소개하고, 그의(여자 목사인 경우는 거의 없음) 설교를 칭찬하고, 이어서 우리의 대학생 사역을 소개한다. 그때 목사님은 내 얼굴만 쳐다보고, 내게만 질문하면서, 기본적으로 섀넌은 무시한다.

처음에 나는 이런 행위가 특이하다고만 생각했다. 그러나 그런 일이 자주 일어나자 말참견하기 시작했다. "제 아내도 기독학생회 스태프로 일합니다. 아내는 재능 있는 교사이고, 창의력 있는 사역자이며, 학생들을 사랑합니다." 그는 간단히 내 말을 알아들었다는 표시를 하고("아, 훌륭하군요") 다시 내게로 또는 교회로 대화를 옮긴다. 그가 내게 관심을 갖는 것은 고맙지만, 아내와 아내의 사역에 관심을 갖지 않는 것은 불만스러웠다. 이런 대화를 마치고 떠날 때마다 섀넌은 힘이 빠지고 평가절하되는 기분을 느꼈다. 아내와 나는 지금은 교회를 정했지만, 내가 걱정하는 것은 주일 아침마다 세상의 많은 교회에서 이런 유형의 일이 거듭 일어난다는 것이며, 교회에 대한 첫 인상 때문에 다시 돌아오지 않을 여성들이 많다는 것이다.

이렇게 되어서는 안 된다. 남자와 여자 모두 교회에서 리더 위치에 있는 사람들에게 환영받고 인정받으면 좋지 않을까? 어떤 상황에서는 여자와 이야기하는 것을 불편해하는 남자 목사들이 있을 것이다. 그러나 그들이 야웨와 예수님처럼 여자를 인정하고 격려하고자 한다면, 그런 불편한 느낌을 뛰어넘을 적절한 방법을 찾아야 할 것이다.

우리 문화 속에서 그리고 교회에서, 남자들은 조직의 맨 꼭대기에 있다. 맨 꼭대기에 있는 사람이 왜 굳이 다른 사람 세우는 일에 자진해야 할까? 예수님이 우리에게 크고자 하면 다른 사람을 섬기라고 말씀하셨으며, 그분이 몸소 섬기는 본을 보여 주셨기 때문이다. 성경을 읽고 성경을 가르치는 더 많은 사람이 하나님이 여성을 인정하셨음을 강조함으로써, 우리 문화는 야웨께서 성차별주의자가 아니심을 깨닫게 될 것이다. 성차별의 피해를 입었던 여자들까지도 하나님을 바라볼 때 당신의 형상으로 여자를 지으셨을 뿐만 아니라 그들과 교제하기를 열망하시는 하나님이심을 알게 되기를 바란다.

4 _____ 인종차별주의자 하나님

"흠, 이제야 돈 많은 백인이 실세가 되었군."

이것은 "심슨 가족, 더 무비"(The Simpsons Movie, 2007: 텔레비전 연작물인 "심슨 가족"을 원작으로 한 코믹 만화영화—역주)에서, 스프링필드 핵 원자로 소유주인 찰스 몽고메리 번즈가 한 말이다. 그는 지금 절대적으로 전력이 필요한 스프링필드 시로부터 전력을 공급해 달라는 급한 요청을 받았다. 번즈에 따르면, 세상의 실세는 가난한 소수집단 여성들이다. 그가 현실을 알려면 세상에서 더 많이 배워야 할 것이다.

일반적으로 사람들은 구약 성경의 하나님이, 아마 번즈처럼, 인종 문제에 관해 잘 모르실 것이라고 인식한다. 약 35년 전, 윌리엄 존스(William R. Jones)는 「하나님은 백인 인종차별주의자이신가?」(Is God a White Racist?)라는 제목의 책을 썼다.[1] 영국의 팝 가수이자 작사가 릴리 알렌(Lily Allen)은 2009년에 낸 하나님에 관한 솔로 앨범 "Him"에서, "당신은 하나님이 좋아하는 유형의 인간이 백인이라고 생각하는가?"라고 질문한다.[2] 리처드 도킨스는 질문하지 않고, 구약 성경의 하나님을 인종차별주의자 범주로

(그리고 여성 혐오적인, 과대망상적인, 가학 피학적이고 변태성욕적인 존재로) 말한다.[3]

야웨는 왜 인종차별주의자처럼 보일까?

사람들은 왜 야웨가 인종차별주의자라고 생각할까? 많은 이유가 있으나, 그중 두 가지가 두드러진다. 첫째, 19세기 그리스도인들은 구약 성경 본문을 인용하여 인종에 근거한 노예 제도를 지지했는데, 이는 구약 성경의 하나님이 인종차별을 용납하신다는 암시를 줄 가능성이 있다. 둘째, 야웨는 이스라엘 자손에게 가나안 사람을 진멸하라고 명령하셨는데, 이는 종족 살해 명령처럼 들린다. 그래서 이번 장에서는 이방인에 관한 율법과 이방인 테러범의 병을 고치는 이야기를 살펴보고, 노예 제도와 가나안 사람들에 관한 구약 성경 구절을 논하겠다.

각 구절을 다루기 전에 정의해야 할 것이 있다. 인종차별을 단순히 주요 인종들(예를 들어, 유럽 사람, 아프리카 사람, 아시아 사람)의 구분에 근거한 편견으로 정의한다면, 구약 성경에서는 인종차별을 분명하게 보여 주는 예를 찾기 어려울 것이다. 거의 모든 사람이 원래 같은 인종의 후손이기 때문에, 그들은 북유럽 사람이 남아프리카 사람이나 동아시아 사람과 다른 것처럼 달라 보이지는 않는다. 하지만 정의를 확대하여 종족이나 민족성에 따른 편견까지 포함한다면, 구약 성경에서 인종차별로 보이는 본문을 많이 발견할 것이다. 전형적으로, 구약 성경에서 인종 문제를 이야기할 때 이스라엘 사람이 아닌 사람을 이방인 또는 나그네라고 말하기 때문에, 나는 이런 무리를 말하는 본문에 초점을 두려 한다.

앞 장에서 우리는 구약의 "태초" 부분에서 시작했는데, 창세기는 성경에서 성뿐만 아니라 종족에 대해서도 이해할 수 있는 토대를 제시한다. 하나님은 남자와 여자를 자신의 형상으로 창조하시고 그런 다음 그들에게 번성하여 땅에 충만하라고 명령하셨다(창 1:26-28). 그들은 시간이 흐르면서 마침내 종족과 열방을 이루었는데, 모두 하나님의 형상을 반영한다. 그래서 특정 인종에 속한 민족을 비하하는 것은 인종차별주의자의 태도일 뿐만 아니라 모든 사람을 자신의 형상으로 창조하신 하나님에 대한 모욕이기도 하다. 성경이 처음에 각 종족에 속한 사람들은 모두 하나님을 닮았음을 알려주기 때문에, 궁극적으로 인종차별은 불경스러운 일이다. 창세기에는 종족에 관해 배울 것이 아직 많다.

우리는 가족이다

사람들이 성경을 읽을 때 종종 건너뛰는 부분은 어디인가? 분명 계보일 것이다. 계곡을 타고 떨어지는 아름다운 폭포를 그린 포스터에 이런 성구가 인용되어 있는 것을 본 적이 없다.

> 아르박샷은 삼십오 세에 셀라를 낳았고, 셀라를 낳은 후에 사백삼 년을 지내며 자녀를 낳았으며…[4]

하지만 성경 저자들은 우리와 달리 상세하게 기록된 가족사를 싫어하지 않는다. 창세기가 시작되는 상당 부분이 계보로 되어 있다(창 5장과 10장 전체, 그리고 4장과 11장의 많은 부분). 아벨, 가인, 셋[5] 그리고 노아의 놀라운 이야기를 읽는 동안, 지루하게 열거되는 이름 때문에 방해가 된다. 성경은 귀한 지면을 왜 이렇게 계보에 낭비할까?

하나님께 인종이 중요하기 때문이다. 이런 '지루한 명단'을 통해 전달되는 주요 메시지는 하나님은 사람들과 열방이 어디에서 왔는지에 관심을 가지고 계시다는 것이다. 인종 문제에 관한 한, 계보는 구약 성경과 신약 성경의 시작 부분에서 중요한 역할을 한다.

홍수가 그치고 하나님이 노아의 가족과 더불어 새롭게 시작하신 다음, 창세기 10장에 나오는 목록에는 노아의 세 아들 야벳, 함, 셈의 후손들이 들어 있다. 창세기 10장은 홍수 이후에 그 땅의 백성이 나뉘었다는 말로 끝난다. 창세기에 따르면, 모든 백성은 결국 서로 관련되어 있다. 우리는 가족이다.

인종적 편견은 모든 사람이 서로 관련되어 있다는 사실을 근거로 서서히 사라져야 한다. 인종차별은 하나님을 모욕하는 것일 뿐만 아니라 자신의 대가족을 모욕하는 것이다. 창세기의 이 부분까지는 하나님이 인종차별주의자이심을 암시하는 것이 없다.

노아는 함을 좋아하지 않는다

홍수 이후, 노아는 포도원을 재배한다(창 9:18-27). 어느 날 밤 그는 술에 취해 장막 안에서 벌거벗은 채 눕는다(그런 상황에 있는 사람이라면 틀림없이 그렇듯이). 가운데 아들 함이 이런 노아를 보고 두 형제에게 알리자, 그들은 재빨리 그리고 신중하게 아버지 몸을 덮는다. 무슨 일이 있었는지 알게 된 노아는 함에게 화가 나서 함의 아들 가나안이 야벳과 셈을 언제까지나 섬길 것이라고 저주한다.

이것은 의문을 제기하는 복잡한 이야기다. 술에 취해 벌거벗었기 때문에 비난받을 사람은 노아가 아닐까? 아버지의 벗은 몸을 보는 것이 잘못일까? 노아는 왜 함을 좋아하지 않을까? (혹시 유대 율법에 따른 것일까?) 이런 질문들은 인종차별과 직접 관련되지 않으니 논하지 않겠다. 하지만 함을 저주한 것은 인종차별과 관련된다. 19세기 그리스도인들은 야벳의 후손이 유럽 사람인 반면, 함의 후손은 대체로 아프리카 사람이라고 생각했기에, 함 저주를 인용하여 노예 제도의 정당성을 주장했다.[6] 이런 주장이 정당하다면, 야웨는 인종차별주의자로 보일 것이다. 하지만 다행히 이는 근거 없는 주장이며 야웨는 인종차별주의자가 아니다.

세 가지 이유로, 함 저주는 노예 제도의 정당성을 주장하기 위해 인용되어서는 안 된다. 첫째, 이야기의 특이함 때문에, 저주가 지속될 가능성이 암시되어 있는지에 더 깊은 결론을 이끌어내기가 불가능하다. 실제로 저주의 영향을 받은 것은 노아의 아들들 한 세대뿐이므로, 어쩌다 보니 이 저주가 19세기 미국으로 이어졌다는 주장은 언어도단이다.

둘째, 저주를 말한 것은 야웨가 아닌 노아였으며, 이때 노아는 그의 생애에서 거의 본을 보여 주지 못했다(형편없는 숙취에서 비롯된 괴팍한 행동을 비난하고 싶다). 노아의 상태가 그랬음에도, 분명 야웨는 저주의 능력을 주셨다. 그렇다 해도 저주의 대상은 극히 제한되었다. 이것은 그 다음 이유와 연결된다.

셋째, 노아가 저주한 대상은 함이나 함의 아들들이 아니라 가나안뿐이었다. 이것이 함 저주에서 가장 이상한 점이다(영리한 당신은 이 문제가 궁금해졌을 것이다). 분명 함의 두 아들 구스와 애굽은 아프리카와 관련되는 반면(구스는 에티오피아였고, 애굽은…애굽이었다), 가나안의 후손들은 이스라엘 자손이 가나안 땅에서 부닥친 사람들과 관련되었다(아모리 족, 여부스 족, 히위 족과 그 밖의 모든 다른 족속). 실제로 애굽이 이스라엘을 종으로 삼은 것은 가나안 사람들의 종살이가 있기 전이었다. 그래서 가나안을 저주한 것은 이스라엘이 가나안 사람들과 충돌할 것임을 예시한다. 그것은 다음 부분에서 논하겠다.

따라서 잘못 명명된 '함 저주'는 고대 이스라엘과 가나안을 제외한 어떤 맥락에서도 노예 제도의 정당성을 주장하지 않는다. 구약 성경이 노예 제도를 허용하긴 했지만, 윌리엄 웹의 설득력 있는 주장에 따르면, 노예 제도에 관한 성경의 입장은 고대 근동의 맥락에서 구속으로 향하는 진보적인 것이었다.[7] 야웨께서 이스라엘 자손을 애굽의 종살이에서 구원하셨다는 사실은 그분이 노예 제도를 용인하시지 않았음을 시사한다. 하나님이 구약 성경에서 이 구원을 실제로 수백 번 말씀하신다는 것은, 하나님 자신이 노예 제도를 싫어하신다는 것을 이스라엘 자손이 잊지 않기를 바라셨음을 암시한다. 그러므로 아프리카 후손이 미국에서 노예가 되었다는 사실로 비난받아야 하는 것은 야웨도, 구약 성경도, 심지어 노아도 아니다. 오히려 온전히 비난받아야 하는 것은 미국 내의 인종차별과 대서양을 가로질러 성행했던 노예 거래에 개입한 대규모 세력들이다.

하지만 노예 제도 문제에서 종족 학살로 넘어가면, 우리는 이스라엘 자손이 약속의 땅에 들어갈 때 겪은 일을 가나안에 임한 저주와 연관 지을 수 있다. 가나안 종족 살해는 그들의 옛 조상에게 관음증적 경향이 있었기 때문에 정당한 일이었다고 주장할 수 있을까? 그렇게 말하는 것은 가혹한 것이며, 심지어 인종차별적인 짓이다. 다음에는 그 문제를 보기로 하자.

가나안 종족 학살?

구약 성경에서 야웨를 가장 인종차별주의자로 보이게 할 본문은 아마 외국인, 그중에서 특히 가나안 사람들을 죽이라는 거룩한 명령을 받은 학살자들을 기술하는 본문일 것이다. 여호수아는 가나안에 들어간 다음, 야웨께서 명령하신 대로 한 사람도 남기지 않고 호흡이 있는 것은 모두 죽였다(수 10:40; 11:14-15과 비교하라). 하나님의 백성이 가나안 사람들을 죽인 것을 종족 학살로 간주해야 할까?

슬프게도, 인종 청소의 문제는 결코 사라지는 것 같지 않다. 터키 사람들이 아르메니아 사람을, 나치가 유대인을, 후투 족이 투치 족을 죽인 종족 학살이 20세기에 있었다.[8] 더 최근에는 다르푸르에서 잔자위드(Janjawid: 현재의 서부 수단과 동부 차드에 위치한 다르푸르 지역의 무장한 민병대—편집자주)가 푸르 족을 학살하여 세상을 떠들썩하게 했다. 오늘날 세계적으로 불안을 초래하는 이스라엘과 팔레스타인 사람들 간에 확산하는 충돌은 한때 가나안이라 불리던 땅을 놓고 벌이는 싸움에 그 근원이 있다. 따라서 구약 성경의 이런 난해한 부분을 논의하는 것은 최근 세상에서 발생하는 종족 간의 폭력 행위와, 어쩌면 이슬람교도와 그리스도인 간에 번지고 있는 충돌에도 해결의 빛을 비춰줄 것이다.

유랑하는 이스라엘 자손에게는 조국이 필요했다

가나안 정복 이야기의 성경 문맥을 살피기 전에, 먼저 정복을 말하는 고대 맥락을 이해해야 한다. 전형적으로, 승리한 군대는 전쟁이 끝난 다음 패잔병들을 노예로 삼거나 완전히 쓸어버린다. 앗수르의 한 성전 벽화는 어느 도시를 정복한 아슈르나시르팔이 소년 소녀들이 포함된 생포한 포로들을 어떻게 태우고, 사지를 자르고, 목을 베었는지를 상세하고 생생하게 묘사한다.[9] 모압 왕 메사는 그의 군대가 승리를 거둔 후, 이스라엘 성읍 두 곳에 여자들과 소녀들을 비롯한 모든 거민을 죽인 것을 자랑하는 기념비를 세웠다.[10] 이렇게 잔인한 폭력을 묘사하는 것은 고대 근동 지역에서 특이한 일이 아니다.

성경의 정복 이야기와 이웃 나라의 정복 이야기에서 가장 중요한 유사성은 과장된 언어다.[11] 여호수아서 두 곳을 다른 본문과 비교 검토하면 과장된 특성을 발견할 수 있다. 여호수아 10:40과 11:12-15에서는 모두 죽였다고 말하는 반면, 여호수아서의 또 다른 본문과 사사기의 관점은 다르다. 이런 다른 본문들이 반복해서 명시하는 것은 이스라엘 자손은 가나안 사람들을 모두 죽이지 않았다는 것, 그리고 그 사람들을 모두 그 땅에서 쫓아낼 수도 없었다는 것이다(수 13:1-6; 15:63; 17:12; 삿 1:19-34).[12] 심지어 이방인들이 이스라엘 자손과 섞여 살았을 뿐만 아니라 언약갱신 의식에도 참여했다(수 8:33, 35). 이스라엘의 정복에 관한 이런 두 가지 다른 관점을 조화시키려면, '모든' 사람이 진멸되었다는 본문을 글자 그대로 읽어서는 안 된다. 본문의 증거를 토대로, 우리는 이스라엘의 정복이 짧은 두 구절(수 10:40; 11:12-15)이 암시하는 만큼 가혹하지는 않았을 것이라고 결론

지을 수 있다.

여호수아서에 기록된 난폭한 묘사에 문제가 있으나, 여호수아의 가나안 정복은 아슈르나시르팔과 메사의 정복에 비하면 훨씬 덜 폭력적이다. 여자들이나 아이들에 대한 언급이 없으며, 야만성이나 사지를 자르는 묘사도 없다. 생생하고 자세한 아슈르나시르팔의 정복 묘사에 비해, 여호수아서의 실제 유혈 사태 묘사는 간결하다(수 10:40; 11:12-14). 앗수르와 모압 이야기에서 발견할 수 있는 야만성의 칭송 대신, 여호수아서는 야웨께 순종함을 강조한다.

하지만 이러한 폭력 묘사에서 중요한 차이는, 나라를 부강하게 하기 위해 국경을 확장하던 앗수르나 모압과 달리, 이스라엘 자손은 단지 조국을 얻으려 했다는 데 있다. 이스라엘 자손은 수백 년 동안 낯선 땅에서 압제당한 사람들로, 살 곳이 필요한 난민들이었다. 가나안 땅은 그들의 조상인 아브라함, 이삭, 야곱이 살았던 곳이기 때문에(창 13:12; 16:3; 23:20; 25:10-11; 26:6; 33:18-19; 37:1), 그들은 조상들의 소유였던 땅을 되찾는 것이었으며, 땅 일부는 조상들이 이전 거주민에게서 사들인 것이었다(창 23:16-18; 25:10; 33:19; 50:13). 그들에게 조상의 땅에 자리를 잡을 정당한 권리가 있었다고도 주장할 수 있을 것이다.

약속과 징벌

이스라엘 자손의 조국 정복을 덜 부정적으로 보는 데 도움이 되는 두 요소를 관찰했으니, 이제 성경에서 이런 이야기들의 문맥을 살필 수 있다. 첫째, 하나님은 거듭해서 아브라함, 이삭, 야곱 그리고 그들의 후손에게 땅을 주겠다고 약속하셨다(예를 들어, 창 12:7; 15:18-21; 17:8; 26:2-3; 28:13-15; 46:1-4; 출 3:8; 13:5; 23:31-33; 34:11-16). 모세오경 전체에 걸쳐 꾸준히 반복된 이 약속은 궁극적으로 정복을 내다보게 하며, 독자로 하여금 가나안에서의 싸움이 피할 수 없는 것임을 예상하게 만든다. 땅을 선물로 주는 것은 야웨께서 이스라엘 자손에게 복을 주려고 계획하신 중요한 한 방법이었으며, 하나님은 이 땅을 통해 열방에 복을 주시고 그들을 부르시는 궁극적인 목적을 이루시게 된다(왕상 4:34; 시 67:2; 사 2:2-4; 66:18-21; 렘 3:17). 야웨께서 인종차별주의자라면 자기 백성에게만 복을 주려 하셨겠지만, 야웨는 근본적으로 땅의 모든 족속이 이스라엘과 더불어 복을 받게 하려 하셨다(창 12:3).

둘째, 가나안 땅의 거민을 진멸하는 것은 그들의 죄악으로 인한 하나님의 징계로 볼 수 있다(창 15:16; 출 34:13-16; 레 18:25; 신 9:5; 20:18). 그들의 죄악에는 우상숭배(출 23: 32-33; 신 12:29-31), 자녀를 제물로 바치는 것과 요술(신 18:9-14)뿐만 아니라, 방어력을 갖추지 못한 이스라엘을 부당하게 공격한 것이 포함된다. 이스라엘 자손은 애굽의 종살이에서 해방된 다음에 가나안 땅에 살고 있던 아말렉(출 17:8-13), 아랏(민 21:1), 아모리(민 21:21-26; 신 2:26-37), 바산(민 21:33-35; 신 3:1-22) 등 여러 족속의 공격을 받았다.[13] 모압 왕 발락도 그들을 공격하려 했으나(민 22-24장) 발람과 말하는 나귀 때문에 뜻을 이루지 못했다. 이스라엘 자손은 비무장 상태로 떠도는 정치 난민이었기 때문에, 이러한 초기 싸움 중 이스라엘 자손이 시작한 싸움은 없었다. 이스라엘 자손의 약한 상황을 이용해 공격해 온 것은 열방 족속이었다. 가나안 사람들은 많은 죄를 저질렀다. 그들에게 가혹한 심판이 임한 것은 그들이 이스라엘 자손을 조금도 환대하지 않고 적잖은 적개심을 드러냈기 때문이었다고 결론짓지 않을 수 없다.

여호수아가 수행한 거룩한 심판에서 폭력의 수위가 지나친 것 같지만, 구약 성경의 다른 곳을 보면 하나님은 끊임없이 악한 나라를 징계하여 죽이고 쫓아내셨다(암 1:5, 15; 5:5; 렘 48:7). 하나님은 심지어 자기 백성도 심판하셨는데, 먼저 북이스라엘을, 다음에는 남유다를 치셨으며, 그들을 땅에서 쫓아내셨다(왕하 17:24-25). 야웨께서 인종차별주의자였다면, 자신의 백성이 아닌 다른 나라 사람들만 심판하셨을 것이다. 하나님은 이스라엘 자손에게 땅을 주셨다. 그러나 그들에게 약속하신 땅에서 그들도 쫓아내신 이유는, 그들이 가나안 사람들과 똑같이 사악했기 때문이었다. 하나님이 더 일찍이 그 땅을 아브라함에게 완전히 주시지 않은 이유는, 그곳 사람들의 죄악이 "아직 가득차지 않았기" 때문이었다(창 15:16). 가나안 사람들은 마땅히 수백 년 전에 징계를 받았어야 했지만, 하나님은 자비로우시고 노하기를 더디 하시므로 수 세기 동안 그들에게 회개할 기회를 주셨다(2장을 보라). 우리가 정복 이야기를 읽을 때 대체로 마음이 불편한 것은 부분적으로 심판 때문이다. 그러나 심판은 성경 전체에서 발견되기 때문에, 계속해서 심판을 이해하려고 노력해야 하며 이것이 열방에 복을 주시는 하나님의 사역에 어떻게 들어맞는지를 보아야 한다.

창녀의 환대

가나안 사람들이 이스라엘 자손을 냉대한 것 때문에 심판을 받았다는 생각을 뒷받침하는 것은, 이스라엘 자손에게 자비를 베푼 사람이나 나라

마다 구원을 받았다는 사실이다. 여호수아가 여리고 전투에서 성을 함락했을 때, 정탐꾼 두 사람을 자기 집에서 환대한 여리고의 창녀 라합과 그 가족은 구원을 받았다(수 6장). (라합은 이스라엘에 속하게 되었을 뿐만 아니라 후에 유명한 후손을 여럿 거느렸다. 아래 "예수님의 외국인 조모들"을 보라.) 속임수를 쓰긴 했지만, 기브온 사람들은 새로운 이웃인 이스라엘 자손들을 환영하고 먹였으며, 무엇보다 그들은 평화조약을 맺었기에 구원을 받았다(수 9장). 이스라엘 정탐꾼들을 도와준 어느 벧엘 성읍 사람과 그 가족도 피해를 당하지 않았다(삿 1:24-25). 이스라엘 자손이 나라를 세운 다음, 사울은 방어력이 없던 광야 시절에 그들을 공격한 아말렉 사람들을 진멸하라는 명령을 받았다. 하지만 특별히 아말렉 사람들 속에 섞여 살던 겐 사람들에게는 그들이 진멸되지 않을 것이라고 말했는데, 이는 그들이 이스라엘 자손을 환대했기 때문이다(삼상 15:6). 점령지에서 이스라엘 자손을 환대한 사람들은 모두 살아남았다.

야웨께서 가나안 사람들을 심판하신 이유는, 그분이 인종차별주의자였기 때문이 아니라 그들이 사악했기 때문이다. 야웨께서 미워하신 것은 가나안 사람들이 아니라 그들의 죄였다. 야웨는 외국인에게 친절을 베푼 가나안 사람들에게는 심지어 그들이 창녀의 가족일지라도 자비를 베푸셨으며, 곧 보겠지만, 자기 백성에게 외국인을 친절히 대하라고 명령하셨다.

가나안 정복은 구약 성경에서 가장 문제가 되는 논제일 것이므로, 얼마 안 되는 지면을 통해 그 문제를 해결하기란 불가능할 것이다. 우리는 이미 진노의 장(2장)에서 그 문제를 간단히 논했으며 폭력에 관한 다음 장 (5장)에서 다시 그 문제를 다룰 것이다.[14] 여기에 제시한 나의 주장이 도움이 되기를 바라지만, 분명 문제는 남을 것이다. 자기 백성에게 가나안 사람들을 죽이라고 명령하셨지만, 하나님이 열방을 사랑하시며 궁극적으로 그들에게 복을 주시고자 한다고 믿어야 할 것 같다. 가나안 문제는 이 정도로만 다루고 외국인에 대한 율법으로 넘어가겠다.

나그네를 사랑하라

야웨께서 외국인을 이스라엘 자손과 다르게 취급하는 율법을 주시긴 했지만, 이 율법에는 비교적 사소한 것이 포함된다. 예를 들어, 이스라엘 자손은 외국인에게만 이자를 받을 수 있으며(신 23:20), 외국인은 할례를 받지 않으면 유월절 음식을 먹을 수 없고(출 12:43-48), 어떤 외국인도 이스라엘의 왕이 될 수 없다(신 17:15)는 것이다. 만일 이것이 야웨께서 이스라엘 자손에게 주신 외국인에 관한 유일한 율법이라면, 우리는 "분리 평등 원칙"(separate but equal)에 입각한 그들의 접근법에 인종차별의 기미가 있다고 주장할 수 있을 것이다(미국 역사에서 분명 이것은 인종차별이었다).

하지만 이스라엘에는 인종차별의 기미가 있는 "분리 평등 원칙"과 정반대되는 다른 율법이 있었다. 이 다른 율법에 따르면, 그들은 외국인을 이스라엘 사람과 똑같이 대해야 했다(레 24:22; 민 9:14; 15:15-16). 그리고 이 다른 율법은 단순히 외국인을 평등하게 대하는 것 이상이었는데, 모세가 준 율법이 이에 속한다.

너희의 **하나님 여호와**는 신 가운데 신이시며 주 가운데 주시요 크고 능하시며 두려우신 **하나님**이시라. 사람을 외모로 보지 아니하시며 뇌물을 받지 아니하시고 고아와 과부를 위하여 정의를 행하시며 **나그네를 사랑하여** 그에게 떡과 옷을 주시나니, 너희는 **나그네를 사랑하라.** 전에 너희도 애굽 땅에서 **나그네** 되었음이니라. (신 10:17-19)

야웨께서 외모로 보지 아니하신다는 모세의 선포는, 우리가 구약 성경에서 발견하는, '하나님은 인종차별주의자가 아니시다'라는 진술에 가깝다. 그러나 여기서 모세의 주장은, 실제 인종차별주의자에 대해 하는 말처럼 심지어 방어적으로 보일 것이다. (그는 인종차별주의자가 아니다. 단지 인종차별주의자인 것처럼 보이는 이 모든 행동을 할 뿐이다.) 모세는 야웨께서 외모로 보지 아니하신다는 점, 즉 인종차별주의자가 아니라는 점을 말하기 위해 어떤 근거를 제시하는가?

첫째, 야웨는 **나그네**를 위해 정의를 행하신다. 이때, 내 아들들은 이렇게 물을 것이다. "아빠, 실제로 이 구절이 명시하는 것은 야웨께서 고아와 과부만을 위해 정의를 행하신다는 건데요." 이에 나는 이렇게 응수한다. "그렇지. 그러나 모세가 계속 설명하는 것은 하나님이 나그네에게 먹을 것과 입을 것을 주시며 그들이 애굽에서 나그네로 압제를 받을 때 그들을 구원하셨다는 거야. 그 말은 하나님이 나그네를 위해 정의를 행하신다는 것처럼 들리거든." 내 아들들이 여전히 수긍하지 못한다면, 나는 하나님이 이스라엘 자손에게 나그네를 위한 정의를 훼손하지 말라고 명령하신 다음 그 명령대로 하지 않는 자들을 저주하실 것이라고 말씀하시는 다른 본문을 제시할 것이다(신 24:17; 27:19).

둘째, 야웨는 나그네를 **사랑**하신다. 야웨께서 이방인을 사랑하심을 어떻게 알 수 있을까? 정의를 실현하는 것은 분명 사랑의 행위지만, 야웨의 행위는 그 이상이다. 야웨는 백성들에게 나그네를 사랑하라고 명령하실 정도로 그들을 사랑하신다.[15] 그리고 야웨께서 이런 명령을 하시는 것은 신명기에서만이 아니다. 레위기에서도 야웨는 백성들에게 그들이 그들 자신을 사랑하는 것처럼 외국인을 사랑하라고 말씀하신다(레 19:34). 야웨는 그들에게 이스라엘 사람이 아닌 사람을 사랑하고 돌보라고 명령하실 뿐 아니라, 외국인을 혹사하거나 학대하는 자를 징벌하겠다고 경고하신다(출 22:10-24; 23:9; 레 19:33; 신 23:7; 24:14; 27:19; 겔 22:7, 29; 슥 7:10; 말 3:5).[16] 시편 기자는 야웨께서 외국인을 보호하신다고 말한다(시 146:9).

이스라엘은 이런 율법을 항상 지켰을까? 안타깝게도 그렇게 하지 않았다. 그러나 야웨는 자기 백성에게 이스라엘 사람이 아닌 사람을 사랑할 것을 강권하고 훈계하셨다. 야웨는 외국인을 환대하라고 명령하셨으며 그들이 순종하지 않을 때 징계하셨다.

테러범의 병 고치기

야웨께서 자기 백성들에게 이런 율법을 주신 것은 외국인을 환영하게 하려는 것이었으나, 지금껏 우리는 그들이 외국인을 학살하는 실례만을 살폈다. 룻기는 이스라엘의 원수 나라인 모압 여인이 어떻게 하나님의 사람들 속에 들어와 이스라엘의 가장 위대한 왕, 다윗의 증조모가 되는지를 서술한다. 다니엘서는 하나님이 어떻게 이방 나라 왕인 느부갓네살과 다리오에게 자신의 능력을 드러내시어 그들이 각기 하나님을 찬양하도록 이끄시는지 묘사한다. 요나서는 하나님이 어떻게 인종차별주의자인 이스라엘 사람을 사용하여 증오의 대상인 앗수르 도성 니느웨에 자신의 사랑을 나타내시는지 기술한다. 그러나 룻, 다니엘, 요나 이야기는 잘 알려진 이야기이므로(그리고 모두 베지 테일 영화로 나왔다),[17] 덜 알려진 이야기인 시리아의 나아만 장군 이야기를 자세히 살펴보기로 하자.

아람 왕의 군대 장관 나아만은 그의 주인 앞에서 크고 존귀한 자니 이는 **여호와**께서 전에 그에게 아람을 구원하게 하셨음이라. 그는 큰 용사이나 나병환자더라. 전에 아람 사람이 떼를 지어 나가서 이스라엘 땅에서 어린 소녀 하나를 사로잡으매 그가 나아만의 아내에게 수종들더니 그의 여주인에게 이르되, 우리 주인이 사마리아에 계신 선지자 앞에 계셨으면 좋겠나이다. 그가 나병을 고치리이다 하는지라, 나아만이 들어가서 그의 주인께 아뢰어 이르되 이스라엘 땅에서 온 소녀의 말이 이러이러하더이다 하니,…

나아만이 이에 말들과 병거들을 거느리고 이르러, 엘리사의 집 문에 서니 엘리사가 사자를 그에게 보내 이르되, 너는 가서 요단강에 몸을 일곱 번 씻으라 네 살이 회복되어 깨끗하리라 하는지라, 나아만이 노하여 물러가며 이르되, 내 생각에는 그가 내게로 나와 서서 그의 하나님 여호와의 이름을 부르고 그의 손을 그 부위 위에 흔들어 나병을 고칠까 하였도다. 다메섹 강 아바나와 바르발은 이스라엘 모든 강물보다 낫지 아니하냐. 내가 거기서 몸을 씻으면 깨끗하게 되지 아니하랴 하고 몸을 돌려 분노하여 떠나니, 그의 종들이 나아와서 말하여 이르되, 내 아버지여 선지자가 당신에게 큰일을 행하라 말하였더면 행하지 아니하였으리이까. 하물며 당신에게 이르기를 씻어 깨끗하게 하라 함이리이까 하니, 나아만이 이에 내려가서 **하나님의 사람**의 말대로 요단강에 일곱 번 몸을 잠그니 그의 살이 어린 아이의 살같이 회복되어 깨끗하게 되었더라. 나아만이 모든 군대와 함께 **하나님의 사람**에게로 도로 와서 그의 앞에 서서 이르되, 내가 이제 이스라엘 외에는 온 천하에 신이 없는 줄을 아나이다. (왕하 5:1-4, 9-15)

당시 이스라엘 역사에서 가장 큰 적은 시리아였다. 두 나라는 한 세기 이상 끌어 온 전쟁을 치르는 중이었다(왕상 15:18-20; 왕하 13:25). 나아만은 당시 시리아를 승리로 이끈 적국의 군대 장관이었다. 그는 이스라엘을 수차례 물리쳤을 뿐 아니라, 이스라엘을 공격하는 동안 이스라엘의 아이들을 납치하여 종으로 삼았다. 이스라엘 사람들은 나아만 보기를 오늘날 우리가 테러범 보듯 했을 것이다. 나아만은 오늘날의 오사마 빈 라덴 같은 사람이었다.

그 다음에, 이 이야기는 또 다른 소녀 영웅을 소개한다. 나아만은 왕의 총애를 받는 영향력 있고 명망 높은 인물인 반면, 소녀는 종의 신분인 어린 외국인이었다. 본문은 그녀의 이름도 밝히지 않는다. 내가 노예라면, 가족으로부터 멀리 잡아간 주인을 원망할 것이다. 그러나 이 특별한 노예 소녀는 주인의 나병이 낫기를 바라며 그 병을 낫게 할 수 있는 사람이 누구인지를 안다. 야웨의 사람 예언자 엘리사다. 나아만이 나이 어린 노예 소녀의 권유에 외국인 예언자에게 선선히 자신의 나병 치료를 맡기려는 태도는 높이 살 만하다.

이제 엘리사가 이야기에 등장한다. 엘리사는 외국인 테러범의 병을 고치지 않겠노라고 말할 법도 했으나, 나아만에게 요단 강에 일곱 번 몸을 담가 "세례를 받으라"고 말한다. 나아만은 그가 터무니없는 말을 한다는 생각에 이스라엘의 강보다 자신의 나라 도성을 흐르는 다메섹 강이 더 낫다는, 인종차별적 발언을 한다. 그러나 부하 하나가 엘리사의 방법을 시도해 볼 것을 다시 강권한다. 나아만은 그의 말을 따랐고, 병 고침을 받은 다음 이스라엘의 하나님만이 온 땅의 하나님이심을 선포한다.

이 이야기에서 하나님은 아무 일도 하시지 않은 것 같은데, 하나님이 인종차별주의자가 아닌 것과 이 이야기가 무슨 관계가 있을까? 실제로 이 이야기는 세 가지 이유로 하나님이 인종차별주의자가 아님을 보여 준다. 첫째, 이야기의 시작에서 야웨는 시리아에 승리를 안겨주셨다. 야웨는 이스라엘을 도우셔서 원수를 물리치게 하시지만, 또한 원수의 손에 자기 백성이 패하게도 하신다. 사사기에서, 야웨는 그들의 이웃 나라(하솔, 모압, 미디안, 블레셋)가 승리하게 하심으로써 이스라엘 자손을 징계하셨다. 열왕기하 끝 부분에서, 야웨는 처음에는 앗수르로 하여금 북이스라엘을 정복하게 하시고, 그 다음에는 바벨론으로 하여금 남유다를 정복하게 하신다. 여기서 시리아가 왜 하나님의 도움을 받았는지는 알 수 없지만, 분명 야웨는 싸움에서 이스라엘과 그 이웃 나라를 모두 도와주셨다.

둘째, 야웨의 백성들은 외국인을 사랑하지 않을 만한 정당한 이유가 있음에도 그들을 사랑하라는 명령에 순종했다. 이스라엘의 노예 소녀는 자신을 노예 삼은 주인에게 엘리사의 능력을 알림으로써 병이 낫는 일에 첫 촉매 역할을 했다. 이 소녀는 외국인을 사랑했다. 엘리사는 이스라엘을 부당하게 괴롭힌 사람에게 병이 낫는 방법을 알려주어 치료 과정을 완성했다. 엘리사도 외국인을 사랑했다.

셋째, 야웨는 외국 군대 장관의 병을 고치셨다. 그렇다, 그 치료 과정에서 한몫을 담당한 것은 소녀와 엘리사였으나, 궁극적으로 그를 고치신 것은 야웨였다. 엘리사에게 병을 낫게 하는 능력이 있었던 이유는, 그가 하나님의 사람이었기 때문이며, 나아만은 자신의 병이 낫게 된 것이 이스라엘의 하나님 덕분이었음을 인식했다.

나아만 이야기가 성경에 있다는 사실은, 구약 성경의 저자들이 하나님이 외국인을 환대하고, 치료하고, 사랑하심을 강조하고자 했음을 암시한다. 구약 성경에서 하나님의 외국인 사랑을 나타내는 이야기가 나아만 이야기뿐이라면, 하나님이 인종차별주의자가 아니라는 주장은 별로 지지를 받지 못할 것이다. 하지만 룻기, 다니엘서, 요나서 같은 책들은 자기 백성이 아닌 사람들에 대한 야웨의 사랑을 드러낸다. 이스라엘의 율법은 외국인 사랑을 명령하며, 계보는 외국인 사랑이 자기 가족 사랑임을 말한다. 또 다른 두 예언서 본문은 믿기 어려운 정도의 야웨의 관심을 기술한다. 아모스 9:7에 기록된 구스 사람, 블레셋 사람, 아람 사람에 관한 관심과 이사야 19:23-25에 기록된 애굽 사람과 앗수르 사람에 관한 관심이 그것이다.[18]

신약 성경으로 이동해 가면, 예수님도 야웨처럼 외국인을 사랑하는 분이었음을 보게 될 것이다.

예수님의 외국인 조모들

성경을 읽는 사람들은 신약 성경의 시작 부분을 무시하는 경향이 있다.

아브라함과 다윗의 자손 예수 그리스도의 계보라. 아브라함이 이삭을 낳고 이삭은 야곱을 낳고 야곱은 유다와 그의 형제들을 낳고 유다는 **다말**에게서 베레스와 세라를 낳고 베레스는 헤스론을 낳고 헤스론은 람을 낳고 람은 아미나답을 낳고 아미나답은 나손을 낳고 나손은 살몬을 낳고 살몬은 **라합**에게서 보아스를 낳고 보아스는 **룻**에게서 오벳을 낳고 오벳은 이새를 낳고 이새는 다윗 왕을 낳으니라. 다윗은 **우리아의 아내**에게서 솔로몬을 낳고…. (마 1:1-6)

예수님의 혈통을 기록한 이 명단에서 두 가지 놀라운 점이 눈에 띈다.[19] 첫째, 이 명단에 네 여자의 이름이 있다. 고대 계보에 어머니를 넣는 것은 특이한 일이었기 때문에, 여기서 여자를 인정하는 성경의 또 다른 예를 발견한다(3장을 보라). 둘째, 4장 논제에 들어맞게, 네 여자 모두 외국인 것 같다. 다말과 라합은 가나안 사람이었으며, 룻은 모압 출신, 밧세바는 헷 사람이었을 것이다. 일반적으로 여자들은 계보에 넣지 않았으므로 예수님 혈통의 이런 측면을 숨기고 지나갈 수 있었으나, 신약 성경 서두에 기록된 구절들은 예수님의 외국인 혈통을 강조한다. 하나님이 인종 차별주의자라면, 하나님은 외국인 여자들을 가족으로 맞아들여 그들을 눈에 띄게 자신의 아들 계보에 넣지 않으셨을 것이다.

선한 미국 사람

예수님의 가장 잘 알려진 이야기를 살피기 전에, 예수님의 외국인 사랑을 뒷받침하는 사복음서 구절 네 개를 간략하게 언급하고자 한다(더 많이 할 수도 있다). 누가복음 4장에서, 예수님은 엘리사가 병을 고친 외국인 테러범 시리아 사람 나아만뿐만 아니라 엘리야가 돌본 외국인 과부도 말씀하셨다. 요한복음 4장에서, 제자들은 예수님이 또 다른 외국인인 사마리아 여인과 인상적인 대화를 나누신 것에 놀라워했으나, 그녀는 온 마을에 복음을 전하는 전도자로 바뀌었다. 마가복음 7장에서, 예수님은 수로보니게 여인의 딸을 고치셨다(이것을 7장에서 좀더 살펴보겠다). 마가복음 11장에서, 예수님은 이방인들이 성전에서 기도할 수 없는 것에 진노하시고 채찍으로 환전상들을 쫓아내셨다(이것은 2장에서 살펴봤다). 예수님은 이방인들이 기도하고 병 고치기를 원하셨으며, 그들과의 교제를 환영하셨다.

보통 "선한 사마리아 사람"이라 부르는 예수님의 잘 알려진 비유를 보려 하는데, 이 비유는 외국인을 사랑하라는 구약 성경의 가르침을 설명한다. 예수님은 한 율법사에게서 "모든 것을 다하여 하나님을 사랑"(신 6:5)하고 "네 이웃 사랑하기를 네 자신과 같이 사랑"(레 19:18)하라는 율법을 인용한 대답을 들으신 후, 그의 대답이 A학점을 받을 만하다고 말씀하셨다. 그러자 율법사는 "그러면 내 이웃이 누구니이까?"라고 묻는다.

예수께서 대답하여 이르시되, 어떤 사람이 예루살렘에서 여리고로 내려가다가 강도를 만나매 강도들이 그 옷을 벗기고 때려 거의 죽은 것을 버리고 갔더라. 마침 한 제사장이 그 길로 내려가다가 **그를 보고** 피하여 지나가고, 또 이와 같이 한 레위인도 그 곳에 이르러 **그를 보고** 피하여 지나가되, 어떤 사마리아 사람은 여행 하는 중 거기 이르러 **그를 보고** 불쌍히 여겨 가까이 가서 기름과 포도주를 그 상처에 붓고 싸매고 자기 짐승에 태워 주막으로 데리고 가서 돌보아 주니라. 그 이튿날 그가 주막 주인에게 데나리온 둘을 내어 주며 이르되, 이 사람을 돌보아 주라. 비용이 더 들면 내가 돌아올 때에 갚으리라 하였으니, 네 생각에는 이 세 사람 중에 누가 강도 만난 자의 이웃이 되겠느냐. 이르되, 자비를 베푼 자니이다. 예수께서 이르시되, 가서 너도 이와 같이 하라 하시니라. (눅 10:29-37)

예수님의 이 비유는 근본적으로 인종차별에 관한 이야기다. 한 사나이가 강도를 만나 매를 맞고, 옷을 찢기고, 반쯤 죽은 상태로 버림받았다(나는 낙관주의자이기에, 그가 '반쯤 살아 있는 상태'라고 말하고 싶다). 제사장과 레위인 둘 다 **그를 보지만**, 당연히 그를 도울 것이라는 기대와 달리 그를 피해 지나간다. 그다음 사람은 그를 도와서는 안 되는 사람이다. 그는 그냥 외국인이 아니라(강도 만난 사람이 유대인일 것으로 추정한다) 사마리아 사람이며, 유대인은 사마리아 사람을 싫어한다. (한 학생은 그가 최근에 본 비디오에서 사마리아 사람이 아랍인 택시 기사였다고 말했다.) 이 사마리아 사람은 거의 죽은 사나이를 위해 여러 가지를 하는데, 그의 상처를 치료하고, 그를 나귀에 태워 여관에 데려가며 여관 주인에게 카드를 주면서 그를 돌봐 달라고 부탁한다. 중요한 것은 사마리아 사람이 베푼 착한 행실이 긍휼히 여기는 마음에서 나왔다는 것이다. 예수님은 인종차별을 극복할 수 있는 것은 긍휼히 여기는 마음밖에 없음을 아셨다. 사마리아 사람은 긍휼히 여기는 마음 때문에 자신이 외국인이었기에 자신을 증오했을 누군가를 극진히 보살폈다.

비유란 꾸며낸 이야기임을 잊어서는 안 된다. 예수님이 청중에게 이 비유를 말씀하신 것은 사마리아 사람들을 차별하는 그들의 태도에 충격을 주시려는 의도에서였다. 이 비유에서 엘리사처럼 외국인(나아만)을 돌본 사람은 제사장이 아닌 사마리아 사람이었다. 이웃 사랑하기를 자기 자신을 사랑하듯 하라는 레위기 19:18의 명령을 따른 사람은 레위인이 아닌 사마리아 사람이었다. 하나님 사랑과 이웃 사랑이 공통적으로 들어 있는 율법교사의 대답은 A학점이다. 그러나 이웃 사랑하기를 자신을 사랑하듯 하라(레 19:18)는 구절을 넘어, 함께 있는 거류민을 자기같이 사랑하라(레 19:34)는 예수님의 비유는 A+학점이다. 예수님이 이런 비유를 말씀하셔야 했던 이유는, 그 시대 사람들이 외국인 사랑 시험에 낙제점을 받고 있었기 때문이다.

미국 사람이 "선한 미국 사람"이라는 제목의 이야기를 듣는다면 어떤 느낌이 들까?(당신이 캐나다 사람이든 호주 사람이든, 그 밖의 어느 나라 사람이든, 상황에 맞게 상상해 보라) 기분이 상할 것이다. 선한 미국 사람은 단지 한 사람이거나 고작 그처럼 선한 미국 사람은 드물다는 것을 암시하기 때문이다. 이 제목은 긍정적으로 해석하기 어렵다. 사마리아 사람에게도 "선한 사마리아 사람"이라는 제목이 인종차별적인 듯한 암시를 주지 않을까? 아이러니하게도 인종차별주의자가 되지 말아야 함을 말하려는 예수님의 비유는 우리 문화 속에서 인종차별주의자로 보이는 제목을 달았다. "사마리아 사람의 이웃" 이나 "선한 이웃처럼, 사마리아 사람은 거기에 있었다"라는 제목이 나올 것이다. 예수님은 외국인 혈통을 지니셨기 때문에 이 제목에 기분이 상하실 것 같다. 예수님이 말씀하신 것은 인종차별과 싸우는 이야기였으며, 예수님은 외국인을 사랑하고 환영하셨다.

말하기, 대면하기, 친구 되기

오늘날 세상에서 계속 부딪치는 중요한 문제 중 하나가 인종 문제다. 인종 관련 내용은 신문 지면에서나 뉴스에서 어렵지 않게 접할 수 있다. 사실 신구약 성경 모두 거듭해서 인종 문제를 말하는데도, 기독교 교회는 구약이나 신약 시대 사람들만큼이나 아무것도 하지 않는 것 같다. 최근 "타임"(Time)지에서 몇몇 대형 교회가 어떻게 미국의 인종간의 분리를 극복하려고 애쓰는지를 다룬 기사를 볼 때 희망적이다.[20] 그러나 이 기사는 또한 일요일 오전 열한 시부터 정오까지는 여전히 한 주간 중 가장 분리된 시간임을 지적했다. 어떻게 하면 그리스도인들은 좀더 긍휼의 마음이 있는, 친절한 사마리아 사람처럼 될 수 있을까?

첫째, 다수 문화에 속한 사람들은 인종 문제를 제기해야 하며, 이 문제가 소수자만의 관심사라고 생각해서는 안 된다. 야훼와 예수님은 인종 문제를 도외시하지 않으셨다. 이번 장에서 보았듯이, 인종과 종족 문제는 신구약 성경 전체에서 제기된다. 이것을 토론하고, 설교하고, 읽자. 그러나 인종 문제를 토론해 가면서, 말하기보다 듣기에 더 많은 시간을 들여야 한다.

2009년 가을, 나는 이 책의 주제들을 가지고 수업을 진행했다. 적절한 구약 본문을 토론한 후, 여학생들과 소수 민족 학생들에게 교회라는 맥락에서 그들이 겪은 성차별과 인종차별을 이야기해 달라고 부탁했다. 몇 분이면 끝날 것이라는 기대와 달리, 그들은 많은 실례를 들었으며, 모든 사람에게 차례가 돌아가기 전에 시간이 다 되었다. 이야기한 사람들에게는, 누군가 자신들의 이야기를 들어주었다는 것만으로도 도움이 되는 시간이었으며, 다수 문화에 속한 남성들에게는 도전과 동시에 깨우침의 시간이었다.

둘째, 예수님이 누가복음 4장에서 예로 드신 구약 성경 말씀이나 누가복음 10장의 비유를 통해 하신 말씀처럼, 인종차별에 맞서야 한다. 최근에 동료 둘이 내게 와서 내가 무감하게 그들에게 인종차별적 발언을 한 것을 지적했다. 그들은 내가 그들을 모욕할 의도가 없었음을 알고 있었으나, 그래도 내 말에 기분이 상했다고 말했다. 처음에는 그것이 그저 농담임을 그들이 알아야 했다는 생각에 기분이 나빴다. 그러나 나는 그들의 요지가 정당했으며, 내가 그들의 상황을 고려하지 못했고, 내 말에 마음이 상했음을 깨달았다. 나는 그들의 관점을 이해하려고 질문을 했으며, 그런 다음 용서를 구했다. 그들의 말은 듣기 어려웠으나, 그들이 솔직할 뿐만 아니라 나와 정면으로 맞설 정도로 우리 관계를 중요하게 생각하는 것이 고마웠다.

셋째, 다른 민족적 배경을 지닌 사람들과 친구가 되어야 한다. 1219년, 유럽 전역의 그리스도인들이 무슬림들을 죽이려고 수천 킬로미터를 이동하는 동안, 아시시의 성 프란체스코(Francis of Assisi, 1182?-1226)는 무슬림들에게 예수님을 전하려고 수천 킬로미터를 이동하고 있었다. 놀랍게도 그는 포위당할 와중에 생명의 위협을 받으면서도 한 이슬람 지도자를 보살폈다. 그는 이집트 북동부 다미에타에 사는 말릭 알-카밀이라는 왕으로, 상상할 수 없을 정도로 프란체스코와 문화적 차이가 있는 사람이었다. 그럼에도 프란체스코에게 감동한 왕은, "당신의 아름다운 종교로 개종하고 싶지만, 그렇게 할 수 없소. 그러면 우리 둘 다 처형당할 것이오"라고 말했다고 한다.[21] 오늘날 더 많은 그리스도인이 예수님의 비유에 등장하는 사마리아 사람처럼 다른 인종에게 친절하거나, 프란체스코가 이집트에서

한 것처럼 다른 종교(유대교, 이슬람교, 불교 그리고 무신론자)의 사람들과 친구가 된다면, 그리스도인의 수는 늘어날 것이다.

5 _____ 폭력적인 하나님

최근 한 미국 고등법원은 정교분리(政敎分離)를 이유로, 어느 유치원생의 어머니에게 그녀가 아들의 "쇼 앤 텔"(show and tell: 아이들이 같은 반 학생들이나 선생님, 부모님 앞에서 어떤 물건을 보여주며 설명하고, 설명을 들은 친구들이 질문을 하면 답을 하는 수업 방식―편집자주) 시간에 성경을 읽어 주어서는 안 된다고 판결했다. 이에 데번 출신의 데니스라는 사람은 "필라델피아 인콰이어러"(The Philadelphia Inquirer)지에 보낸 편지에서, 부모들은 대부분 학교에서 학생들에게 「채털리 부인의 사랑」(Lady Chatterley's Lover)을 읽히는 것을 반대할 것이라고 말한 다음, 도발적인 질문을 했다.

> 미수에 그친 유아 살해(창 22장), 집단 강간(삿 19장), 이웃 아내에 대한 욕망을 채울 목적으로 저지르는 살인 교사(삼하 11장), 그리고 연장자를 놀린 것에 대한 하나님의 징벌(왕하 2:23)을 찬양하는 책 또한 독서 목록에 두기에는 부적절하지 않을까요?[21]

데번 사람 데니스는 그런 내용들 때문에 아이들에게 성경을 읽어 주어서는 안 된다고 생각하는 것 같다. 나는 아들들에게 절대로 「채털리 부인의 사랑」은 읽어 주지 않지만(아이들은 지루해하거나 역겨워했을 것이다), 애들이 어렸을 때 성경은 자주 읽어 주었다. 데니스 편지의 문제점은 모든 기록은 칭찬할 만한 것만을 담아야 한다는 그의 전제였다. 그의 논리대로라면, "필라델피아 인콰이어러"지를 읽어서는 안 된다. 이 신문이 기록하는 것은 살인, 전쟁, 테러, 강간이며, 그래서 신문은 그것들을 칭찬하는 셈이기 때문이다.

나는 매일 "인콰이어러"지(그리고 성경)를 읽으면서 기자의 관점을 밝혀내는 것을 즐긴다. 수도 워싱턴에 있는 홀로코스트 기념관은 제2차 세계대전 때 유태인에게 무슨 일이 있었는지를 알린다. 그 목적은 나치의 악행을 찬양하려는 것이 아니라, 그곳을 찾는 사람들이 이 비극을 기억하도록 도와주어 폭력과 결합한 인종차별의 위험성을 경고하려는 것이다. 마찬가지로, 본문이 성경에 나오는 행위를 비난하는지 칭찬하는지를 밝히려면 성경에 나오는 이야기의 문맥을 검토해야 한다.

데니스가 드는 예는 모두 구약 성경에 나오지만, 본문은 그가 열거하는 난폭한 범죄를 찬양하지 않는다. 창세기 22장은 어려운 구절이다. 이야기의 요점은 아브라함 시대에 야웨는, 그 이웃 나라 "신들"과 달리, 어린아이 제물을 요구하시지 않는다는 것이다. 사사기 본문은 집단 강간을 범한 사람들을 극히 부정적으로 보며, 이 끔찍한 범죄의 가해자들이 빌미가 된 이스라엘 자손들의 잔학행위는 급기야 민란으로 번진다(삿 19-21장). 야웨와 예언자는 다윗의 살인과 간음을 칭찬하지 않고 비난한다(삼하

11:27-12:12). 다음 부분에서 조롱당한 엘리사의 난폭한 반응을 살펴볼 것이기 때문에, 여기서는 자세히 살피지 않고 다만 그의 행위가 방어적이었음을 이야기해 둔다.

성경에 난폭한 행위를 말하는 예가 많지만, 구약 성경에 이런 이야기들이 있다는 이유만으로 그 행위가 용납된다고 추측해서는 안 된다. 구약 성경의 하나님이 난폭하게 행하실 때는 이유가 있으며, 하나님은 평화를 이루기 위해 종종 난폭하게 행하시기도 한다.

엘리사, 소년들 그리고 곰

엘리사, 소년들 그리고 곰. 이렇게 말하면 어린아이가 잠자리에 들 때 부모가 들려주는 이야기처럼 들린다. 실제로 성경에서 다음 부분을 읽을 때까지는 그렇게 들린다.

> 엘리사가 거기서 벧엘로 올라가더니 그가 길에서 올라갈 때에 작은 아이들이 성읍에서 나와 그를 조롱하여 이르되, 대머리여 올라가라 대머리여 올라가라 하는지라, 엘리사가 뒤로 돌이켜 그들을 보고 야웨의 이름으로 저주하매 곧 수풀에서 암곰 둘이 나와서 아이들 중의 사십이 명을 찢었더라. 엘리사가 거기서부터 갈멜 산으로 가고 거기서 사마리아로 돌아왔더라. (왕하 2:23-25)

엘리사는 벧엘로 가고 있으며, 도중에 소년 몇을 만나는데, 그들은 엘리사를 "대머리"라고 부른다. 엘리사는 야웨의 이름으로 그들을 저주한다. 숲에서 곰 두 마리가 나온다. 곰은 소년들에게 달려들고, 엘리사는 가던 길을 계속 간다. 머리카락이 빠지는 사람들이라면 누구나, 대머리로 변하는 머리를 모욕하는 자를 응징해야 한다고 생각할 것이다(곰은 우리 아들들을 오래전에 해치웠을 것이다).

그러나 이 이야기를 아는 독자들은 대부분 세 가지 이유로 괴로울 것이다. 첫째, 엘리사는 하나님의 예언자였다. 엘리사처럼 거룩한 사람은 분노를 다스릴 수 있어야 하지 않았을까? 둘째, 소년들은 어리고 순진한 것 같다. 아이들이란 원래 터무니없게 말한다. 아이들이 별 뜻 없이 한 말에 왜 그런 벌을 내리셨을까? 가장 중요한 이유는 셋째인데, 이 공격 배후에 계신 주동자가 야웨인 것 같다. 엘리사는 야웨의 이름으로 저주했으며, 곰들은 초자연적으로 나타났다. 분명, 곰들의 갑작스러운 공격을 주도한 분은 야웨였을 것이다. 야웨와 예언자 둘 다 쉽게 난폭해지는 것처럼 보이며, 어린 소년들은 대가를 치렀다.

불신자 웹 사이트

이 주제로 강의하던 중, 우연히 나는 "불신자"(Infidel Guy)라는 웹 사이트를 발견했다. 스스로 무신론자임을 인정한 이 사이트 운영자는 이 이야기에 관한 글을 올리면서 질문했다. "사람을 대머리라고 부른다고 아이들을 죽이는 신이라면, 당신은 그런 신을 섬기겠는가?"[2] 나는 그가 올린 글을 학생들에게 읽게 했다. 수업 시간에 우리가 토론한 것을 바탕으로 질문에 대한 답변을 작성하여 그의 웹 사이트에 올렸다.

당신의 열정과 통찰을 인정한다. 주일학교에서 이 이야기를 가르치지 않는다는 당신의 지적은 훌륭하다. 주일학교에서도 이 이야기를 가르쳐야 한다. 또한 이 본문이 사람을 괴롭게 한다는 점에 동의하며, 이 이야기가 성경에 들어 있어서 마음이 불편하다.

하지만 당신은 세 가지를 고려해야 한다. 첫째, 본문의 소년이라는 말에 해당하는 히브리어 단어는 두 개['카탄'(qatan, 2:23)과 '엘레드'(yeled, 2:24)]이다.[3] 두 단어 모두 "소년" 또는 "어린 소년"을 뜻할 수 있으나, "청소년" 또는 "10대 후반"을 뜻할 수도 있다(Brown, Driver and Briggs의 히브리어 사전을 보라). 두 단어는 20대였던 요셉의 아우 베냐민에게도 사용되었다(창 44:20). 단어에는 여러 가지 뜻이 있으므로, 단어를 어떻게 번역해야 할지 이해하려면 문맥을 살펴야 한다. 어린아이들이 돌보는 사람 없이 들에서 떼 지어 논다는 추정은 불합리하다. 유치원생은 대체로 부모나 어른 없이 마을에서 멀리 떨어진 산중에 모이지 않는다. 하지만 10대라면 마을을 벗어날 수 있다. 그래서 이것은 미취학 아동들이 악의 없이 놀린 것이 아니라, 10대 무리가 심각하게 조롱한 것이다. 엘리사의 생명이 위험에 처해 있었다고도 추정할 수 있다. 그들이 엘리사에게 폭력을 휘두르려 했다고 생각하지 못할 이유는 없다.

둘째, 미국에서는 "욕먹는다고 아프지는 않다"라고 말하지만(사실이 아니다), 다른 나라 중에는, 그리고 역사를 통해 보면, 미국보다 모욕을 더 심각하게 받아들이는 곳이 있다. 오늘날 중동에서도 악의 없는 모욕에 대한 당신의 주장은 진지하게 받아들여지기 어려울 것이다. 그들은 엘리사의 행동이 정당했다고 말할 것이다. 사람들은 통치자, 왕, 지도자를 모욕했다고 처벌받을 수 있다. 명예를 훼손했다고 목숨을 걸고 싸우는 결투를 생각해 보라. 21세기 서구 개념에 젖은 사람에게는 엘리사의 행동이 지나친 것 같지만, 그가 속한 문화에서는 그의 행위가 정당화되었다.

셋째, 열왕기하(2-6장; 8장; 13장) 문맥을 연구하면서 엘리사에게서 발견하는 것은, 병든 자를 치료하고(다른 나라 군대 장관 나아만을 비롯하여), 주린 자를 먹이고, 독 있는 물을 깨끗하게 하고, 기도로 불임 여인이 아기를 낳게 하고, 죽은 자를 일으키고, 싸움을 막는 사람의 모습이다. 엘리사의 뼈에 닿은 시체가 살아나기도 한다(왕하 13:21). 엘리사의 생애의 특징은 테레사 수녀나 예수님과 견줄 수 있는 섬김의 행위였다. 분명 엘리사의 이 모든 행위는 하나님의 축복으로 이루어진다. 분명 하나님이 그를 도와 이 모든 선한 일을 할 수 있게 하셨다. 당신은 엘리사처럼 많은 시간을 들여 아픈 자, 집 없는 자 그리고 과부를 돌보는지 모르지만, 사람들은 대개 엘리사만큼 시간과 에너지를 들여 사람들을 돌보지 않는다. 열왕기하 다른 부분에 기록된 엘리사의 자비로운 행위를 볼 때, 이런 그의 행위와 곰 이야기를 별개로 보아서는 안 된다. 곰 이야기에는 마음이 불편하지만, 엘리사가 긍휼을 가지고 행한 다른 놀라운 행동을 고려할 때, 우리는 엘리사의 미심쩍은 행동을 선의로 해석할 것이다.[4]

생명을 구하려는 폭력

우리가 올린 글에 대한 답변은 없었다. 야웨께서 위협의 가능성에 지나친 반응을 보이셨다고 생각하는 사람도 있을 것이다. 불신자 웹 사이트 운영자는 곰의 공격으로 소년 마흔두 명이 죽었다고 했으나, 본문은 소년들이 곰의 공격으로 죽었다고 말하지 않고 그들이 "크게 다쳤다"거나 "찢겼다"고 말한다. 젊은이들이 죽었다면, 본문은 분명하게 밝혔을 것이다. 그보다 몇 장 앞에(왕상 13:24; 20:36) 사자가 공격한 두 개의 다른 사건이 기록되어 있으며, 거기서 본문은 희생자가 다쳤거나 찢겼다고만 말하지 않고 분명하게 사자가 죽였다고 말한다. 여기서 곰이 10대 무리를 공격한 것은 난폭했으나 치명적이지는 않았다.

이야기의 요점은 야웨께서 어린아이들을 벌주신 데 있지 않고, 야웨께서 엘리사의 생명을 보호하신 데 있다. 70인역(헬라어로 번역된 구약 성경)은 엘리사가 마흔 명이 넘는 10대로부터 생명의 위협을 받고 있었다는 생각을 뒷받침한다. 이 번역본은 또한 소년들이 엘리사에게 돌을 던졌다고 기록하는데, 이것으로 노인은 죽음을 당할 수도 있다. 70인역이 엘리사에게 돌 던지는 사건을 덧붙여 기록한 것은 엘리사의 난폭한 대응을 정당화하려는 것이라고 보는 냉소적인 사람이 있을 수 있다. 그러나 엘리사에게 생명을 걱정해야 할 충분한 이유(돌을 던지는 것과 같은)가 있었다고 추정하는 것이 더 그럴듯하다. 그렇지 않다면, 방금 한 성읍에서 나쁜 물 근원을 깨끗하게 하여 많은 사람의 생명을 구해 낸(왕하 2:19-22) 엘리사가 어째서 곰으로 하여금 10대 무리를 공격하게 했겠는가? 엘리사는 싸움을 시작한 것이 아니라 자기 방어를 한 것이다.

야웨는 왜 이런 방법으로 예언자의 생명을 보호하려 하셨을까? 이 질문에 대답하려면, 예언자가 되는 것이 어떤 것이었는지를 생각해 보아야 한다. 엘리사 시대에 예언자는 험한 삶을 살았다. 예언자들은 생명보험증서를 갖기 어려웠을 것이다. 그들은 자주 조롱당하고, 경멸당하고, 박해당하고, 고문당하고, 죽임을 당했다(왕상 18:4, 14; 대하 36:15-16; 렘 20:2; 38:1-6; 겔 2:6; 마 5:12; 23:30-37; 히 11:32-38).

다른 상황에서 예언자들이 고통당하는 것을 허락하시는 하나님이 여기서는 왜 엘리사를 보호하시는지 알 수 없다. 그러나 야웨께서 예언자를 보호하시는 한 가지에만 주목하는 것은 예언자의 삶이 어떤지를 보여 주는 큰 그림을 놓치는 것 같다. 야웨의 엘리사 구출은 야웨께서 엘리사가 하나님의 보호를 받고 있으며, 그뿐만 아니라, 그가 긍휼 사역을 계속하기를 원하신다는 메시지를 보내고 싶어 하셨음을 의미한다. 나는 하나님의 폭력적인 반응이 얼마나 심각한 수준이었는지를 완전히 알지는 못하지만, 야웨께서 엘리사를 10대 무리로부터 보호하셔서 그가 계속해서 수천 명의 다른 생명을 축복할 수 있도록 하신 것은 기쁘다.

야웨는 엘리사가 병든 자와 주린 자와 과부와 고아를 축복할 수 있도록 그를 보호하셨다. 클라우스 폰 슈타우펜베르크[영화 "작전명 발키리"(Valkyrie)에서 탐 크루즈가 분한 인물]가 아돌프 히틀러를 암살하려는 시도(제2차 세계대전 말기 슈타우펜베르크를 중심으로 한 독일 군내의 저항파 장교들의 암살 시도로, 결국 실패로 돌아갔으며 관련자 4천 명이 처형되었다—역주)는 성공하는 것이 좋지 않았을까? 암살과 그에 따른 음모가 성공했다면 제2차 세계대전이 1년은 일찍 끝났을 것이며, 수십만 명의 생명을 구할 수 있었을 것이다. 마찬가지로, 나는 야웨가 엘리사를 위해 10대 무리의 행동에 개입하심으로써 많은 생명을 구하셨다고 생각한다. 구약 성경의 폭력적 사건들이 모두 이렇게 쉽게 해결되지는 않으나, 그 사건들 속에서 야웨께서 개인과 나라들을 응징하심으로써 약한 자를 보호하고 생명을 지키고자 하시는 패턴이 드러난다.

가나안 사람들 재고

이미 진노(2장)와 인종차별(4장)의 맥락에서 가나안 사람들 문제를 논했으나, 하나님의 폭력도 정복 이야기에 들어 있기 때문에 여기서 이 문제를 다시 살피고자 한다. 앞서 정복 이야기의 폭력과 관련하여 다섯 가지를 주목했다. 첫째, 가나안 사람들이 벌을 받은 것은 그들의 사악하고 난폭한 행위, 특히 이스라엘 자손이 400여 년 동안 압제당하면서 종살이를 한 상태에서 벗어나 무방비 상태로 도망나오고 있을 때 그들을 공격한 것 때문이다. 둘째, 이스라엘 자손은 앗수르 사람들처럼 제국을 세우기 위해 국경을 넓히려 한 것이 아니라, 망명자로서 조상의 땅에서 다시 나라를 세우려 했을 뿐이다. 셋째, 야웨는 가나안 사람들을 더디 징벌하셨다. 야웨는 이스라엘 자손이 종살이하는 동안 가나안 사람들에게 회개할 시간을 주면서 계속 기다리셨다(창 15:16). 넷째, **전형적으로** 고대 근동에서는, 싸움에서 이긴 정복자는 진 백성을 모두 죽이거나 노예로 삼았기 때문에 가나안 정복이 특별하지 않다. 다섯째, 그 땅에 가나안 사람들이 계속 거주했다고 말하는 본문이 대부분인 반면에 진멸을 말하는 본문은 얼마 안 되는 것으로 보아, 살해는 제한적이거나 지역적으로 이루어졌을 것이다.

한 가지 덧붙이면, 가나안 정복 묘사에 사용된 주요 이미지는 학살 이미지가 아니다. 명령에 순종하는 이스라엘 자손의 폭력을 묘사하는 본문에 관심이 쏠리기는 하지만(수 10:40; 11:12), 성경에서 이 정복을 묘사하는 데 훨씬 자주 사용되는 이미지는 땅의 거주민을 "쫓아내는" 이미지다(출 23:28-31; 34:11; 민 32:21; 33:52-55; 신 4:38; 7:1; 9:3-6; 11:23; 18:12; 33:27; 수 3:10; 14:12;

17:18; 23:5). 야웨는 이스라엘 자손이 가나안 땅에 도착하기도 전에 자신이 왕벌과 사자로 그 땅의 거주민을 쫓아내겠다고 말씀하신다(출 23:28; 33:2). 그 땅에 있던 가나안 사람들은 정복 전쟁이 시작되기도 전에 그 수가 줄어든 것 같다. 또한 여호수아서와 사사기는 반복해서 이스라엘 자손이 가나안 사람을 모조리 학살하지 않았을 뿐만 아니라 그들을 완전히 쫓아내지도 못했다고 말한다(수 13:13; 15:63; 16:10; 17:13; 23:13; 삿 1:19, 21, 27-33; 2:21).

분명 여호수아서와 사사기의 이런 본문들은 이스라엘 자손의 가나안 땅 소탕 실패를 부정적으로 보지만, 이곳에 야웨의 목소리는 들리지 않는다. 야웨가 문제 삼는 것은 자기 백성이 가나안 사람들에게 충분히 폭력적이지 않은 것이 아니라, 가나안 사람들을 완전히 쫓아내지 못했기 때문에 이스라엘 자손이 우상숭배에 빠진 것이다(삿 2:11-23).

우리는 "사람들을 쫓아내는 것"을 폭력적이라고 생각할 수 있으나, 과거 애굽에서 야웨의 목적은 바로가 이스라엘 자손을 "내쫓게" 하는 것이었다(출 6:1; 11:1). 야웨께서 원하시는 것이 자기 백성이 바로의 손에 내쫓기는 것이라면, 그 과정이 폭력적이었다고 추정해서는 안 된다. 이스라엘 자손은 가나안 사람들처럼 하나님이 시작하신 강제 이주를 당했다. 가나안 정복은 폭력적이었지만 유별나거나, 가혹하거나, 잔인하거나, 부당하지 않았다.

충격적인 거룩한 행위?

여기서 2009년, 구약학자 에릭 세이버트(Eric Seibert)가 펴낸 「충격적인 거룩한 행위: 우리를 괴롭게 만드는 구약 성경의 하나님 이미지」(Disturbing

Divine Behavior: Troubling Old Testament Images of God)를 언급하겠다. 세이버트가 이 책에서 특별히 주목하는 것은 가나안 사람 학살처럼 사람들을 괴롭게 하는 하나님의 폭력 이미지다. 이 책에는 장점이 많다. 책도 잘 썼고, 그의 연구는 훌륭하며 문제가 되는 본문을 검토하려는 의지가 있다(2, 4, 5장에서 대체로 내가 논하는 본문). 우리가 이런 구절을 어떻게 이해할 것인지에 대해 그는 중요한 질문을 제기한다.

그러나 나는 그의 중심 논제에 동의할 수 없다. 사이버트는 기본적으로 구약 성경의 가혹한 하나님은 존재하지 않는다고 말함으로써 신약 성경의 사랑의 하나님과 구약 성경의 가혹한 하나님을 조화시킨다. 또한 폭력적인 행위는 사복음서의 예수님을 통해 드러나는 하나님의 성품과 일치하지 않기 때문에 하나님을 폭력적인 신으로 묘사하는 구약 성경 구절은 거부해도 괜찮다고 주장한다. 어떤 본문이 야웨를 폭력적으로 행하는 분으로 묘사할지라도, 실제로 폭력은 일어나지 않았다는 것이다. 구약 성경의 주요 부분을 거부하는 세이버트는 다소 마르시온 같다.

문제가 사라진다는 점에서는 그의 결론에 끌리지만, 구약 성경의 많은 부분을 거부하는 것은 내키지 않는다. 그의 결론이 드러내는 하나님과 내가 인식하는 하나님이 부합하지 않기 때문이다. 나는 여전히 구약 성경의 하나님 이미지 때문에 괴롭지만, 성경의 문맥과 고대 근동의 맥락에서 구약 성경 본문을 계속 연구함으로써 이러한 하나님 이미지를 더 잘 파악하도록 노력할 것이다.

시체 18만 5천 구

구약 성경에 나타난 거룩한 폭력의 극적인 예는 앗수르 사람들의 학살을 전하는 내용에서 볼 수 있다. 히스기야 통치 중에 예루살렘 성을 포위하던 앗수르 사람들은 야웨께서 보내신 사자에 의해 학살된다.

> 이 밤에 여호와의 사자가 나와서 앗수르 진영에서 군사 십팔만 오천 명을 친지라 아침에 일찍이 일어나 보니 다 송장이 되었더라. (왕하 19:35)

18만 5천 구의 시체. 구약 성경의 어떤 거룩한 폭력으로도 이렇듯 엄청난 사상자는 발생하지 않았다. 이 숫자가 과장되었다고 생각하는 주석가들이 많지만,[6] 본문이 과장되었다 해도 거룩하게 시작된 심각한 학살 문제는 사라지지 않는다. 하나님은 왜 이렇게 많은 사람을 죽이셨을까? 세 가지 이유를 생각해 보자.

첫째, 사람들은 전쟁의 상황에서 죽임을 당했다. 죽임을 당한 사람은 모두 예루살렘을 점령하려던 군사였다. 불과 20여 년 전(주전 722년), 앗수르는 이스라엘과 그 수도 사마리아를 멸망시켰다. 이 본문은 산헤립의 군대가 유다와 그 수도 예루살렘을 멸망시키려 하던 때의 이야기다(주전 701년). 이 군사 작전에서 앗수르 사람들은 견고한 유다 성읍을 수없이 점령했으며(왕하 18:13), 많은 유다 사람을 죽였다. 야웨는 유다를 앗수르의 침략에서 보호하기 위해 방어전을 치르고 계셨던 것이다.

둘째, 앗수르는 인정사정없는 난폭한 나라였다. 4장에서 나는 앗수르의 아슈르나시르팔이 소년 소녀들을 비롯하여 포로들을 불사르고, 그들의 사지를 자르고, 목매달아 죽인 것을 얼마나 자랑스러워했는지 말했다. 산헤립의 사자는 이미 예루살렘 사람들이 "자기의 대변을 먹고 자기의 소변을 마시게" 될 것임을 예언했다(왕하 18:27). 니느웨는 앗수르의 수도였으며, 요나서는 니느웨 사람들이 그들의 사악함으로 말미암아 어떻게 하나님의 저주를 받을 수밖에 없었는지를 묘사한다(욘 1:1; 3:10). 죽임당한 앗수르 사람들이 많았지만, 그들은 희생자가 아니었다. 정복하고, 공물을 갈취하고, 자신들의 제국을 넓히려고 유다를 침략한 나라는 앗수르였다.

셋째, 앗수르 사람들은 야웨가 이스라엘을 자신들의 황제 산헤립의 세력에서 구할 수 없다고 선포하면서 야웨를 조롱했다(왕하 18:32-35; 19:4, 10, 22-23). 산헤립은 야웨가 자신을 이길 만큼 강하지 않다고 생각했으나, 야웨의 생각은 달랐다. 산헤립은 상대에게 모욕적인 말을 하면 그 말을 되돌려 받는다는, 기선 잡는 말의 첫 원칙을 몰랐던 것 같다. 야웨께서 산헤립에게 반격하셨을 때(왕하 19:28), 그분은 극적인 방법으로 산헤립 군대를 진멸하시고 유다 백성을 구원하셨다. 이처럼 야웨의 폭력은 자신의 명예를 지키기 위해 잔인한 제국과 싸우신 전쟁의 맥락에서 정당화되었다.

간단하고 신속하고 공정하게

야웨는 엘리사와 예루살렘을 보호하는 경우에 폭력 사용을 마다하지 않으셨다. 우리는 출애굽기, 레위기, 신명기에서 폭력에 관한 율법을 검토해 가면서 폭력에 관한 야웨의 태도를 밝힐 수 있다. 야웨께서 자기 백성이 평화롭게 살 수 있도록 어떻게 율법을 제정하셨는지를 살핌으로써, 야웨의 가치관을 배울 수 있다.[6]

먼저 이스라엘의 사법제도가 우리의 제도와 달랐음을 지적할 필요가 있다. 그들의 사법제도가 전체적으로 우리 사법제도만큼 복잡하여 구치소, 교도소, 변호사, 공판, 항소 그리고 지방법원, 주법원, 연방지방법원, 대법원의 여러 단계가 있었을 것이라고 생각해서는 안 된다. 고대 이스라엘 성읍에는 재판장이 있었다(신 16:18-20). 재판은 간단하고 신속하고 공정해야 했다. 우리는 죄수를 교도소에서 복역하게 할 수 있지만, 이스라엘 자손은 율법을 받은 광야에서 떠도는 동안에 그렇게 할 수 없었다. 무거운 판결로만 무거운 범죄를 징계할 수 있었다.

이러한 인식에도 불구하고, 이스라엘의 율법은 여전히 엄격한 것처럼 보인다. 현대 독자들은 대부분 이스라엘에서 살해가 사형에 해당하는 범죄(출 21:14)였다는 사실에 놀라지 않지만, 강간과 유괴도 사형에 해당하는 범죄였다는 사실에는 놀랄 것이다(신 22:25; 24:7). 이런 형벌이 가혹해 보이지만, 고대 이스라엘에서는 두 가지 이유로 엄한 형벌이 필요했다. 첫째, 강간범과 유괴범은 대체로 사회의 약자를 표적으로 삼았기 때문에, 사형은 난폭한 범죄를 줄이고 강간당할 가능성이 있는 여자들과 유괴되어 노예로 팔릴 가능성이 있는 가난한 사람들을 보호하는 데 중요한 역할을 했다. 가난한 사람들에 대한 야웨의 지극한 관심은 야웨께서 과부와 고아를 박해하는 자들 또한 "칼로 죽이[리라]"라고 선포하시는 부분에서 드러난다(출 22:22-24). 야웨는 자신이 사회의 약자를 강력히 보호하려 한다는 것을 백성들이 알기 원하셨다.

둘째, 고대 근동 법전에 형벌의 대안으로 기록되어 있는 벌금은 사회에서 쉽게 벌금을 낼 수 있었던 부유한 사람들에게는 '가벼운 경고'에 지나지 않았다. 그래서 야웨께서 명하신 이런 엄한 형벌은 난폭한 범죄를 줄일 뿐 아니라 더 정의로운 사회가 되게 했을 것이다.

눈에는 눈

필요 이상으로 가혹해 보이는 또 다른 율법은 "눈에는 눈"을 뜻하는, 받은 대로 똑같이 돌려주는 동해보복법(*lex talionis*)이다. 많은 사람이 잘 알 듯, 예수님은 산상수훈에서 "다른 뺨을 돌려 대라"며 이 율법에 대한 근본적인 대응 실천을 말씀하신다(마 5:39). 이 율법이 분명하게 등장하는 곳은 레위기다.

> 사람이 만일 그의 이웃에게 상해를 입혔으면 그가 행한 대로 그에게 행할 것이니, 상처에는 상처로, 눈에는 눈으로, 이에는 이로 갚을지라. 남에게 상해를 입힌 그대로 그에게 그렇게 할 것이며… (레 24:19-20)

다른 사람의 뼈나 눈이나 이를 상하게 하면, 그에 대한 벌로 가해자도 똑같이 뼈나 눈이나 이가 상하게 될 것이라는 말씀이다. 오늘날 그리스도인들은 눈에는 눈으로 갚지 말고 다른 뺨을 돌려 대며, 2킬로미터(5리)를 더 가주며, 원수를 사랑하라는 예수님의 부르심을 받는다(마 5:38-44). [최근에 나의 한 아들이 다른 아들에게 웨지(wedgie: 바지 허리춤을 잡고 들어 올려 바지가 엉덩이 사이에 끼게 하는 장난—역주)를 했다. 피해자가 가해자를 쫓아가며 "눈에는 눈, 웨지에는 웨지야"라고 소리치자, 가해자는 도망가면서 "넌 다른 뺨을 돌려 대야 하는 거야"라고 대꾸했다.]

산상수훈에서 예수님이 명령하신 말씀이 1세기 이스라엘에게 진보적이었듯이, 동해보복법은 고대 이스라엘에게 진보적인 것이었다. 구약학자 데이비드 베이커(David Baker)는 동해보복법이 사회에 끼치는 유익에 관해, "이 법은 복수를 제한하며 범죄에 대한 편중된 처벌을 배제한다"[7]라고 말한다. 아들이 있는 사람이라면 아는 것처럼, 대개 난폭한 행동을 하면 보복의 세기가 더 커지게 마련이다. 상대방이 나를 꼬집으면 나는 상대방의 팔을 때리고, 상대방이 내 팔을 때리면 나는 상대방의 얼굴을 치는 식이다. 국가적으로 이런 확대원칙을 억제하지 않고 놔두면 마침내 전쟁에 이른다. 눈에는 눈으로 보복하는 것은 폭력을 제한하여 결과적으로 복잡한 법 제도 없이 간단하고, 신속하고, 정직한 정의의 세상을 이룬다.

야웨의 정당한 벌이 폭력적인 것처럼 보이지만, 실제로 이는 난폭한 범죄를 줄이고 그분의 백성 사이에 평화를 이루게 한 효과적인 수단이었다. 나는 구약 성경의 하나님이 극단적인 조처를 취하셔서 가난하고 힘없는 사람들을 돌보시고, 피 흘림과 전쟁을 막으신 것이 기쁘다.

엘리사, 왕들 그리고 병마들

5장 맨 앞에서 살핀 이야기와 달리, 이 이야기는 어린아이들에게 들려줄 수 있다. 앞서 살핀 이야기에서, 야웨는 엘리사가 해를 당하지 않도록 보호하기 위해 폭력을 행하셨다. 이번 이야기에서 야웨와 엘리사는 수백 년 동안 전쟁 중이던 이스라엘과 수리아 사이에 평화를 이룬다. 엘리사(또한 "하나님의 사람"으로 불리는)가 계속해서 이스라엘 왕에게 수리아 군사의 동태를 통고하므로, 수리아 왕은 성읍에 있는 엘리사를 사로잡기로 했다.

왕이 이에 말과 병거와 많은 군사를 보내매 그들이 밤에 가서 그 성읍을 에워
쌌더라. 하나님의 사람의 사환이 일찍이 일어나서 나가보니 군사와 말과 병거가
성읍을 에워쌌는지라, 그의 사환이 엘리사에게 말하되 아아, 내 주여 우리가 어
찌하리이까 하니, 대답하되 두려워하지 말라 우리와 함께한 자가 그들과 함께
한 자보다 많으니라 하고 **기도하여** 이르되, **야웨여** 원하건대 그의 눈을 열어서
보게 하옵소서 하니, **야웨**께서 그 청년의 눈을 여시매 그가 보니 불말과 불병거
가 산에 가득하여 엘리사를 둘렀더라. 아람 사람이 엘리사에게 내려오매 엘리
사가 야웨께 **기도하여** 이르되 원하건대 저 무리의 눈을 어둡게 하옵소서 하매
엘리사의 말대로 그들의 눈을 어둡게 하신지라, 엘리사가 그들에게 이르되 이는
그 길이 아니요 이는 그 성읍도 아니니, 나를 따라 오라. 내가 너희를 인도하여
너희가 찾는 사람에게로 나아가리라 하고 그들을 인도하여 사마리아에 이르니
라. 사마리아에 들어갈 때에 엘리사가 이르되 야웨여 이 무리의 눈을 열어서 보
게 하옵소서 하니, **야웨**께서 그들의 눈을 여시매 그들이 보니 자기들이 사마리
아 가운데에 있더라. 이스라엘 왕이 그들을 보고 엘리사에게 이르되, 내 아버지
여 내가 치리이까 내가 치리이까 하니 대답하되, 치지 마소서. 칼과 활로 사로잡
은 자인들 어찌 치리이까 떡과 물을 그들 앞에 두어 먹고 마시게 하고 그들의
주인에게로 돌려보내소서 하는지라, 왕이 위하여 음식을 많이 베풀고 그들이
먹고 마시매 놓아 보내니 그들이 그들의 주인에게로 돌아가니라. 이로부터 아람
군사의 부대가 다시는 이스라엘 땅에 들어오지 못하니라. (왕하 6:14-23)

여기서 먼저 주목할 것은, 다시, 엘리사의 목숨이 위험에 처했다는 것
이다. 말과 병거를 거느린 군대가 엘리사와 그의 사환을 둘러쌌으며, 사

환이 극도로 겁에 질릴 만큼 위협적인 상황이었다. 하지만 엘리사는 자신이 10대 무리에게 위협받을 때 하나님이 지켜주셨음을 알았기에 자신과 사환의 안전을 확신할 수 있었다. 이번에 야웨께서 환상으로 보내신 것은 곰 대신 불말과 불병거였다.[8]

야웨께서 이 전쟁을 끝내는 데 중요한 역할을 하시지 않는 것 같지만, 엘리사는 어리석지 않았다. 위기의 시작과 중간과 끝에, 엘리사는 **기도했다**(왕하 6:17, 18, 20). 기도에 응답하신 야웨는 사환의 눈을 열어 환상을 보게 하셨으며, 수리아 사람들의 눈을 어둡게 하여 그들이 사마리아에 이르게 하셨고, 그들이 사마리아에 들어가자 눈을 열어 주셨다.

아이러니하게도, 평화를 이루는 중에도 야웨는 다소 심하게 치셨다. 야웨는 수리아 사람들을 "치셔서" 눈을 어둡게 하셨다. 영어 성경 ESV가 '치다'(strike)라는 말을 사용하는 반면, KJV는 '세게 치다'(smite)라는 말을 사용한다. 야웨께서 '치셨지만' 수리아 사람들의 시력은 곧 회복되어 아무도 영구히 해를 입지 않았다. 하지만 이스라엘 왕은 그들을 영구히 '치고자' 하며, 엘리사는 반대한다. 엘리사는 수리아 사람 학살을 허용하지 않을 뿐만 아니라, 그들을 먹이라고 명령한다(엘리사는 분명 외국인을 환대해야 한다고 말한 이 책 4장을 읽었을 것이다). 이스라엘 왕은 원수들을 위해 잔치를 준비하고, 수리아와 이스라엘은 평화를 이룬다.[9] 이번에는 야웨께서 "치시는 것"이 폭력이 아닌 평화에 이른다. 야웨와 엘리사는 원수 관계인 두 나라를 평화로 이끈 적극적인 역할로 노벨 평화상을 받을 만하다.

"네 원수를 사랑하라"(마 5:44)는 말씀에서 예수님께 모든 공이 돌아가는 경향이 있지만, 이것은 예수님이 구약 성경의 하나님, 그리고 엘리사와 왕들과 말들의 이야기에서 감동받아 하신 말씀이다. 구약 성경은 여러 곳에서 평화를 이루는 예를 말한다. 엘리사가 세운 대(對)수리아 전략은 잠언에서 온 것 같다. "네 원수가 배고파하거든 음식을 먹이고 목말라하거든 물을 마시게 하라"(잠 25:21). 4장에서 보았듯이, 엘리사와 노예 소녀 둘 다 원수인 나병을 고침받은 수리아의 나아만 장군을 사랑했다. 다윗이 두 번이나 원수인 사울을 쉽게 죽일 수 있었음에도 죽이지 않은 이유는 야웨께서 승인하시지 않을 것임을 알았기 때문이다(삼상 24:3-7; 26:7-12). 3장에서 언급한 사무엘서에 등장하는 현명한 세 여자(아비가일, 드고아 여자, 아벨 여자)는 하나님의 중재자로 일했으며, 자신들의 지혜로 피 흘림을 막았다(삼상 25장; 삼하 14장; 20장). 요나는 원수인 앗수르 사람들을 사랑하고 싶어 하지 않았으나 야웨께서 선택의 여지를 주지 않으셨으며, 마침내 니느웨 사람들은 회개했다(욘 3장). 야웨는 예레미야에게 주신 편지에서, 바벨론 포로들에게 원수를 사랑하라고 말씀하셨다. "너희는 내가 사로잡혀 가게 한 그 성읍의 평안을 구하고 그를 위하여 여호와께 기도하라 이는 그 성읍이 평안함으로 너희도 평안할 것임이라"(렘 29:7). 이사야와 미가가 받은 장래에 관한 예언은, 야웨께서 모든 사람에게 자신의 도를 가르치실 것이며, 불필요해진 칼을 쳐서 보습을 만들 것이며, 나라와 나라가 서로 싸우기를 그칠 것이라고 말한다(사 2:4; 미 4:3). 구약 성경의 하나님은 평강의 하나님이기에, 자신의 백성이 이웃과 화평하기를 원하셨다.

검을 휘두르시는 예수님인가 화평을 주시는 예수님인가?

우리는 오른편 뺨을 치는 사람에게 왼편도 돌려 대고, 원수를 사랑하고, 박해하는 자들을 위해 기도하라는 예수님의 산상수훈을 알고 있다 (마 5:39, 44). 이런 가르침 때문에, 리처드 도킨스 같은 무신론자도 예수님을 좋아한다. 폭력을 지양하는 마틴 루터 킹 주니어와 마하트마 간디 같은 20세기 영웅들은 예수님께로부터 그들이 이상적으로 생각하는 인물에 대한 영감을 얻었다.

그러나 예수님은 제자들에게 자신이 화평을 주러 온 것이 아니라 검을 주러 왔다고도 말씀하셨다(마 10:34; 눅 12:51). 검을 휘두르시는 예수님? 검을 휘두르는 것은 당연히 구약 성경의 하나님이 하시는 일 같다. 하지만 예수님은 검을 주러 왔다고 말씀하심으로써 산상수훈에서 권면하신 말씀을 거스르신 것이 아니다. 다만 제자들이 예수님을 따르겠다고 선택함으로써 특별히 그들의 가족 사이에 갈등이 있을 것임을 경고하신 것이다.

예수님은 검을 휘두르신 경우가 거의 없고 대개 갈등을 중재하셨다. 예수님은 종종 괴로운 상황에 평강을 주셨다. 예수님은 창녀로 간주되는 한 여자의 죄를 용서하신 다음 "평안히 가라"고 말씀하셨으며, 12년 동안 혈루증을 앓던 여자를 고치신 다음에도 "평안히 가라"고 말씀하셨다(눅 7:50; 8:48). 부활하신 후에 두려움으로 떨고 있던 제자들에게 처음으로 나타나셨을 때도, 평강의 메시지를 전하셨다.

이 날 곧 안식 후 첫날 저녁 때에 제자들이 유대인들을 두려워하여 모인 곳의 문들을 닫았더니 예수께서 오사 가운데 서서 이르시되 **너희에게 평강이 있을지어다.** 이 말씀을 하시고 손과 옆구리를 보이시니 제자들이 주를 보고 기뻐하더라. 예수께서 또 이르시되 **너희에게 평강이 있을지어다** 아버지께서 나를 보내신 것같이 나도 너희를 보내노라. 이 말씀을 하시고 그들을 향하사 숨을 내 쉬며 이르시되 성령을 받으라 너희가 누구의 죄든지 사하면 사하여질 것이요 누구의 죄든지 그대로 두면 그대로 있으리라 하시니라. 열두 제자 중의 하나로서 디두모라 불리는 도마는 예수께서 오셨을 때에 함께 있지 아니한지라. 다른 제자들이 그에게 이르되 우리가 주를 보았노라 하니, 도마가 이르되 내가 그의 손의 못 자국을 보며 내 손가락을 그 못 자국에 넣으며 내 손을 그 옆구리에 넣어 보지 않고는 믿지 아니하겠노라 하니라. 여드레를 지나서 제자들이 다시 집안에 있을 때에 도마도 함께 있고 문들이 닫혔는데, 예수께서 오사 가운데 서서 이르시되 **너희에게 평강이 있을지어다** 하시고. (요 20:19-26)

주님이 죽임을 당하셨고 제자들은 그다음 처리 대상이 될 것이었으므로, 여기서 그들의 두려움은 이해할 만하다. 부활하신 예수님이 가장 먼저 주신 말씀은 부분적으로 제자들에게 마지막으로 주신 말씀이기도 했다. 예수님은 제자들을 멘토링하는 이 중요한 시기에 그들에게 필요한 것이 검을 휘두르는 자가 아닌 평강을 주는 자였음을 아셨기에 세 번이나 "너희에게 평강이 있을지어다"라는 말로 그들을 축복하셨다.

또한 여기서 예수님이 자신의 제자들에게 그리고 마침내 초대교회에 권능을 부여주시려고 평강과 성령을 선물로 주셨음을 기억해야 한다. 흥미롭게도, 사도행전에서 유대, 갈릴리 그리고 사마리아 교회의 특징은 평강을 유지하는 것과 성령과 동행함에 있다(행 9:31).

말의 영향력을 과소평가하는 경향 때문에, 우리에게는 예수님이 평강을 선물로 주신다는 말씀이 이상하게 보일 수 있다. 그러나 예수님은 "너희에게 평강이 있을지어다"라는 말씀에 두려움을 없애는 능력이 있음을 아셨다. 사도행전에서, 사도들은 죽음에 직면하여서도 담대하게 나아가는 모습으로 특징지어진다(행 4:13, 29, 31; 28:31). 예수님이 주신 평강에 능력이 있었다. 바울에게 평강의 선물이 엄청난 영향력이 있었기에, 그는 자신이 기록한 모든 편지 서두에 평강의 복을 전했다(롬 1:7; 고전 1:3; 고후 1:2 등).

예수님은 제자들에게 평강을 전하신 후에 손과 옆구리에 난 상처를 보여 주셨다. 예수님은 그 몸에 난 상처가 원수들에 대한 자신의 사랑을 증거한다는 것을 아셨다. 바울은 우리가 하나님과 원수였지만 예수님의 죽으심으로 말미암아 그분과 화목하게 되었다고 말한다(롬 5:8-10). 예수님이 폭력에 희생되셨기 때문에 우리는 하나님과 화목하게 되었다. 이것은 궁극적으로 화해 행위였다.

예수님이 평강의 행위를 보여 주시는 요한복음 끝 부분은 지금까지 구약 성경에서 살핀 하나님을 생각나게 한다. 구약 성경과 관련이 있는 두 가지만 간략하게 언급하면, 첫째, 야웨의 메시아는 평강의 왕이 되실 것이라고 예언되었고(사 9:6), 이는 온전히 예수님과 일치한다. 둘째, 구약 성경의 하나님도 예수님이 전하신 것과 똑같은 평강의 메시지를 전하셨다. 주전 1000년 경 기드온이 두려움에 움츠리고 있을 때 야웨는 "너에게 평강이 있을지어다"라고 말씀하셨으며, 기드온은 이에 대한 응답으로 제단을 쌓고 "여호와 살롬"을 선포했다(삿 6:23-24).

평강과 화목을 돈독히 하라

야웨와 예수님은 공통적으로 위기와 어려움과 두려움의 상황에 평강을 주시지만, 검도 휘두르신다. 그렇다면 언제 검을 휘두르는 자가 되고 언제 평강을 이루는 자가 되어야 하는가? 먼저 야웨와 예수님 두 분 다 폭력보다 평강을 좋아하셨다는 인식에서 출발해야 한다. 야웨는 사악한 자들을 벌하시거나 약한 자들을 보호하기 위해 폭력을 사용하셨을 뿐, 궁극적으로는 이스라엘 안에서와 이스라엘과 이웃 나라 사이에 평강을 돈독히 하셨다. 예수님은 한 곳에서만 자신이 평강을 주러 온 것이 아니라고 말씀하셨을 뿐, 그 밖의 모든 곳에서는 평강의 복을 주셨으며, 화목을 꾀하셨고, 폭력에 희생되심으로써 평강을 회복하셨다. 그래서 우리는 폭력보다 평강을 좋아해야 한다.

어떻게 야웨와 예수님처럼 평강을 이룰 수 있을까? 엘리사는 원수들의 병을 고치고 먹였으며, 예수님은 우리에게 원수를 사랑하고 그들을 위해 기도하라고 말씀하셨다. 우리는 원수들의 병을 고치고, 먹이고, 사랑하고, 그들을 위해 기도함으로써 평강을 이루어야 한다. 그러나 당신은 "누가 내 원수인가?"라고 물을 것이다. 우리는 대부분 운전 중이거나 정치 이야기를 하고 있지 않다면 자신에게 원수가 있다고 생각하지 않을 것이다. 예수님은 어떤 사람에 관해 난폭한 생각을 하거나 심지어 누군가를 바보라고 욕하는 것도 살인이라고 말씀하셨다(마 5:21-26). 예수님의 정의대로라면, 길 위에서 그리고 정치 토론 현장에서 서류상 증명할 수 없는 많은 살인이 일어난다. 우리 모두 운전하고 토론하는 동안에는 '원수들'을 위해 더 많이 기도해야 한다.

2001년 가을, 우리 가족은 영국 옥스퍼드 대학생 기숙사에 살고 있었다. 그곳에 세계 각지에서 온 사람들이 있었는데, 그중에 리비아 출신의 이슬람 가정이 있었다. 미국과 리비아는 외교상 우호적 관계에 있지 않았으므로, 나는 한 번도 리비아 사람을 만난 적이 없었다. 9/11 사태가 발생하고 얼마 후, 아내 섀넌은 기도하다가 하나님이 리비아 가정을 저녁 식사에 초대하라고 말씀하시는 것처럼 느꼈다. 하지만 아내가 생각하기엔 어색해서 좋지 않을 것 같았다. "이봐요, 당신 나라와 내 나라는 서로 증오합니다. 이슬람 테러단이 방금 뉴욕과 워싱턴 D. C.에서 미국인 수천 명을 죽였습니다. 우리 얘기 좀 합시다."

그러나 하나님은 계속 이웃인 리비아 사람들이 생각나게 하셨고, 마침내 섀넌은 그들의 집을 찾아가 문을 두드렸다. 아버지 되는 사람이 나왔다. 섀넌은 머뭇거렸다. 어색한 침묵이 흘렀다. 마침내 아내는 입을 열었다. "우리는 당신이 이슬람교도인 것을 알고 있습니다. 당신은 우리가 그리스도인인 것을 알고 있습니다. 하지만 당신을 저녁 식사에 초대하고 싶습니다." 더 어색한 침묵이 흘렀다.

이윽고 리비아 사람이 침묵을 깨고 말했다. "지금껏 우리를 저녁 식사에 초대한 그리스도인은 없었습니다. 기쁘게 가겠습니다." 처음에는 우리 처소에서, 다음에는 그들의 처소에서 저녁을 먹으며 좋은 시간을 보냈다. 그해 12월에 섀넌은 기숙사 단지에서 예수님의 탄생극을 준비했다. 출연자들은 미국과 호주 출신의 그리스도인 어린이들과 이스라엘 출신의 유대 소년들(목자들), 그리고 리비아 출신의 이슬람 어린이들(동방박사)이었다. 성육신하신 예수님은 이 땅에 평화를 주려고 오셨으며, 사람들로 하여금 서로 그리고 하나님과 화목하게 하려고 오셨다.

6 _____ 율법주의자 하나님

캘빈(신학자가 아닌, 코믹 연재만화에 나오는 인물)이 하는 말이 당신이 아는 어느 신이 하는 말처럼 들리지 않는가?

캘빈(혼잣말로): 태초에 아무것도 없다가 나중에 캘빈이 있었다! 전능한 신 캘빈은 순수한 의지로 우주를 창조한다! 완전한 무에서 형태가 소용돌이쳐 나온다! 한때 텅 비었던 곳에서 생명이 시작된다! 캘빈은 불친절하고 사랑도 없는 신이다. 그는 옛 신 중 하나다! 그는 제물을 요구한다! 그렇다, 캘빈은 지하 세계의 신이다! 땅에 사는 보잘것없는 자들을 그는 멸시한다! 위대한 캘빈은 자비를 간청하는 그들의 부르짖음을 못 들은 척하고 불운한 자들은 고통으로 몸을 뒤튼다!

캘빈 아빠가 캘빈 엄마에게: 캘빈이 얼마나 집짓기 장난감에 빠져 있는지 봤어? 장난감으로 온 세상을 만들고 있다니까!

캘빈 엄마가 캘빈 아빠에게: 커서 분명히 건축가가 될 거예요.[1]

캘빈이라는 신은 대중의 야웨 인식을 드러낸다. 사람들은 야웨를 전능한 우주의 창조주, 불친절하고 사랑도 없는 옛(언약의?) 신, 제물을 요구하는 신으로 인식한다. 캘빈이 하는 말은 신약 성경의 하나님보다 구약 성경의 하나님이 하는 말처럼 들린다. 예수님은 "긍휼을 원하고 제사를 원하지 아니하노라"(마 9:13)라고 말씀하시지만, 야웨는 몇 장에 걸쳐 자신이 "요구하는" 제사를 자세히 말씀하신다(레 1-7장).[2] 캘빈도 구약 성경의 하나님을 부정적으로 인식하는 것 같다[분명, 홉스(Hobbes: "캘빈과 홉스"에 등장하는 캘빈의 절친한 친구—역주)가 하나님께 더 호감이 있다].

구약 성경의 하나님과 그분의 율법을 부정적으로 인식하는 것은 캘빈만이 아니다. 수업 시간에 학생들에게 하나님에 대한 태도를 조사하라는 과제를 내줬다. "당신에게 하나님은 어떤 분으로 나타나셨는가?"라는 질문에, "그 지루한 규례를 따르지 않는 한 나를 좋아하지 않는 분"이라는 답이 있었다. 하나님의 규례는 지루하며, 하나님의 규례는 그분이 사람들을 좋아하실지 아닐지를 결정하는 데 사용되는 것 같다.

"심슨 가족"의 한 일화에서, 리사는 수녀원에서 여동생 매기를 구출해야 하는데 수녀들은 "네가 행복하고, 행복하다는 것을 안다면, 그건 죄야"라는 노래를 부르고 있다.[3] 죄를 지어 행복해질 수 있다면, 하나님의 율법을 지키는 것은 우울한 일이 될 것이다. 하나님의 율법은, 마치 하나님이 우리의 즐거움을 망치려고 제정하시기라도 한 것처럼, 별로 흥미롭지 않다.

부담스럽고, 지루하고, 재미없는 율법을 제정하셨으니, 하나님은 율법주의자 같다. 율법주의자들은 율법에 잡혀 있어 그 목적을 잃어버렸다. 그들의 율법 해석에는 은혜에 대한 여지가 없다. 그러므로 율법주의자들은 짐스럽고, 엄격하고, 지루하고, 독단적이고, 억압적인 율법을 만든다. 그렇다면, "캘빈과 홉스", 학생이 실시한 조사의 응답과 "심슨 가족"에서 인식하듯, 구약 성경의 하나님은 율법주의자이신가?(정확하게 말하면, 긍휼을 원하고 제사를 원하지 않는다는 예수님의 말씀은 원래 호 6:6의 인용이다) 우리는 다양한 구약 성경의 율법을 검토해 나가면서, 야웨가 결코 율법주의자가 아님을 발견하게 될 것이다. 질문으로 검토를 시작하자.

성관계를 많이 갖고 많이 먹어라

성경의 첫 명령은 무엇인가? "저 나무 열매를 먹지 말라"가 아니다. 사실 첫 명령은 금지가 아니라 어떤 즐거운 일을 하라는 긍정적인 것이다.

> 하나님이 그들에게 **복을 주시며** 하나님이 그들에게 이르시되, 생육하고 번성하여 땅에 충만하라 땅을 정복하라. (창 1:28)

하나님은 처음에 인간에게 "생육하고 번성하라"고 명령하신다. 이것은 성경의 첫 명령일 뿐 아니라 하나님이 인간에게 하신 첫 말씀이므로, 우리는 이 명령이 중요함을 알고 있다. 하나님의 형상을 지닌 자들이 생육하라는 거룩한 명령을 지키려면, 나는 이 문제의 전문가는 아니지만, 성관계를 가져야 할 것이다. 실제로 인간은 "번성하라"는 명령뿐만 아니라 "땅에 충만하라"는 명령도 받았다. 이 명령은 성관계를 많이 가지라는 말씀처럼 들린다. 그래서 하나님의 첫 명령은 근본적으로 "성관계를 많이 가지라"는 것이다. 여기까지는 하나님의 율법이 별로 나쁜 것처럼 보이지 않는다.

성경의 두 번째 명령은 무엇인가? 이 명령은 먹는 것에 관한 것이지만, 당신이 생각하는 그런 것은 아닐 것이다.

여호와 하나님이 그 사람에게 명하여 이르시되, 동산 **각종** 나무의 열매는 네가 **임의로** 먹되 선악을 알게 하는 나무의 열매는 먹지 말라. 네가 먹는 날에는 반드시 죽으리라 하시니라. (창 2:16-17)

야웨는 인간에게 "먹어라!", 또는 글자 그대로 "먹어라, 먹어라!"라고 명령하신다. 히브리어로 '먹다'(akal)라는 동사의 원형이 되풀이되는 것은 부사구를 강조하려는 것인데, NRSV에는 이 말이 "맘껏 먹다"(freely eat)로 잘 번역되어 있다.[4] 야웨는 인간에게 동산에 있는 온갖 종류의 나무 열매를 맘껏 먹으라고 말씀하셨다. 보기에 아름답고 먹기에 좋은 여러 종류의 과일나무가 에덴 동산이라는 냉장고에 가득 차 있었기 때문에 많은 나무에서 골라먹을 수 있었다(창 2:9).

하나님의 두 번째 명령은 그냥 "먹어라"가 아니라 "많이 먹어라"이다. 창세기 2:17에 와서야 비로소 선악을 알게 하는 나무를 먹지 말라는 실제 명령이 있었다고 말하는 사람들이 있겠지만, 히브리어가 암시하는 것은 다르다. 16절과 17절에 공통적으로 나오는 동사는 같은 형태(미완료시제)이며, 이 명령어에는 강세가 있을 수 있다. 하나님은 "먹지 말라"고 명령하시기 전에 "먹어라, 먹어라!"라고 명령하셨다.

우리가 성과 음식에 사로잡힌 세상에서 살고 있기 때문에, 내가 최초의 두 명령을 설명하는 방식에 동의하지 않는 사람들도 있을 것이다. 나는 배우자가 없는 사람이나, 섭식장애나 체중 문제가 있는 사람에게 지나치게 쾌락주의적이거나 둔감한 사람으로 보이고 싶지 않다. 그러나 대중문화에서(특히 종종 성의 영역에서) 그리스도인들은 경직되어 있거나 율법주의적이라는 인식이 있는데, 아이러니하게도 이런 인식은 문화적 강박 관념의 원인이 될 수 있다. 하나님의 처음 두 명령에서 우리가 확언할 수 있는 것은, 하나님은 우리가 하나님 창조의 선하심과 하나님이 선물로 주신 성과 음식을 즐거워하기를 바라신다는 것이다. 그래서 이러한 하나님의 명령을 재고하는 것이 좋다.

하나님은 왜 성관계를 많이 갖고 많이 먹으라는 명령으로 자신의 백성들과의 관계를 시작하실까? 관대하시며 율법주의적이지 않기 때문이다. 성과 음식은 하나님이 인간에게 주신 위대한 선물이었다. 하나님은 인간에게 이 두 가지 선물을 즐기라고 명령하셨다. 분명, 하나님은 인간이 행복하기를 바라셨다. 다른 구절을 살피면, 하나님의 관대하심, 선하심 그리고 은혜로우심이 모든 율법의 토대임을 보게 될 것이다.

창세기 1:28의 번식하라는 명령 바로 앞에서 하나님이 그들에게 **복 주셨다고** 말씀하심에 주목해야 한다. ESV는 마침표를 써서 첫 명령과 복 주심을 별개의 두 행위로 나눈다. NIV에서는 이 두 행위를 하나로 연결하여 "하나님이 그들에게 복 주시고 그들에게 말씀하시기를"이라고 번역하는데, 히브리어가 이 번역을 뒷받침할 뿐만 아니라 이 번역이 더 이치에 맞다. 번식하라는 하나님 명령의 실현(성관계)은 복을 주고자 계획하신 것이었다.

구약 성경은 자신이 창조한 인간에게 복 주기를 원하시는 관대한 하나님을 드러냄으로써 시작된다. 이러한 처음 두 명령은 하나님의 특성에 대해 여러 가지를 말한다. 분명 하나님이 주신 나머지 율법은 생육하고 맘껏 먹으라는 명령만큼 즐겁지 않을 수 있지만, 율법에 관련된 구약 성경의 다른 본문을 검토하면서 하나님과 그 백성의 관계가 어떻게 시작되었는지 기억해야 한다. 우리는 복 주시고 관대하기를 원하시는 하나님이라는 렌즈를 통해 구약 성경의 다른 명령을 읽어야 한다.

그것은…사탄의 짓일까?

놀랍도록 관대하신 구약 성경의 하나님은 완고하신, 왠지 달갑지 않은 분이라는 이미지를 어떻게 얻으셨을까? 혹시 그것은…사탄의 짓일까? 실은, 그렇다. 그것이 바로 사탄이 하는 일이다. 3장에서 창세기 3장을 논하면서 사탄의 역할을 다루지 않았으니, 여기서 살펴보자. 창세기 3장에서는 유혹자라는 주된 역할에서 뱀과 사탄을 똑같이 보지 않으나, 적어도 여기서는 뱀이 사탄의 목적에 쓰이고 있다.[5]

그런데 뱀은 **여호와 하나님**이 지으신 들짐승 중에 가장 간교하니라. 뱀이 여자에게 물어 이르되 하나님이 **참으로** 너희에게 동산 **모든** 나무의 열매를 먹지 **말라** 하시더냐. 여자가 뱀에게 말하되 동산 나무의 열매를 우리가 먹을 수 있으나 동산 중앙에 있는 나무의 열매는 하나님의 말씀에 너희는 먹지도 말고 만지지도 말라 너희가 죽을까 하노라 하셨느니라. 뱀이 여자에게 이르되 너희가 결코 죽지 아니하리라. 너희가 그것을 먹는 날에는 너희 눈이 밝아져 하나님과 같이 되어 선악을 알 줄 하나님이 아심이니라. (창 3:1-5)

뱀이 여자에게 처음 건넨, "하나님이 **참으로** 너희에게 동산 **모든** 나무의 열매를 먹지 **말라** 하시더냐?"라는 말을 의역하면, "하나님이 심술궂고, 인색하고, 율법주의적인 것은 알지만, **모든** 열매를 네가 못 먹게 하실 정도로 **정말** 그렇게 야비하고, 인색하고, 율법주의적이실까?"라는 말이 될 것이다. 이 말의 뜻은, 하나님은 그들이 좋은 열매를 먹는 것을 원하시지 않기 때문에 심술궂고, 그들과 열매를 나누려 하시지 않기 때문에 인색하며, 그들에게 명령하시고 그들에게서 좋은 것을 빼앗아 가려 하시기 때문에 율법주의적이라는 것이다. 여기서 유의해야 할 것은, 뱀이 자신의 요점을 주장할 때 서술을 사용하지 않고 질문을 사용한다는 점이다. 사탄은 간교한, 그런 뱀이다.

여자가 뱀의 질문에 어떻게 답하는지 살펴보라. 여자는 야웨께서 "한 열매를 제외하고 모든 나무의 열매를 **맘껏** 먹어도 좋다"고 말씀하셨다고 답하지 않고, 다만 "동산 나무의 열매를 우리가 먹을 수 있다"고 말씀하셨다고 답한다. 여자의 답변으로 야웨의 관대함은 타격을 입는다. 야웨께서는 인간에게 한 나무의 열매만큼은 먹어서는 안 되며 그 열매를 먹으면 죽을 것이라고 말씀하셨으나, 여자는 심지어 그 열매를 만져서도 안 된다고 말씀하셨다고 덧붙여 말한다. 여자의 말 때문에 하나님이 율법주의자처럼 보인다.

두 사람은 열매를 먹은 당일에 죽지 않기 때문에 야웨가 틀렸고 뱀이 옳은 것처럼 보여 문제를 복잡하게 한다. 뱀이 야웨를 부정적으로 표현함으로써, 인간은 하나님의 명령이 자신들에게 좋지 않으며, 하나님이 자신들의 유익에 관심이 없다고 확신한다.

뱀, 여자, 남자가 하나님을 부정적으로 인식하고 하나님의 명령이 율법적이라고 인식한다 해도, 이런 인식이 하나님이 인간을 위해 하신 일을 바꾸지는 못한다. 여기에 이르기까지 하나님은 인간에게 복주셨으며, 그들에게 성관계를 갖고 맛있는 음식을 먹으라고 명령하셨으며, 그들이 죽지 않도록 많은 과일나무 중 한 나무의 열매만은 먹지 말라고 경고하셨다. 뱀의 말이 있었음에도, 하나님의 행위는 그분의 선하심을 드러냈다. 하나님의 성품을 드러내는 것은 하나님의 행위이지, 하나님의 행위에 대한 대중의 인식이 아니다.

창세기는 최초의 명령인 축복으로 시작하여 최초의 유혹 드라마로 바뀌었다가, 최초의 죄로 말미암은 재앙이 뒤따른다. 이 비극적인 이야기에서 두 가지 교훈을 발견할 수 있다. 첫째, 유혹은 하나님 명령의 선하심을 문제 삼는다. 둘째, 죄가 발생하는 것은 하나님을 선하고, 관대하고, 은혜로운 분으로 인식하지 않고, 비열하고 인색한 율법주의자로 인식하기 때문이다. 그래서 유혹을 견디고 죄를 피하려면 하나님과 하나님의 율법을 이해해야 한다.

창세기 3장에서 무엇이 살아남고 죽었는지 생각해 보면, 하나님의 선하심을 드러내는 증거를 발견한다. 인간이 열매를 먹자마자 하나님이 그들을 죽이시지 않은 이유는 하나님이 속이시지 않고 은혜로우시기 때문이었다. 하나님이 벌거벗은 몸으로 당혹스러워하는 두 사람에게 짐승을 죽여 가죽으로 옷을 지어 입히신 것은 그분의 관대함 때문이었다. 여기까지, 하나님이 관대하고, 은혜롭고, 선하시다는 증거 외에 다른 증거는 성경에 없다.

왜 악한 사람들에게 좋은 일이 생길까?

사람들은 종종 "왜 선한 사람에게 안 좋은 일이 생길까?"라고 묻는다.[6] 사람들은 대부분 자신이 선하다고 생각하기 때문에, 정의로운 세상에서는 마땅히 자신에게 좋은 일이 생겨야 하며 안 좋은 일이 생기면 자신이 고통당하는 것으로 추정한다. 그러나 성경은 하나님 보시기에 선한 사람은 아무도 없다고 말한다(시 14:3; 롬 3:23). 유사 이래 오직 한 번 완전히 선하신 분께 악한 일이 일어났는데, 이는 예수님이 자신을 따르는 자들을 하나님과 화목하게 하시려고 십자가에서 죽으신 일이다.[7] 우리는 자신이 악하기 때문에 정의로운 세상에서 자신에게 안 좋은 일이 생길 것이라고 예측할 수 있으며, 좋은 일이 생기면 놀라야 한다. 그래서 나는 "왜 악한 사람들에게 좋은 일이 생길까?"라고 묻는다.

악한 사람들에게 좋은 일이 생기는 이유는 하나님이 선하시기 때문이다. 예수님은 친히 하나님 한 분만 선하시다고 말씀하셨다(막 10:18, 예수님은 선하신 분인 동시에 하나님이셨다). 구약 성경에서 야웨의 선하심은 예배를 말하는 본문에서 반복되며, 이스라엘은 거듭해서 야웨께 그분의 선하심을 감사드렸다. 네 개의 시편은 하나님께 그분의 선하심을 감사드림으로 시작한다(시 106편; 107편; 118편; 136편). 또 다른 시편은 하나님이 인간에게 좋은 것들을 후하게 공급하시는 창세기 2장의 언어를 사용해 예배자들에게 "여호와의 선하심을 맛보아 알지어다"(시 34:8)라고 명령한다. 다른 본문들은 대체로 야웨의 선하심을 흠모하는 문맥에서 야웨가 선하시다고 말한다(대상 16:34; 대하 5:13; 7:3; 시 100:5; 135:3; 145:9; 렘 33:11; 애 3:25; 나 1:7). 에스겔서에서, 이스라엘 백성에게 복을 주시는 야웨는 창세기 1-2장의 주제를 반복하시면서 지금까지 행하신 것보다 많은 선한 일을 그들에게 행하실 것이며, 그들을 번성케 하실 것이고, 그로써 이스라엘 백성들로 하여금 자신이 야웨인 줄 알게 하겠노라고 말씀하신다(겔 36:9-11). 선하심은 야웨의 성품의 필수적인 부분이기 때문에, 그분은 선을 행하지 않고는 견디실 수 없다. 야웨는 본질적으로 선을 행하시는 분이다.

하나님의 모든 명령 배후에 그분의 선하심이 있음을 기억해야 한다. 하나님의 명령에는 인간에게 복 주시려는 의도가 담겨 있다(신 30:11-20을 보라). 우리가 모두 악하거나 불필요한 율법을 경험했을지라도, 율법을 제정하신 이가 관대하고 은혜로우시다면 그분의 율법은 선할 것이다.

임의법과 가혹법 같은 여러 율법

구약 성경에 임의법과 가혹법 같은 율법이 많기 때문에 야웨가 율법주의자라고 결론짓는 사람이 있을 테니, 그런 율법들을 검토해 보자. 구약 성경, 특히 모세오경에는 언약법(출 20-23장), 성결법(레 17-26장), 제사법(출 25-31장; 35-40장; 레 1-16장; 민 1-10장; 15; 18-20장; 26-30장; 34-36장) 그리고 신명기 법전(신 12-26) 같은 많은 율법이 있다. 왜 그렇게 많은 법이 필요할까?

우리는 매년 4월 15일의 과세법이나, 운전면허를 받으려고 공부하는 "도로 규칙"이 부담스러울 수 있지만, 법은 대체로 좋은 것이다. 세금을 내기는 싫지만, 세금으로 얻을 수 있는 도로, 다리, 학교, 복지 그리고 사회보장 연금 같은 것은 고맙다. 나는 파란 신호를 받아 동네의 코파스 길을 운전해 내려갈 때, 버르기 길 운전자에게 빨간 신호에 정지하라고 명령하는 법이 고맙다. (우리 동네에서는 사람들이 '파란 신호 기다리기'를 상기하도록 신호등에 안내문을 붙여야 하지만, 그것이 빨간 신호의 뜻 아닌가?) 우리는 법의 제약을 받기 싫어하지만, 다른 사람들이 제약받는 것은 기뻐한다. 법은 좋은 것이다.

고대 사회에서 법전이 발전한 것은 분명 좋은 일이었다. 법전이 있기 전에는 통치자의 말이 법이었으며, 통치자는 종종 부패한 명령을 근거로 절대 권력을 누렸다. 모세 율법보다 먼저 나온 우르의 우르남무(Ur-Nammu, 주전 2100년) 법전과 바벨론의 함무라비(Hammurabi, 주전 1790년) 법전은 고대의 경제적, 정치적 안정에 이바지했다.

레위기와 민수기에서 수백 개의 법 구절을 읽는 것이 지루할 수 있지만, 현대 법전과 비교하면 구약 성경의 법전은 간결하다. 변호사 사무실을 본 적이 있을 것이다. 벽 사면에 선반들이 즐비하고, 선반마다 수백 권의 책이 있고, 책마다 수천 개의 법, 사건 그리고 판례가 들어 있다. 야웨의 율법은 심지어 책 한 권도 다 채우지 못한다. 성경은 긴 책이지만, 각 장에는 율법의 기록보다 이야기가 훨씬 많다.

구약 성경에 율법이 있는 것은, 종살이하던 이스라엘 자손이 처음에는 사사들이, 이어서 왕들이 통치하는 나라로 바뀌면서 법률 제도가 필요했기 때문이다. 구약 성경의 율법은 그들의 헌법으로 사용되었다. 이스라엘은 애굽, 앗수르, 바벨론, 페르시아, 그리스 그리고 로마제국 같은 주변국의 지배를 받은 작은 나라였음에도, 복잡하고 심지어 개화된 법률 제도를 가지고 있었다. 2008년 죠슈아 베르만(Joshua Berman)은 그의 저서 「평등하게 창조되다: 성경과 고대 정치적 사고의 분리」(Created Equal: How the Bible Broke with Ancient Political Thought)에서, 모세오경의 율법은 농경 사회를 지향하던 고대 맥락에서 볼 때 혁명적이었다고 주장한다.[8] 심지어 "내셔널 지오그래픽"(National Geographic)지의 편집인들도 구약 성경의 율법이 질병 확산 예방에 진보적이었음을 인식했다. 그들은 최근 세계적으로 확산된 돼지 독감을 토론하는 자리에서 토라(모세오경)의 율법을 최초의 격리 사례로 들었다.[9]

야웨는 많은 율법을 주셨으며, 대부분 좋은 율법이었다. 야웨는 이스라엘 자손들에게 가난한 자들을 박해하지 말고(출 23:3, 6; 신 24:14-15) 너그러이 대하라고 명령하셨다(신 15:7, 11). 심지어 야웨는 자기 백성에게 원수의 길 잃은 소나 나귀도 도와주라고 명령하셨다(출 23:4-5). 야웨는 이스라엘 자손들에게 야웨를 사랑할 뿐 아니라 그들의 이웃과 거류민도 사랑하라고 명령하셨다(신 6:5; 레 19:18, 34). 야웨는 여러 절기를 지키라고 명령하셨으나(출 23:14-17; 신 16:1-17), 이런 절기들은 야웨께서 그들에게 행하신 것을 기념하는 행사가 되어야 했다. 마치 하나님이 "너희는 먹고 마시고 놀라"고 말씀하신 것 같다. 하나님은 심지어 토지 소산의 십일조를 먹고 성대한 잔치를 열어 무엇이든 원하는 데(소, 양, 포도주 또는 독주) 돈을 쓰고 하나님 야웨 앞에서 즐거워하라고 명령하셨다(신 14:22-27, 하나님의 둘째 명령이 "많이 먹어라!"였음을 기억하라). 명심할 것은, 구약 성경의 절기는 폭식을 조장하려는 것이 아니라 이스라엘이 하나님의 관용을 기억하게 하려는 것이었다. 구약 성경에 율법이 많은 것이 야웨께서 율법주의자이심을 뜻하는 것은 아니다.

2월 초에 "스포츠 일러스트레이티드"지를 사지 말라

이치에 맞지 않는 것 같은 임의법에 관해서는 어떤가? 예를 들어, "양털과 베실로 섞어 짠 것을 입지 말지니라"(신 22:9-11)와 같은 명령에 관해서는 어떤가? 하나님은 왜 이스라엘 사람들이 털과 베를 섞어 짠 옷을 입거나 입지 않는 것을 상관하실까? 야웨는 지나친 통제벽이 있으셔서 자기 백성이 무엇을 입어야 하는지까지 말씀하시려는 것일까? (하나님이 줄이 들어간 격자무늬 옷을 입어서는 안 된다고 명령하셨다면, 20대에 내가 그 명령으로 득을 보았을 것이다.)

　의복에 관한 명령은 기이하고 필요 없는 것 같지만, 이런 율법은 문화적으로 구체적이며 특별한 문제를 전달한다. 2010년에 정욕에 관한 설교에서 "스포츠 일러스트레이티드"(Sports Illustrated)지를 사지 말고, 홍등가를 피하라고 권면했다면, 이 권면이 5010년 독자에게 어떻게 들릴지 상상해 보라. 오늘날 남자들은 대부분 "SI"("스포츠 일러스트레이티드"지가 해마다 출간하는 특별판으로, 수영복 입은 모델들이 이국적인 장소를 배경으로 찍은 사진을 싣는다—역주)판이 슈퍼볼 경기 직후에 출간되는 것과, 도시의 어느 지역에 창녀가 있는지를 알고 있다. 그러나 3천 년 후(시간상 대략 구약의 율법 시대와 현재만큼의 간격), 성적인 죄를 피하게 하려고 이런 충고를 하는 것은 이치에 맞지 않을 것이다. 이런 충고는 현대인에게 털과 베를 섞어 짠 옷을 입지 말라는 명령이 임의적인 것같이, 3천 년 후의 사람들에게도 임의적일 것이다.

주석가들은 털과 베를 섞어 짠 옷을 입지 말라는 명령이 마술행위와 관계가 있을 것이라고 말한다. 그래서 이에 상응하는 명령은 "점패판(ouija board) 놀이를 하지 말라"는 명령이나 "홍등가를 피하라"는 명령 같은 윤락행위와 관계있는 명령일 것이다.[10] 이런 율법이 제정된 배후는 알 수 없으나, 구약 성경의 방대한 율법이 대부분 합리적이고 좋기 때문에, 이런 율법이 다루는 특별한 사회 문제가 있었다고 추정하는 것은 타당하다. 하나님은 뛰어난 율법 제정자이시기 때문에, 당대의 문제들과 자신의 백성이 직면할 것으로 생각하신 실제 상황을 구체적으로 다루는 율법을 만드신다.

쉬라

야웨의 율법이 가혹하기 때문에 야웨가 율법주의자처럼 보이는 것은 아닐까? 그럴 수 있지만, 가혹한 것 같은 율법도 선한 이유로 주신 것이다. 수업시간에 토론하려고 문제가 되는 구약 성경 구절을 제시하라고 하자, 여러 학생이 안식일에 나무를 했다는 이유로 돌에 맞아 죽은 사람 이야기를 꺼냈다. 이 사건이 민수기의 눈에 잘 안 띄는 곳에 기록되어 있어서, 이 구절을 아는 구약 성경 독자는 많지 않을 것이다.

이스라엘 자손이 광야에 거류할 때에 안식일에 어떤 사람이 나무하는 것을 발견한지라. 그 나무하는 자를 발견한 자들이 그를 모세와 아론과 온 회중 앞으로 끌어왔으나 어떻게 처치할는지 지시하심을 받지 못한 고로 가두었더니, 여호와께서 모세에게 이르시되 그 사람을 반드시 죽일지니 온 회중이 진영 밖에서 돌로 그를 칠지니라. 온 회중이 곧 그를 진영 밖으로 끌어내고 그를 쳐 죽여서 여호와께서 모세에게 명령하신 대로 하니라. (민 15:32-36)

불을 지피려고 나무를 주운 것 때문에 누군가를 죽게 하시는 하나님은 어떤 하나님일까? 하지만 이 사람의 행동은 단순히 막대기를 주운 것 이상이다. 먼저 야웨께서 안식일을 어떻게 생각하셨는지 살펴보자.

안식일은 야웨께 중요했으며, 야웨는 자기 백성에게도 안식일이 중요하기를 바라셨다. 우주를 창조하는 것보다 중요한 일을 상상하기는 어려우나, 야웨는 심지어 창조하시는 동안에도 쉬셨으며, 처음부터 안식일을 지키는 전례를 만드셨다(창 2:3). 안식일을 지키라는 명령은 창조 때 하나님이 쉬셨음을 기억하게 했을 뿐만 아니라(출 20:11; 31:17), 그들이 애굽에서 구원받았음을 생각하게 했다(신 5:15). 안식일은 또한 야웨께서 자기 백성과 맺은 언약의 표징이 되도록 계획하신 날이다(출 31:13, 17). 안식일에는 종에게 일할 것을 강요할 수 없었으므로, 안식일은 정의를 촉진하고 압제를 제한하도록 계획된 날이다(출 20:10; 신 5:14). 나무하는 것이 해로운 것 같지는 않으나, 안식일에 나무를 한 행위는 하나님의 창조, 하나님의 구원, 하나님의 언약을 폄하한 것이다.

야웨께서 안식일을 어겼다고 징벌하신 것은 또한 안식일이 얼마나 중요한지를 나타냈다. 야웨는 안식일에 쉴 것을 명령하셨을 뿐 아니라, 금송아지 사건을 기점으로 그 이전(출 31:15)과 이후(출 35:2-3)에 안식일을 어김으로써 죽음의 벌을 받아야 함을 분명하게 보여 주셨다. 무고하다고 추정되는 나무를 한 사람은 자신의 행동이 마땅히 죽을 죄라는 것을 알았을 것이다. 모든 사람이 그의 행위가 잘못된 것임을 알았다. 주제넘게 야웨의 말씀에 불순종하려 한 그의 행위는 불신과 거역의 행위였으며, 이때 야웨께서 관용을 베풀지 않으신 것은 불순종의 전례가 되는 것을 염려하셨기 때문이다. 이 사람의 생각을 알 수는 없으나, 그는 분명 자신에게 공급하시는 하나님을 신뢰하지 않았을 것이다. 애굽을 떠난 이래 하나님이 매일 그들에게 만나를 먹이셨음을 생각할 때, 이 사람이 하나님의 공급하심을 신뢰하지 않은 것은 놀라운 일이다(출 16:35).

이 사건이 일어난 시기도 중요하다. 이 시기를 중심으로 그 이전 본문은 약속의 땅에 들어가기를 거부하는 사람들을 말하며(민 14장), 그 이후 본문은 고라의 반역을 말한다(민 16장). 여러 차례 반역하는 와중에 율법에 관해 느슨한 듯한 태도를 보이는 것은 시기적으로 적절하지 않았다.

나는 안식일을 어긴 것 때문에 죽음을 선고하는 율법이 여전히 그리스도인에게 유효하다고 생각하지 않는다. 곧 보겠지만, 예수님은 안식일 어기는 것을 엄히 처벌하는 데 찬성하지 않으셨다. 예수님은 종종 안식일에 병을 고치셨으며, 제자들이 이삭 자르는 것을 허용하셨다. 그러나 안식하면서 하루를 하나님께 드리는 것은 여전히 유효하다고 생각한다. 안식일을 어긴 것에 대한 형벌의 가혹함을 토론하면서 이 명령의 본래 목적을 놓쳐서는 안 된다. 안식일은 축복이 되도록 계획된 날이다. 야웨는 자기 백성에게 쉴 것을 명령하셨다. 구약 성경의 명령 몇 가지는 임의적인 것 같지만, 쉬라는 명령은 분명히 좋은 것이다.

오늘날 사람들이 앓고 있는 여러 질병(스포츠 부상, 손목뼈 증후군, 일상적인 감기, 직업과 관련된 궤양, 스트레스성 불면증, 뇌졸중 등)은 부분적으로 쉬라는 하나님의 명령을 무시한 데서 온다. 의사가 흔히 환자에게 뭐라고 말하는가? "좀 쉬세요." 하나님은 그 처방을 수천 년 전에 주셨다. 사람들은 쉼이 좋다는 것을 알고 있다. 그러나 우리에게는 쉴 것을 생각나게 하시며, 쉬라고 명령하시며, 심지어 쉬지 않을 때 때로 벌을 주시기도 하는 하나님이 여전히 필요하다.

나는 쉬라는 명령이 고맙다. 번성하고 먹으라는 명령처럼, 쉬라는 명령은 축복의 뜻이 담긴 명령이다. 나는 사람들에게 말하고 싶다. "나의 하나님은 성관계를 갖고, 먹고, 쉬라고 명령하십니다. **당신의** 하나님은 이런 하나님을 능가할 수 있습니까?"

고대 바벨론의 창조 신화 "에누마 엘리쉬"(Enuma Elish)에서, 마르둑(Marduk)은 신들을 쉬게 하려고 인간을 종으로 창조하여[그에게 패배한 경쟁자 티아맛(Tiamat)의 몸에서] 그들을 시중들게 했다. 모세오경에서, 야웨는 인간을 자신의 형상으로 만드셨으며 그런 다음 인간에게 복 주시려고 그들에게 안식하라고 명령하셨다. 개인적으로 나는 마르둑보다 야웨를 좋아한다. 하나님의 여러 명령, 그분의 특별한 명령 그리고 심지어 그분의 가혹한 명령도 모두 자기 백성에게 복을 주려고 계획하신 것이다.

규례를 열망한다고?

시편 기자는 구약 성경의 명령이 축복의 의도로 계획되었음을 이해했다. 나는 시편을 가르칠 때, 학생들에게 문장을 완성할 것을 요구한다(감정을 실어 부드러운 어조로 천천히 읽으라).

내 마음이 항상 당신의…을 사모함으로 상하나이다. 당신의…무엇을?

당신의 사랑을? 당신의 입술을? 당신의 몸을?(학생들이 더 나아가지 않도록, 우리 토론이 미성년자 관람불가 등급이 아니라 부모동반 관람 등급임을 상기시킨다) 시편 기자의 영혼이 사로잡혀 있는 듯한데, 무엇에 사로잡혔을까? 답을 듣고 놀랄 것이다. 시편 기자는 항상 **야웨**의 **규례**에 사로잡혀 있었기에 그 마음이 상했다(시 119:20). 규례에 대한 열망으로 마음이 상했다고? 내가 특이한지 모르지만, 솔직히 나는 그런 경험이 없다.

구약 성경을 읽는 사람들은 시편 119편이 성경에서 가장 길다는 것을 알지만, 그것이 성경에서 가장 긴 기도임은 깨닫지 못할 것이다. 시편 119편 전체는 하나님께 올리는 기도다. 각 구절에서, 시편 기자는 하나님의 율법은 좋을 뿐 아니라 즐거워하고 사랑할 만하다고 말한다. 시편 기자는 하나님의 율법을 즐거워하며(시 119:14, 16, 24, 35, 47, 70, 77, 92, 143, 176) 하나님의 계명을 사랑한다(시 119:47, 97, 113, 119, 127, 132, 159, 163, 165, 167). 하나님의 율법 때문에 시편 기자는 개처럼 헐떡이며(시 119:131) 많은 탈취물을 얻은 사람처럼 즐거워한다(시 119:162). 우리는 대부분 약탈 경험이 없지만, 이 시편의 언어는 돈을 탈취하는 데 성공한 것을 축하하는 도둑들을 그린 영화의 친숙한 이미지를 떠올린다.

두 편의 '오션스' 영화(Ocean's Eleven, 2001; Ocean's Twelve, 2004)에서 대니 오션과 러스티 라이언은 성공을 축하하기에는 너무나 차분하다. 그러나 제3편(Ocean's Thirteen, 2007)에서, 러스티는 "다섯 다이아몬드 상" 때문에 고통당한 심사위원에게 보상하려고 조작한 슬롯머신으로 천백만 달러의 거액을 얻은 후, "큰 탈취물을 얻은 사람처럼 즐거워"한다. 이것이 바로 시편 기자가 하나님의 규례에 대해 느끼는 감정이다.

시편 기자가 하나님의 율법을 사랑한 이유는 그가 율법주의자였기 때문이 아니라 하나님을 사랑했기 때문이며, 그는 하나님의 율법을 따름으로써 하나님과 더 깊이 교제했다. 하나님이 탐내지 말라(출 20:17)고 명령하신 것은 이스라엘 자손을 소유에 대한 불안에서 자유하게 하시고 애굽에서 구원하신 하나님께 더욱 의존하게 함으로써 그들에게 복을 주시려는 의도에서였다. 성관계를 갖고, 먹고, 쉬고, 기념하고, 관용을 베풀고, 탐내지 말라는 명령은 모두 야웨께서 자기 백성을 위해 계획하신 선물이었다. 우리는 하나님이 우리에게 율법과 의무로 부담을 주려 하신다고 생각할 수 있으나, 시편 119편 기자는 하나님의 율법이 은혜의 수단이었으며 축복의 방편이었음을 알고 있었다.

예수님은 선을 행하시며 생명을 구하신다

예수님의 은혜로우심을 야웨의 율법주의와 대비되는 개념으로 인식하는 사람들이 있으나, 예수님은 그렇게 인식하시지 않는다. 예수님은 사역을 시작하실 때 먼저 구약 성경을 인용하시고(마 4:4, 7, 10), 그런 다음 구약 성경의 율법을 폐하러 온 것이 아니라 완전하게 하러 왔다고 설명하신다(마 5:17-18). 시편 기자처럼, 예수님도 구약 성경의 율법이 좋다는 것과 심지어 안식일에 관한 율법도 축복의 의도로 계획되었음을 아신다.[11]

안식일에 예수께서 밀밭 사이로 지나가실새 그의 제자들이 길을 열며 이삭을 자르니 바리새인들이 예수께 말하되, 보시오 저들이 어찌하여 **안식일**에 **하지 못할** 일을 하나이까. 예수께서 이르시되 다윗이 자기와 및 함께 한 자들이 먹을 것이 없어 시장할 때에 한 일을 읽지 못하였느냐. 그가 아비아달 대제사장 때에 하나님의 전에 들어가서 제사장 외에는 먹어서는 안 되는 진설병을 먹고 함께 한 자들에게도 주지 아니하였느냐. 또 이르시되 **안식일**이 사람을 위하여 있는 것이요 사람이 **안식일**을 위하여 있는 것이 아니니 이러므로 인자는 안식일에도 주인이니라.

　예수께서 다시 회당에 들어가시니 한쪽 손 마른 사람이 거기 있는지라. 사람들이 예수를 고발하려하여 안식일에 그 사람을 고치시는가 주시하고 있거늘, 예수께서 손 마른 사람에게 이르시되 한 가운데에 일어서라 하시고 그들에게 이르시되 **안식일**에 선을 행하는 것과 악을 행하는 것, 생명을 구하는 것과 죽이는 것, 어느 것이 **옳으냐** 하시니 그들이 잠잠하거늘, 그들의 마음이 완악함을 탄식하사 노하심으로 그들을 둘러보시고 그 사람에게 이르시되 네 손을 내밀라 하시니 내밀매 그 손이 회복되었더라. 바리새인들이 나가서 곧 헤롯당과 함께 어떻게 하여 예수를 죽일까 의논하니라. (막 2:23-3:6)

　바리새인들이 예수님께 제자들이 안식일을 어기고 있음을 지적할 때, 그들은 **안식일**을 염려하고 토라를 옹호하는 것처럼 보인다. 예수님이 다윗과 진설병 이야기(삼상 21:1-9)를 인용하시는 것은 설명이 필요하나, 그것은 주에서 다루었다.[12] 예수님의 요점은, 다윗이 율법을 어기고 허기진 병사들에게 진설병을 먹인 것이 괜찮았듯이, 안식일에 예수님의 제자들이 먹으려고 이삭을 자른 것이 괜찮다는 것이다. 그런 다음, 인자이신 예수님은 안식일이 사람을 위해 있는 것이지 그 반대가 아님을 주장하시면서 자신이 안식일의 주인임을 선포하신다. 안식일을 계획하신 것은 인간에게 복을 주어 쉬게 하시려는 것이지 그들에게서 음식을 빼앗으려는 것이 아니었다(기억하라, 하나님은 우리가 먹기 원하신다).

그런 다음 회당에 들어가신 예수님은 바리새인들에게 어려운 질문을 하신다. "안식일에 선을 행하는 것과 악을 행하는 것, 생명을 구하는 것과 죽이는 것, 어느 것이 옳으냐?" 겉보기와 다르게, 예수님은 율법에 관심을 가지고 계시다. 그분의 질문에 대한 답은 명백해야 한다. 선을 행하고 생명을 구하는 것은 옳은 일이다. 하지만 바리새인들은 침묵한다. 그러자 예수님은 자신의 질문에 대한 대답으로 선을 행하시고 생명을 구하신다. 예수님이 손 마른 자를 고치신 후에 바리새인들은 예수님을 어떻게 죽일지 모의하는데, 이것이 마가복음에서 바리새인들이 예수님을 죽이려고 모의했음을 처음으로 말하는 부분이다.

이삭 자르기, 병 고치기, 죽이려고 모의하기, 이 세 행위가 이 특별한 안식일에 일어난다. 제자들은 이삭을 자르고, 예수님은 병을 고치시고, 바리새인들은 예수님을 죽이려고 모의한다. 바리새인들은 안식일에 이삭을 자르고 병을 고치는 것은 옳지 않다고 생각하면서, 안식일에 죽이려고 모의하는 것은 옳다고 생각한다. 예수님은 이와 반대로 생각하신다. 예수님은 이삭을 자르고 병을 고치는 것은 괜찮지만, 죽이려고 모의하는 것은 옳지 않다고 생각하신다. 분명 예수님은 자신이 병을 고치면 바리새인들이 질문("생명을 살릴지 죽일지?")을 근거로 자신을 함정에 빠트려 죽이려 할 것이라는 점을(그처럼 역설적으로 안식일을 위반하면서) 아시지만, 병을 고치기로 하신다. 나는 바리새인의 안식일 이해보다 예수님의 이해가 좋다.

안식일 계명은 회복과 휴식을 보장하는 내용으로 되어 있으며, 예수님은 손 마른 사람을 고치는 것 때문에 자신의 죽음이 당겨질지라도 이 사람을 위해 그 계명을 지키고자 하신다. 바리새인들은 그들의 율법주의로 말미암아 제자들이 음식을 먹지 못하게 하고, 손 마른 사람이 치료를 받지 못하게 하고, 예수님의 생명을 빼앗으려 한다. 예수님이 여기서 생명의 위험을 무릅쓰고 이 사람을 치료하시는 것은, 하나님의 율법은 본질적으로 사람들에게 복을 주려고 제정되었음을 강조하시려는 의도에서다. 예수님은 율법주의자가 아니며, 야웨도 율법주의자가 아니다.

그리스도인의 율법주의 피하기

신구약 성경의 하나님은 율법주의자가 아니지만 그리스도인들은 종종 율법주의자일 수 있으며, 이러한 율법주의는 교회 밖 사람들에게 하나님을 율법제일주의자로 보이게 한다. 그리스도인의 율법주의에는 세 가지 기본적인 형태가 있다.[13] 첫째, 하나님의 율법을 구원을 얻는 방편으로 본다. 종교개혁 이래 교회는 이 문제를 뛰어넘었다고 생각하려 한다. 그러나 오늘날에도 이런 율법주의 형태는 성행하고 있어, 몇몇 교회에서는 특정 유형의 세례, 영적 은사의 시현, "나쁜 말" 안 하기, 구제 행위 또는 금주와 같은 일을 요구한다. 하지만 신구약 성경은 우리가 일반적인 율법이나 특별한 율법에 순종함으로써 의롭게 될 수 없고 하나님을 믿는 믿음으로만 의롭게 될 수 있다고 가르친다(창 15:6; 갈 3:6).

둘째, 하나님의 율법을 하나님께 갚는 수단으로 본다. 설교가 끝나갈 때, 설교자가 말한다. "하나님은 당신을 위해 많은 일을 행하셨습니다. 하나님은 당신의 죄를 위해 십자가에서 죽으셨습니다. 당신이 그분을 위해 할 수 있는 최소한의 일은 그분의 명령에 순종하는 것입니다." 이런 견해의 문제는 성경에서 말하는 율법이 우리에게 좋은 것이 아니라 하나님께 좋다는 데 있다. 하나님의 명령에 순종함으로써, 우리가 하나님께 호의를 나타낸다는 것이다. 이러한 이해는 구약 성경의 야웨나 신약 성경의 예수님보다 오히려 "에누마 엘리쉬"에 나오는 마르둑에 더 가깝다. 성경은 우리가 순종함으로써 하나님께 갚을 수 있다고 말하지 않는다. 뭇 산 위에 있는 소 떼는 하나님의 것이지만, 하나님이 햄버거를 원하신다 해서 우리에게 부탁하시지는 않을 것이다(시 50:10-12).[14] 세상과 세상의 만물을 만드신 하나님은 마치 뭔가 부족하신 것처럼 사람의 손으로 섬김을 받지 않으신다(행 17:24-25). 하나님께조차 빚지려 하지 않는 우리이지만, 우리는 하나님께 갚을 수 없으며 하나님은 우리가 갚기를 원치 않으신다. 하나님의 구원은 순수한 선물이다. 하나님께 갚을 필요가 없다. "감사합니다"로 충분하거나, 더 좋은 것은 "감사의 제사"(시 50:14)를 드리는 것이다.

셋째, 하나님의 율법을 단지 임무나 책임으로 본다. 순종에 이유가 없다. "하나님이 그것을 명령하셨고, 나는 그것을 한다." 이런 형태의 율법주의의 가장 큰 문제는 그것이 교만에 이르게 한다는 것이다(교만에 찬 그리스도인을 상상하기 어렵다는 것을 안다). 하나님이 우리에게 동기부여가 필요함을 아시기 때문에, 성경은 우리에게 순종의 이유를 제공한다.

예를 들어 가난한 사람을 돕는 것과 관련하여, 구원받으려면 구제해야 한다든지, 구제는 하나님께 갚는 길이며 우리의 의무라고 율법주의자처럼 말하는 그리스도인을 보게 될 것이다. 성경은 우리가 가난한 사람들을 도와야 할 많은 이유를 말하지만, 그 이유 중에 우리를 구원받게 할 수 있는 것은 없다. 하나님은 우리가 가난한 사람들을 도우라는 하나님의 명령에 순종하면, 하나님이 우리에게 복 주시며(신 15:10; 눅 14:13-14), 우리의 기도를 들으시며(사 58:7-9), 우리와 함께 거하시며(렘 7:5-7), 우리가 저주를 피하며(잠 28:27), 우리에게 하늘의 보화가 있으며(막 10:21), 그리고 이것은 내가 개인적으로 좋아하는 말씀인데, 우리가 예수님을 만난다(마 25:34-40)고 말씀하신다. 결국, 율법을 주신 목적은 우리를 하나님과의 더 깊은 교제로 들어가게 하시려는 데 있다. 하나님은 선하시며, 후히 주시고, 은혜로우시며, 우리가 율법주의를 피하기를 원하시기 때문에, 우리가 불쌍한 사람을 돌보라는 하나님의 명령을 따르면, 나처럼 게으른 사람도 돕고 싶은 마음이 생길 정도로 풍성한 은혜를 주신다.

나의 꼬마 바리새인

우리는 다섯 살에 작곡을 한 모차르트나 암산으로 복잡한 수학 계산을 한다는 어린 영재들 이야기를 안다. 나는 조숙한 율법주의자였다(이 말이 별로 감동적으로 들리지 않음을 안다). 초등학교에 다닐 때, 엄마는 종종 나를 엄마의 "꼬마 바리새인"이라고 부르셨다. 처음에는 엄마의 말이 무슨 뜻인지 몰랐으나, 시간이 지나면서 이해가 되었다. 특히, 성경에 관한 한, 나는 율법을 따랐으며 내가 해야 할 바를 했다. 고등학교 시절에 나는 고등부 회장이었으며 전국 성경퀴즈대회에서 우승을 했다(물론, 바울의 영적 이력서와 비교할 때 이건 좀 가여울 정도다. 빌 3:4-6).

대학에 진학했을 때, 나는 IVF와 관련을 맺었으며 성경 공부, 집회 그리고 수련회마다 참석하면서 가능한 한 내가 해야 할 모든 것을 했다. 대학 1학년이 끝나갈 무렵, 나는 콜로라도 주 볼더 시에서 열리는 전도 집회에 참석했다. 어느 날 밤 함께 스태프로 일하던 그렉이 내게 산책을 권했으며, 우리는 결국 버펄로 축구 경기장까지 걸어가 앉았다. 그는 물었다. "왜 이 전도 집회에 왔니?"

나는 어떻게 말해야 할지 몰랐다. "와야 한다고 생각했기 때문이지."

그는 말했다. "그건 형편없는 대답인데. 바리새인이라면 그렇게 말했을 거야." 나는 어릴 때 엄마가 나를 뭐라고 불렀는지 말해 주었고, 우리는 웃었다.

나는 물었다. "어떻게 대답하는 게 좋은 대답이었을까?"

그는 망설이더니 말했다. "'하나님은 선하시며, 내게 복을 주셔서 내가 그분께 의존하고 다른 사람들에게 그분을 전할 기회를 주고 싶어 하시기 때문이지'라고 대답했더라면 좋았을 거야."

나는 다시 말했다. "그래, 그렇게 대답하는 게 좋았을 거야."

그의 말은 사실이었고 그렇게 대답하는 게 좋았을 것이다. 나는 바리새파에서 개종한 이래, 확신을 가지고 살려고 애썼다. 하나님은 선하시며, 후히 주시고, 은혜로우시며, 하나님이 우리에게 명령하시는 이유는 그분이 율법제일주의자이시기 때문이 아니라 우리에게 복 주시고 우리를 자신과 더 가까운 관계로 이끌고 싶어 하시기 때문이다.

7 _____ 완고한 하나님

나는 긴장하고 있었다. 다행히 섀넌이 곁에 있었다. 우리는 손을 잡고 있었지만, 건물이 너무 더워 사실 손끝만 잡고 있었다. 그곳이 더웠던 이유 중 하나는 사람들이 꽉 차 있었기 때문이다. 그들은 대부분 우리 친구들이었다. 주례자가 말문을 열었다. "당신 중 한 사람이 완고하기 때문에 문제가 있을 겁니다." 그는 말을 멈추더니 나를 향해 고개를 갸웃했다.

아니, 뭐라고? 결혼식에는 격려의 말이 있어야 하는 거 아닌가? 추측컨대, 주례자는 섀넌이 각오를 다져야 한다고 생각했을 것이다. 섀넌은 그날 주례자의 말이 옳다고 생각했으며, 이유는 알 수 없지만, 결혼하여 19년이 지난 지금도 내가 완고하다고 생각한다.

완고한 것이 좋은가?

누군가가 이렇게 말하는 것을 들은 적이 있는가? "아, 나는 저 사람을 사랑해요! 그는 정말로 완고해요. 그는 너무나 유연성이 없어서 마음을 바꾸지 않아요." 완고하다는 것이 분명 어떤 맥락에서는 가치가 있다. 초기에 노르망디 해안에서 큰 손실을 보았음에도, 연합군이 출격을 끝내 포기하지 않은 것은 잘한 일이었다. 그러나 완고한 사람이 긍정적으로 인식되는 경우는 지극히 드물다. 사람들은 대체로 완고하거나 완강한 사람으로 묘사되기를 바라지 않는다. 우리는 대부분 고정관념을 가지고 있거나 독단적으로 다른 사람들에게 '진리'를 깨우치려는 사람 가까이에서 일해 본 부정적인 경험을 가지고 있다. 사람들은 이런 유형의 사람을 독서 클럽에 초대하고 싶어 하지 않는다(나는 한 번도 독서 클럽에 초대받은 적이 없다. 흠…).

미국 텔레비전 쇼 "오피스"(The Office)에는 별난 인물들이 여럿 등장하는데, 안젤라 마틴은 가장 고집 센 인물로 묘사된다. 안젤라는 경리부장이면서 파티기획위원회(일명 PPC) 회장을 맡은 권위주의적 인물이다. 구약성경에서 유연성 있게 처리할 수 있는 능력과 용서하는 능력은 연관되어 있으며, 분명히 이런 연관은 "오피스"에서도 나타난다. 안젤라는 너무나 완고해서 자신의 병든 고양이 스프링클스를 안락사시킨 드와이트를 용서할 수 없었다. (어리석게도 드와이트는 자신이 고양이를 고통에서 구하고 있다고 생각했다. 그는 고양이에게 치사량의 베나드릴을 먹여도 효력이 없자 고양이를 냉동 칸에 집어넣었고, 결국 고양이는 죽었다.)[1] 안젤라가 신실한 그리스도인이라는 것은 유감이지만 놀랍지는 않다. 안젤라처럼 완고한 사람 가까이에 있고 싶어 할 사람은 없다.

하지만 그리스도인들이 하나님을 말할 때, 하나님이 변함이 없으시다는 논제는 그것이 얼마나 자주 언급되느냐에 따라 좋은 것으로 간주된다. 어떤 신학 전통을 지닌 목사들은 하나님의 불변성에 관해 설교하기를 좋아한다. 하나님의 불변성이라는 주제는 대개 신학을 연구하는 사람들이나 이야기하는 것처럼 보이지만, 대중적인 수많은 예배곡은 "전능하시고, 변함없으신 하나님"을 찬양한다.[2]

그러나 완고한 사람들로부터 괴로움을 당했거나, 구슬림을 당했거나, 수모를 당한 사람들에게 하나님의 불변성을 찬양하는 설교와 예배곡은 모순되는 말처럼 생각될 것이다. 완고함이 어떻게 좋은 것이 되었을까?

구약 성경의 변함없으신 하나님

관련 성경 본문을 살펴봄으로써 이 문제가 어느 정도 해결되기를 바란다. 신약 성경에는 하나님을 변함없는 분으로 묘사하는 본문이 얼마 없지만(약 1:17), 구약 성경에는 하나님의 불변성 교리를 뒷받침하는 데 사용되는 본문이 자주 발견된다. 특별히, 이 교리를 거듭 말하는 본문은 민수기 23:19, 사무엘상 15:29, 시편 110:4 그리고 말라기 3:6이다. 하나님의 이런 속성은 신약 성경보다 구약 성경에 더 많이 나오는 것 같다. 그래서 유연성 없는 하나님의 성품은 구약 성경에 드러나는 야웨의 다른 부정적인 성품과 일관된다고 볼 수 있다. 마르시온주의에 따라 생각하면, 때때로 진노하고, 성차별주의자요 인종차별주의자인 것처럼 보이는 하나님은 또한 엄격하고, 완고하고, 유연성 없는 분으로 드러날 수 있을 것이다.

구약 성경의 하나님이 변함없는 분으로 묘사되는 것을 좋아하지 않는 사람들이 있을지라도, 그것은 성경 말씀이기 때문에 그대로 받아들여야 할 것이다. 하나님의 불변성은 쓰디쓴 알약처럼 느껴질지라도 받아들여야 할 여러 성경 교리 중 하나다. 특정 구절을 살피다 보면, 변하지 않겠다는 하나님의 약속이 실제로는 매우 좋은 것임을 발견할 것이다.

바꾸기, 돌이키기, 뉘우치기

하나님의 가변성 문제에서 주목할 히브리어 단어가 있다면 '나함'(naham) 일 텐데, 이 단어는 하나님이 마음을 바꾸시거나 바꾸지 아니하심을 묘사하는 대부분의 진술에 사용된다.[3] '나함'이라는 말의 어근에는 세 가지 뜻이 있다. 첫째, **마음을 바꾸다**. 둘째, **한탄하다**. 셋째, **긍휼을 보이다**. '나함'이라는 말이 마음의 변화를 말하는지, 후회나 긍휼을 말하는지를 결정하는 것은 문맥을 통해서다. 마음을 바꾸는 것은 가변성이나 유연성을 암시하기 때문에, 여기서는 첫째 뜻에 맞는 본문에 주목하려 한다(이 장 끝부분에 이에 대한 참고 진술이 요약되어 있다).[4]

영역본 성경은 하나님의 심경 변화를 말하는 문맥에서 '나함'을 조금 달리 번역한다. 예를 들어, 이전 번역본에는 출애굽기 32:14에 나오는 이 말이 야웨가 "회개하셨다"(KJV, RSV)로 되어 있는데, 회개는 종종 죄와 연결되며 하나님은 죄가 없으시므로 이 번역은 논란의 여지를 지니고 있다.[5] 야웨가 죄를 회개하셔야 한다고 말하고 싶지 않다(그러면 벼락 맞을지도 모른다. 2장을 보라).

최근 번역본에는 출애굽기 32:14에 나오는 이 말이 야웨가 "마음을 바꾸셨다"(NAS, NRSV) 또는 "뜻을 돌이키셨다"(NIV, ESV, TNIV)로 되어 있다. 우리는 대부분 '돌이키다'라는 말을 자주 쓰지 않는데, 이 말은 사람이 마음을 바꾸는 것, 특히 가혹한 결정을 피하는 것을 뜻한다. 흥미롭게도, '돌이키다'라는 말의 라틴어 어근인 '렌투스'(lentus)는 유연성 있음을 뜻한다. 그래서 인간이든 하나님이든 뜻을 돌이키면 유연성이 있는 것이다. '나함'의 영어 번역이 바꾸기, 돌이키기, 뉘우치기 중 어느 것이든, 이 말은 각각 유연성이나 가변성을 암시한다. 이제 우리는 '나함'이 들어간 구절을 살필 수 있다.

선을 행하시겠다는 흔들림 없는 약속

구약 성경에서 야웨가 변함이 없으시다는 것은 좋은 소식이다. 이는 야웨께서 계속 자기 백성에게 복 주실 것임을 뜻하기 때문이다. 하나님의 불변성을 드러내는 구약 성경의 중요한 본문 네 곳 중 세 곳에서는, 부정 분사와 함께 '나함'을 사용하여 하나님이 본질상 변함없으심을 명시한다. 발람은 모압 왕 발락에게, 야웨께서 이스라엘에게 복 주겠다고 약속하셨으므로 마음을 바꾸지 않고(naham) 모압을 저주하실 것이라고 선포한다(민 23:19). 야웨가 사울에게서 나라를 빼앗아 그의 측근인 다윗에게 주실 것이라는 심판과 관련해서, 사무엘은 사울에게 야웨는 사람처럼 마음을 바꾸시는 분이 아니라고 말한다(삼상 15:29). 시편 기자는, 야웨께서 말씀을 듣는 자(다윗)를 멜기세덱의 서열을 따라 영원한 제사장으로 삼겠다는 결정에 대해 마음을 바꾸지 않을(naham) 것이라고 설명한다(시 110:4). '나함'을 사용하지 않은 본문이 발견되는 것은 말라기서뿐이다. 여기서 특히 야웨는 자신이 변하지 않기 때문에['샤나'(shanah)], 이스라엘이 소멸하지 않았다고 말씀하신다(말 3:6).

하나님의 불변성을 드러내는 구약 성경의 중요한 본문 네 곳 중 세 곳에는, 자기 백성에게 복 주시겠다는 야웨의 약속이나 헌신이 담겨 있다.

민수기에서는 모압이 이스라엘을 이기는 것이 허용되지 않을 것이며, 시편에서는 메시아를 예표하는 인물이 제사장직에서 제거되지 않을 것이며, 말라기서에서는 이스라엘이 진멸되지 않을 것이라고 말한다. 하나님이 이 세 맥락에서 마음을 바꾸셔야 했다면, 그분의 백성에게 나쁜 영향이 미쳤을 것이다.

네 번째 본문은 사울에게 임하는 심판을 말하는데, 여기에는 사울의 측근인 다윗에게 복 주시겠다는 야웨의 약속이 들어 있다. 사울이 권좌에서 쫓겨나면 다윗은 왕이 될 것이다. 사울을 제외하면, 이 네 본문에 등장하는 사람들의 입장에서는 야웨께서 완고하신 것이 좋다.[6] 야웨께서 자기 백성에게 복을 주겠다는 마음을 바꾸시지 않을 것이라는 사실이 네 본문의 핵심이기 때문에, 하나님의 유연성은 심판과 죽음을 가져오지만 하나님의 완고함은 자비와 생명을 가져올 것이다.

이 네 분문의 강조점은 단순히 하나님이 변함이 없으시다는 것이 아니라, 자기 백성에게 복을 주시겠다는 그분의 약속에 변함이 없다는 것이다. 이는 하나님이 변함없으시다는 메시지를 전달하는 방법에 큰 차이를 나타낸다. 불변성만으로 좋은 결과에 이르는 것은 아니며, 앞으로 보겠지만, 어떤 문맥에서는 그것이 나쁜 결과에 이를 수도 있다. 좋은 결과에 이를 수 있는 것은 하나님이 흔들림 없이 선한 일을 행하심으로써만 가능하다. 이것이 바로 개인적으로 내가 찬양할 만하다고 보는 것이다. (이것을 노래로 만들고 싶지만, 사람들은 노래하고 싶어 하지 않을 것이다.)

길어진 버킷 리스트

하지만 성경은 하나님을 마음을 바꾸시는 분으로도 묘사하기 때문에, 하나님의 불변성 문제는 몇몇 설교자들의 설교를 통해 이해하는 것보다 복잡하다.[7] 히스기야는 유다의 의로운 통치자였을 뿐만 아니라, 야웨의 마음을 바꾼 구약 성경의 여러 등장인물 중 하나였다.

> 그 때에 히스기야가 병들어 죽게 되매 아모스의 아들 예언자 이사야가 그에게 나아와서 그에게 이르되 여호와의 말씀이 너는 집을 정리하라 네가 죽고 살지 못하리라 하셨나이다. 히스기야가 낯을 벽으로 향하고 여호와께 **기도하여** 이르되 여호와여 구하오니 내가 진실과 전심으로 주 앞에 행하며 주께서 보시기에 선하게 행한 것을 기억하옵소서 하고 히스기야가 심히 통곡하더라. 이사야가 성읍 가운데까지도 이르기 전에 여호와의 말씀이 그에게 임하여 이르시되 너는 돌아가서 내 백성의 주권자 히스기야에게 이르기를 왕의 조상 다윗의 하나님 여호와의 말씀이 내가 네 **기도**를 들었고 네 눈물을 보았노라 내가 너를 낫게 하리니 네가 삼 일 만에 여호와의 성전에 올라가겠고 내가 네 날에 십오 년을 더할 것이며 내가 너와 이 성을 앗수르 왕의 손에서 구원하고 내가 나를 위하고 또 내 종 다윗을 위하므로 이 성을 보호하리라 하셨다 하라 하셨더라. (왕하 20:1-6)

히스기야는 병들어 죽게 되었다. 예언자 이사야는 히스기야에게 그가 죽을 것이라는 야웨의 말씀을 전한다. 말씀이 분명하게 전달되지 않았을까 봐, 이사야는 "네가 살지 못하리라"고 거듭 말한다. 말은 가혹하지만,

이것은 벌이 아니었다. 이 말을 전해 들은 히스기야는 자신이 준비해야 할 것을 준비할 기회를 얻을 수 있었다. 하지만 히스기야는 단지 "그의 집을 정리하[는]" 데 만족하지 않았기에, 자신의 영적인 이력서를 펼치면서 기도한다. 흥미롭게도 그는 결코 야웨께 어떻게 해주실 것을 고하지 않는다. 그는 그야말로 허물어져, "심히 통곡하였다." 갑자기 야웨께서 이사야에게 왕에게 돌아가 그가 15년을 더 살게 될 것임을 전하라고 하신다. 내가 이사야라면, 이때 야웨께 참견할 것이다. "하나님, 이 일에 마음을 바꾸셔서는 안 됩니다. 그렇게 하시면 우리 둘 다 우유부단하고 연약해 보일 것입니다."⁸⁾ 그러나 히스기야로서는 다행스럽게도, 이사야는 나와 다른 사람이었다.

본문은, 야웨께서 마음을 바꾸신 것처럼 보일 뿐이라고 생각할까 봐, 하나님이 마음을 바꾸셨음을 분명하게 말한다. 처음에 야웨와 이사야는 공통적으로 히스기야가 곧 죽을 것이라고 말했다. 히스기야는 죽음의 문턱에 서 있었다. 버킷 리스트 작성을 마감할 순간에 이르렀다.⁹⁾ 하지만 야웨는 이사야를 통해 전하신 두 번째 메시지를 통해, 히스기야를 낫게 하실 것이며 생명을 15년 연장하실 것이라고 말씀하신다. 히스기야가 새로 작성한, 더 길어진 버킷 리스트에는 지상에서 가장 강한 앗수르 제국 산헤립 왕을 격파하는 일이 포함될 것이다(스카이다이빙보다 좋은 일 같다).

무엇이 야웨의 마음을 바꿨을까? 기도와 눈물이었다. 야웨는 히스기야의 기도를 들었으며 히스기야의 눈물을 보았기 때문에 마음을 바꿨다고 설명하셨다. 히스기야 사건을 말하는 이 구절에는 '나함'이 사용되지 않는다. 그러나 예레미야서에는 같은 사건에서 히스기야가 간절히 구한

후에 야웨께서 어떻게 마음을 바꾸셨는지를 묘사할 때 '나함'을 사용한다(렘 26:19). 기도는 효과가 있다. 나는 기도할 수 있도록 나 자신에게 동기를 부여하기 힘들지만, 이런 이야기를 통해 자극받는다.

하나님 마음 바꾸기

히스기야에 대한 야웨의 유연성 있는 태도는 전형적인 것이었을까 특별한 것이었을까? 변함없는 야웨를 드러내는 구약 성경 본문은 네 곳이지만, 마음을 바꾸는 야웨를 드러내는 본문은 많다(이 장 끝 부분을 보라). 문제는 야웨께서 마음을 바꾸는 분임을 드러내는 다른 본문에서도 대부분 똑같은 동사 '나함'이 사용된다는 것이다. 성경교사들이 종종 마음을 바꾸시는 하나님의 행위를 무시하기 때문에, 나는 마음을 바꾸시는 야웨를 드러내는 구약 성경 구절을 많이 열거하려 한다. 이는 구약 성경에서 이것이 사소하거나 모호한 논제가 아니라 하나님의 성품을 드러내는 중요한 측면임을 강조하려는 것이다. 다음 장으로 건너뛰고 싶더라도, 야웨가 어떻게 그리고 왜 마음을 바꾸시는지를 파악하는 것이 중요하니 참아주기 바란다.

야웨께서 마음을 바꾸시는 것은 대개 자기 백성에게 긍휼을 보이시는 문맥에서인데, 히스기야에게 하셨듯이, 종종 인간의 중재에 반응하실 때다. 모세는 한 번이 아니라 두 번이나 하나님의 마음을 바꾼다. 이스라엘 자손들의 금송아지 경배 사건 후에, 모세는 마치 또래 집단을 압박하듯이 하나님께 탄원했으며("애굽 사람들이 뭐라고 말하겠습니까?"), 이에 야웨는 자기 백성을 진멸하려 하셨던 마음을 돌이키셨다(*naham*, 출 32:12, 14). 이스라엘 자손들이 열두 정탐꾼의 보고를 근거로 약속의 땅에 들어가지 않기로 하자, 야웨는 이스라엘을 모두 쳐서 그 땅을 기업으로 주지 않고 모세와 다시 시작하겠다고 선포하셨으나, 모세가 자비를 베푸실 것을 간청하자 마음을 바꾸셨다(*naham*이 사용되지 않는다, 민 14:11-29). (내가 모세라면, 야웨의 첫 제안에 동의했을 것이다. "좋습니다, 그냥 저하고 다시 시작하시죠.")

다윗이 하나님의 위대하심을 천명하자 야웨는 그의 인구조사 실시 때문에 이스라엘에 재앙 내리심을 뉘우치시고(*naham*) 멈추셨다(삼하 24:16; 대상 21:15). 시편 기자는 야웨가 압제당하는 백성의 부르짖는 소리를 들으셨을 때 그들과 맺은 언약을 기억하시고 변함없는 사랑으로 뜻을 돌이키셨음(*naham*)[10]을 묘사한다(시 106:44-45). 출애굽기와 사무엘서가 하나님의 가변성을 나타내는 특별한 사건들을 서술하는 반면에 이 시편은 뜻을 돌이키시는 야웨 하나님을 폭넓게 묘사하거나 일반적인 성품을 드러내는데, 이는 사사기 사이클에 잘 들어맞는다.

짐승의 회개

하나님의 가변성이라는 주제는 예언서, 특히 예레미야서에서 종종 발견된다.[11] 예레미야서에서 야웨의 가변성을 드러내는 곳을 살피고자 한다면, 주를 확인하라.[12] 분명, 야웨는 이스라엘에 임할 가능성이 있는 심판에 관해 너무나 자주 마음을 바꾸셨으므로, 예레미야는 야웨께서 뜻을 돌이키기에(*naham*) 지쳤다고 불평하셨다는 말씀을 전한다(렘 15:6).

소예언서들도 하나님이 징벌을 행하려 하셨다가 어떻게 뜻을 돌이키셨는지를 말한다. 연달아 보이신 네 가지 환상에서, 처음에 야웨는 예언자

아모스에게 이스라엘에 어떤 심판을 내리실지 보여 주셨으나, 처음 두 환상(메뚜기와 불)을 본 아모스가 자비를 베풀어주실 것을 간구하자 두 번이나 뜻을 돌이키셨으며(*naham*), 그들을 징벌하지 않겠다고 선포하셨다(암 7:1-3, 4-6). 은혜로우심과 자비로우심 그리고 노하기를 더디 하심과 더불어, 요엘이 묘사하는 야웨의 속성에는 징계하려던 뜻을 돌이키심(*naham*)이 있다(욜 2:12-14).

요나서에서, 니느웨 사람들이 모두 회개하자(심지어 짐승들도 베옷을 입었다), 하나님은 뜻을 돌이키시고(*naham*) 그들에게 내리려던 재앙을 거두셨다(욘 3:8-10). 요나는, 하나님이 은혜로우시며, 자비로우시며, 사랑이 넘치시며 재앙을 내리려는 뜻을 돌이키시는(*naham*) 분임을 알기에 놀라지 않았다(욘 4:2). 요엘서와 요나서에 따르면, 하나님이 뜻을 돌이켜 자비를 드러내신 것은 일시적인 변덕이 아니라 그분의 성품이다. 하나님은 모든 니느웨 사람, 심지어 짐승들도 염려하셨다(짐승의 회개는 항상 도움이 된다).[13]

엄밀히 말해 요나가 하나님의 가변성에 격분한 이유는 하나님이 니느웨를 진멸하시길 바랐기 때문이다. 요나가 하나님이 심판에서 자비로 바꾸시는 것을 연약함으로 본 반면에, 요엘은 그것을 능력으로 보았다. 하나님께 유연성이 있는 것이 좋은지 아닌지를 결정하는 것은 사람들의 관점에 달렸다. 하나님께 유연성이 있는 것은 구약 성경에 나오는 다른 많은 사람에게뿐만 아니라 히스기야에게도 좋은 일이었다.

그래서 성경은 하나님이 뜻을 바꾸신다고 말하는 것 같기도 하고, 뜻을 바꾸시지 않는다고 말하는 것 같기도 하다. 어느 쪽일까? 하나님께 유연성이 있을까 없을까?

무시하거나, 합리화하거나, 이해하려고 노력하라

겉보기에 상반되는 것 같은 이런 중요한 하나님 성품의 측면을 조화시키는 세 가지 방안이 있다. 첫째, 우리는 이런 성품 중 하나를 무시할 수 있다. 우리는 신학 전통에 따라 하나님의 성품에서 이해할 수 있는 측면을 강조하는 본문만 가르칠 수 있다(하나님의 불변성이든 가변성이든). 토마스 아퀴나스는 아우구스티누스, 플라톤 그리고 디오니소스는 물론, 말라기 3:6을 인용하여 하나님의 불변성을 주장했다.[14] 토마스 아퀴나스는 나와 달리 바이블 웍스 7.0(혹은 그보다 오래된 것?)을 사용할 수 없었을 테니, 그가 구약 성경에서 하나님의 불변성을 언급한 세 본문을 빠뜨린 것을 용납할 수 있다. 그러나 그 본문 중에 출애굽기 32장과 요나 3장처럼 잘 알려진 이야기가 있기에, 위대한 신학자인 그가 하나님이 뜻을 돌이키심을 말하는 구절을 모두 알지 못했다고 상상하기 어렵다. 아마도 자신의 신학에 맞지 않기 때문에 그 본문들을 무시했을 것이다.

하나님의 가변성에 관한 주장에서, 리처드 라이스는 하나님의 불변성을 말하는 구약 성경 본문 중 두 곳(민 23:19; 삼상 15:29)만 언급하고 다른 두 곳(말 3:6; 시 110:4)은 무시한다.[15] 그가 두 본문만 언급하는 것이 잘못은 아니지만, 그는 특별히 "하나님이 뜻을 돌이키지 않으심"을 말하는 두 구절을 "하나님이 뜻을 돌이키심을 말하는 40여 개의 구절"과 대조한다.[16] 하나님의 불변성보다 하나님의 가변성을 말하는 본문이 훨씬 많다는 라이스의 주장은 타당하지만, 그도 아퀴나스처럼 적절한 본문들을 무시하는 것 같다.[17]

둘째, 성경이 하나님을 변하실 수 있는 분으로 그리고 또한 변하실 수 없는 분으로 묘사할지라도, 우리는 실제로 하나님이 둘 중 한 분임을 추론할 수 있다. 조나단 에드워즈는 "기도를 들으시는 지극히 높으신 하나님"(The Most High, a Prayer-Hearing God)이라는 설교에서, 하나님은 출애굽기 32:14에서 실제로 마음을 바꾸시는 것이 아니라 마음을 바꾸시는 것처럼 보일 뿐이라고 주장한다.[18] 이 설교는 감동적이며 기도의 동기를 부여하지만, 에드워즈의 주장은 본문의 간단한 의미를 왜곡하고 있다. 본문에서, 이스라엘을 진멸하시겠다던 야웨는 모세의 간청을 들으시자 마음을 바꾸어 그들을 용서하신다. 하나님이 본문에서 자기 뜻을 바꾸었다고 말씀할지라도, 우리가 하나님이 변하실 수 없는 분임을 알기에(아퀴나스의 영향으로?) 그런 일이 일어날 수 없다고 결론짓는다면 문제가 생긴다. 출애굽기 32:14이 유일하게 야웨께서 마음을 바꾸셨음을 말하는 본문이라면 에드워즈의 주장에 무게가 실리겠지만, 우리가 본 것처럼 구약 성경에서 하나님은 종종 마음을 바꾸신다. 조직신학이 성경과 충돌할 때, 수정해야 하는 것은 성경이 아니라 조직신학이다.

셋째, 우리는 모순되어 보이는 성경의 이 두 가지 하나님 묘사가 어떻게 논제의 차이점을 무시하지 않고 조화를 이룰 수 있는지 이해하려고 노력할 수 있다(확신할 수 없다면, 이것이 내가 권하는 방안이다). 이런 묘사들을 긴장 속에서 유지하면서 성경을 지나치게 조직화하려는 시도를 피해야 한다.

유연성이 있으며, 바뀌실 수 있으며, 잘 변하시는

모순되는 것처럼 보이는 이런 묘사를 이해하는 한 방법은, 하나님의 성품은 변하지 않으나 하나님의 심판은 변한다고 말하는 것이다.[19] 나는 대체로 이에 동의한다. 하지만 이 방법이 문제 설명에 크게 도움이 된다고는 생각하지 않는다. 하나님의 변함없는 성품과 하나님의 변하는 심판의 차이에 주목함으로써, 성경에 없는 구분이 생긴다. 그래서 "하나님의 성품은 변하지 않으나 그분의 심판은 변한다"처럼, 성경에서 벗어나는 문제가 생긴다. 야웨의 가변성과 불변성을 말하는 데 동일하게 '나함'을 사용하기 때문에, 어떤 구절에서는 '나함'이 변하지 않는 하나님의 성품을 가리키고, 어떤 구절에서는 '나함'이 변할 수도 있는 하나님의 결정을 가리킨다고 입증하기 어렵다.

하지만 관련 구절들의 일정한 양식을 살펴보면, 어떤 문맥에서 본문이 하나님을 변하지 않는 분으로 묘사하고 어떤 문맥에서 변하는 분으로 묘사하는지를 알 수 있다. 그래서 이런 분명한 성경의 모순을 이해하고자 한다면, 중요한 것은 문맥이다.

하나님이 신실하신지 아닌지 의심되는 문맥에서, 본문은 하나님이 언약에 흔들림이 없는 분임을 선포한다. 야웨는 자기 백성에게 복을 주겠다고 약속하셨으므로 그들을 저주하시지 않을 것이다(민 23:19-20). 야웨는 변함이 없으시기에, 그분의 백성 이스라엘은 진멸되지 않았다(말 3:6). 다만 하나님은 절대로 변하시지 않는 것이 아니라, 특히 자신의 언약 백성에게 하신 약속을 지키시는 데 있어서 변하시지 않는 것이다.

하나님의 심판이 임박한 문맥에서, 하나님은 사람들이 회개할 때 마음을 바꾸시고 자비를 나타내신다. 야웨는 마음을 바꾸시어 자신의 백성 이스라엘에게 자비를 나타내실 뿐 아니라, 이방인들, 특히 니느웨 사람들에게 자비를 나타내셨다(그분은 인종차별주의자가 아니다. 4장을 보라). 야웨는 왕

(히스기야)과 예언자(아모스)의 중재를 귀담아들으셨으며, 그 때문에 긍휼을 나타내셨다.[20] 심판에서 용서로 바뀌는 야웨의 특별한 사건들(민 14:20; 렘 26:19)과 뜻을 돌이켜 자비를 나타내시며(욘 4:2) 언약을 기억하시어 긍휼을 나타내시는 야웨 묘사(시 106:44-45)가 본문에 나온다. 본문은 결코 하나님이 항상 변하시며 한결같지 않으심을 말하는 것이 아니다. 본문은 하나님이 특히 마땅히 징계받아야 할 사람들이 회개할 때 심판을 은혜로 바꾸신다는 것을 말한다.

그동안 배운 것과 다르다고 해서 이 논의의 정당성을 걱정하는 사람이 있다면, 문맥에 주목하는 것이 하나님 말씀에 주목하는 것임을 기억해야 한다. 안타깝게도, 이런 주제에 관한 토론이나 설교에서 종종 편협한 증거 본문 제시(proof-texting) 접근법을 적용하는데, 이는 본문에 있는 일반적인 메시지를 쉽사리 왜곡할 수 있다. 하나님이 따로 떼어 말씀하시는 하나의 진술만을 근거로 신학적 결론에 도달해서는 안 된다. 하나님이 어떤 말씀을 하실 때마다 그 말씀을 보편적으로 살펴야 한다. 성경에 접근할 때 진지하게 살펴야 하는 것은 문맥이다.

이런 구절들의 문맥을 살필 때는, 모순되는 것처럼 보이는 하나님의 성품을 보지 말고 일관된 양식으로 나타나는 하나님의 성품을 보아야 한다. 구약 성경의 인물들은 하나님의 성품에서 변하는 측면과 변하지 않는 측면을 모두 이해했다. 모세, 다윗, 히스기야, 시편 기자, 아모스, 요엘 그리고 요나는 모두 야웨의 성품에서 유연성 있는 측면은 변하지 않음을 알았다. 구약 성경에 따르면, 적어도 회개하는 죄인들에게 자비를 베푸시는 데 있어서, 하나님은 예상대로 유연성이 있으며, 항상 바뀌실 수 있으며, 늘 잘 변하시는 분이다.

예수님과 암캐

당연히 예수님도 공생애 동안에 연민이 넘치는 유연성을 나타내신다. 예수님은 대부분 갈릴리 지방에서 시간을 보내셨지만, 북쪽으로 두로 지방까지 가신 적이 있다. 그곳에서 수로보니게 출신의 한 이방 여인을 만나신다.

> 예수께서 일어나사 거기를 떠나 두로 지방으로 가서 한 집에 들어가 아무도 모르게 하시려 하나 숨길 수 없더라. 이에 더러운 귀신 들린 어린 **딸**을 둔 한 여자가 예수의 소문을 듣고 곧 와서 그 발 아래에 엎드리니, 그 여자는 헬라인이요 수로보니게 족속이라. 자기 **딸**에게서 귀신 쫓아내 주시기를 간구하거늘 예수께서 이르시되 자녀로 먼저 배불리 먹게 할지니 자녀의 떡을 취하여 **개들**에게 던짐이 마땅치 아니하니라. 여자가 대답하여 이르되 주여 옳소이다마는 상 아래 **개들**도 아이들이 먹던 부스러기를 먹나이다. 예수께서 이르시되 이 말을 하였으니 돌아가라 귀신이 네 **딸**에게서 나갔느니라 하시매 여자가 집에 돌아가 본즉 아이가 침상에 누웠고 귀신이 나갔더라. (막 7:24-30)

여자는 예수님께 딸에게서 귀신을 쫓아내 주실 것을 청하는데, 예수님이 다른 곳에서도 이런 일을 여러 번 하셨기에 이번에도 승낙하실 것이라 예상한다. 놀랍게도 예수님은 여자에게 말씀하신다. "자녀로 먼저 배불리 먹게 할지니 자녀의 떡을 취하여 **개들**에게 던짐이 마땅치 아니하니라." 예수님의 비유에서, 자녀는 유대인이며 개는 이방인이다. 여자의 요청을 들어주시는 것은 유대인의 "떡"을 "개"(이방인)에게 주는 것과 같다는 뜻이다. 실제로 예수님은 여자를 암캐라고 말씀하시는데, 당시 이 말은 오늘날보다 더 나쁜 뜻을 지니고 있었을 것이다.[21]

나는 결코 예수님께 개인적으로 모욕당하는 특권을 누린 적이 없으나, 다른 사람들이 나를 모욕하면 좋은 반응을 보이지 않는다(이 점에서 내가 특이한가?). 놀랍게도 수로보니게 여인은 개로 불리는 것에 기분이 상한 것 같지 않다. 여인은 심지어 예수님이 비유에 쓰신 언어를 사용하여 개들도 상 밑에 떨어진 부스러기를 먹는다고 멋지게 대꾸한다. 여인은 자신이 아직 상에 앉아 먹을 자격이 없을지라도, 예수님의 상에서 떨어지는 부스러기로 충분할 것임을 깨닫는다(아마 어린 자녀와 상에 앉은 모습을 그려 보았을 것이다). 여인은 예수님께 유대인과 이방인을 모두 치료하실 수 있는 엄청난 능력이 있으시니, 분명 딸에게서 귀신을 쫓아내는 것이 문제가 안 될 것임을 파악했다.

그러자 예수님은 여인의 답변 때문에 딸의 병이 벌써 나았다고 대답하신다. 예수님은 처음에 그 딸의 병을 고칠 마음이 없으셨으나, 여인과 말을 주고받은 후 마음을 바꾸신다. 처음부터 병 고칠 마음이 있으셨다고 주장할 사람이 있겠지만, 이 구절에는 그런 말씀이 없다. 예수님은 소녀의 병을 고치신 것이 여인의 말 때문이었음을 분명하게 하신다. 처음에는 여인을 도와주실 계획이 없었다. 여인에게 예수님이 하신 말씀이 인종차별주의자의 말처럼 들리기에 문제가 있다고 보지만, 말씀보다 중요한 것은 예수님의 행동이다. 분명 여인은 예수님의 말씀에 신경 쓰지 않았으며, 그녀와 그 딸은 예수님이 베푸신 치료의 축복을 받았다.

이 이야기가 이상하게 들릴지 모르지만, 예수님이 마음을 바꿔 긍휼을 나타내려 하심을 기이하게 생각해서는 안 된다. 구약 성경 전체를 통해 보았듯이, 하나님은 자신의 언약에 신실하신 동시에 막상 자비를 나타내셔야 할 때는 유연성이 있으시기 때문이다. 수로보니게 여인과 그 딸이 기뻐한 것은 예수님이 전혀 변할 수 없는 분이어서가 아니라 유연성 있는 분이었기 때문이다.

유연성 있으며 변함없는 하나님

하나님이 마음을 바꾸시는 것은 좋은 일일까? 요나에게는 야웨께서 마음을 바꾸신 것이 좋은 일이 아니었다. 요나는 사악한 앗수르 사람들이 진멸되기를 바랐다. 그러나 당신이 니느웨 사람, 이스라엘 사람, 히스기야 혹은 다윗이라면, 야웨께서 마음을 바꾸신 것이 좋을 것이다. 당신이 마땅히 벌을 받아야 할 자녀라면, 부모님이 당신을 벌하려던 마음을 바꿀 때 좋을 것이다. 당신이 자동차를 사려 한다면, 중고차 중개인이 약속한 낮은 가격에 대해 마음을 바꿀 때 싫을 것이다.

하나님이 약속하신 것을 바꾸시지 않고 끝까지 지키신다는 사실도 멋진 소식이지만, 하나님이 뉘우치는 자에게 저주가 아닌 긍휼을 더하여 주신다는 것은 더 멋진 소식이다. 그리스도인이 이런 면에서 "사무실"에 등장하는 유연성 없는 안젤라 같지 않고 하나님 같다는 평판을 듣는다면, 그리고 우리가 좋은 면(신실하고, 충성스럽고, 믿을 만하고, 의지할 만한)에서 변할 수 없는 존재로 알려지고 좋은 면(자비롭고, 은혜롭고, 유연성이 있으며, 긍휼이 풍성한)으로 변할 수 있는 존재로 알려진다면, 그 또한 멋진 일이 아닐까? 이것을 실현하려면, 그리스도인은 하나님의 불변성뿐 아니라 하나님의 유연성도 가르쳐야 할 것이다.

나는 여덟 살 때 처음으로 교회에서 주관하는 여름 수련회에 참석했다. 그때의 나쁜 추억 하나와 좋은 추억 둘, 모두 세 가지 추억이 있다. 첫째, 아홉 살 난 여자애가 나를 좋아한다는 것을 알게 되었다(나쁜 추억). 둘째, 우리는 여자애들 숙소에 가터 뱀(독 없는 줄무늬 뱀—역주)을 몰래 집어넣었다(좋은 추억). 셋째, 예수님께 내 삶을 드렸다(아주 좋은 추억). 마지막 날 밤에, 강사는 예수님과 관계 없는 사람은 지옥에 가게 될 것이라고 말했다(나는 대체로 이런 전도 방법을 추천하지 않으나, 여덟 살인 내게는 효과가 있었다). 나는 지옥에 가고 싶지 않았다. 그때까지 나에게 동기부여를 해 온 것은 항상 당근보다는 채찍이었다. 나는 손을 들었고, 기도했다. 니느웨 사람들이 했던 것처럼 나는 회개했으며, 하나님이 뜻을 돌이키셔서 장차 내가 받게 될 심판에서 나를 건져주셨다.

나는 하나님이 나에 대한 평가를 바꿔주신 것은 좋은 일이었다고 생각한다. 또한 하나님이 나에게 신실하겠다고 약속하신 것을 바꾸시지 않으리라는 것도 좋다. 내가 완고하다는 것도 좋은 일이다. 왜냐하면 그것은 내가 새년과 예수님에 대한 나의 신실한 약속을 바꾸지 않을 것임을 뜻하기 때문이다.

구약 성경의 하나님은 언제 변하시고, 언제 변하시지 않는가?
다음에 나오는 구약 성경의 진술은 '나함'이라는 히브리어 동사를 사용하는데(민 14:20과 말 3:6은 제외), 이 말에는 세 가지 중요한 뜻이 있다.

1. **뜻을 돌이키다**, 회개하다 또는 마음을 바꾸다. 이 뜻은 하나님의 가변성을 드러내는 구약 성경의 열여섯 개 말씀에 들어맞는다.
2. **한탄하다** 또는 유감으로 생각하다. 야웨는 사람을 만드신 것을 한탄하신다(창 6:6, 7).
3. **위로하다** 또는 긍휼을 보이다. 야웨는 시온을 위로하실 것이다(슥 1:17).

하나님은 변하시지 않는다. 하나님은 신실하시고, 한결같으시고, 의지할 만한 분이다.
하나님의 불변성을 말하는 구약 성경의 진술이 네 곳에 나온다.

1. 모압의 발락은 발람에게 야웨로부터 이스라엘 자손들에게 저주가 나가게 하라고 강요하지만, 발람은 야웨께서 이스라엘에게 복을 주겠다고 약속하셨으므로 **변하시지 않을 것이며** 그들을 저주하시지 않을 것이라고 말한다(민 23:19).
2. 야웨는 사울을 보좌에서 제거하려는 마음을 **바꾸시지 않을 것이다**(삼상 15:29). 이 맥락에서 야웨는 또한 사울을 왕 삼으신 것을 후회한다(*naham*)고 말씀하신다(삼상 15:11, 35).
3. 야웨는 **변하시지 않을 것이며**, 메시아를 예표하는 인물을 제사장 직분에서 제거하시지 않을 것이다(시 110:4).
4. 야웨께서 **변하시지 않으므로** 이스라엘은 진멸되지 않았다(말 3:6).

하나님은 변하신다. 하나님은 자비로우시며 긍휼을 베푸시며 은혜로우시다. 구약 성경에는 하나님의 가변성에 관한 진술이 열여섯 번 나온다.

1. 모세가 두 번 중재하자 야웨는 **뜻을 돌이키신다**. 그리고 자기 백성을 심판하시지 않는다(출 32:14; 민 14:20).

2. 다윗의 인구조사. 야웨는 **뜻을 돌이켜** 재앙을 멈추신다(삼하 24:16; 대상 21:15).

3. 야웨는 자기 백성의 부르짖음을 들으시고 자신의 '헤세드'에 따라 **뜻을 돌이키셨다**(시 106:45).

4. 야웨는 너무나 자주 **뜻을 돌이키시므로** 이에 지치신다(렘 15:6). 야웨는 **뜻을 돌이켜** 자기 백성에게 선을 행하시지 않을 수도 있다(렘 18:10). 야웨는 백성이 회개하면 **뜻을 돌이키실** 것이다(렘 26:3, 13). 히스기야의 기도는 야웨의 마음을 **바꾸었다**(렘 26:19; 왕하 20:1-6; 사 38:1-6과 비교하라). 그들이 순종하면, 야웨는 **뜻을 돌이켜** 그들에게 임하게 하신 심판을 거두실 것이다(렘 42:10).

5. 아모스가 두 번 중재하자 야웨는 **뜻을 돌이켜** 이스라엘에 임하게 하신 메뚜기와 불의 심판을 거두기로 하신다(암 7:3, 6).

6. 야웨는 은혜로우시며, 노하기를 더디 하시며, **뜻을 돌이켜** 재앙을 멈추신다(욜 2:13-14).

7. 야웨는 **뜻을 돌이켜** 니느웨에 심판을 내리시지 않는다(욘 3:10). 요나는 야웨가 **뜻을 돌이켜** 심판을 내리시지 않는 분이라는 것을 안다(욘 4:2).

8 _____ 멀리 있는 하나님

"그런데 하나님은 어디 계신가요?…만일 하나님이 살아 계시다면…? 그리고 하나님은 왜 더 말씀하시지 않나요?"[1]

이것은 영국 작가 필립 풀만(Philip Pullman)의 소설 「황색 망원경」(*The Amber Spyglass*)에서 콜터 부인이 교회 목사에게 던지는 질문이다. 풀만의 연작소설 「그의 신비로운 자료들」(*His Dark Materials*) 제3권인 「황색 망원경」은 「나니아 연대기」(*Chronicles of Narnia*)처럼 무신론자를 위한 책이다.[2] 그리스도인들은 풀만의 책을, 특별히 콜터 부인이라는 인물을 통해 표현되는 하나님에 대한 냉소적 견해를 비판하고 싶은 유혹을 느낄지 모르지만, 구약 성경에서도 비슷한 관점을 발견할 수 있다. 구약 성경에 등장하는 많은 인물은 이스라엘의 하나님이 어디에 계신지를 묻는다(왕하 2:14; 시 42:3, 10; 79:10; 115:2; 욜 2:17; 미 7:10; 말 2:17). 시편 기자는 종종 멀리 계신 하나님을 말한다(시 10:1; 35:22; 38:21; 71:12). 시편 22편 기자는 하나님이 왜 그리 멀리 계신지를 직접 하나님께 질문한다.

> 내 하나님이여 내 하나님이여 어찌 나를 버리셨나이까
> 　어찌 나를 멀리하여 돕지 아니하시오며 내 신음소리를 듣지 아니하시나이까
> 내 하나님이여 내가 낮에도 부르짖고 밤에도 잠잠하지 아니하오나
> 　응답하지 아니하시나이다. (시 22:1-2)

이런 질문과 감정에 공감할 사람이 많을 것이다. 개인적으로 위기를 당하면, 우리는 하나님이 어디 계신지 궁금해한다. 하나님이 멀리 계신 것 같기에 시편 기자처럼 "하나님, 어디 계십니까?"라고 질문한다. 예수님은 십자가에 달리셨을 때, 시편 22편을 인용하여, "내 하나님, 내 하나님, 어찌하여 나를 버리셨나이까?"라고 부르짖으셨다(마 27:46; 막 15:34). 심지어 하나님의 아들도 하나님이 어째서 자신을 버리셨는지 물으신다. 예수님은 이런 감정을 나타내야 할 때 구약 성경으로 가셨다. 구약 성경의 하나님은 멀리 계신 것 같다.

그러면서도 구약 성경의 하나님은 또한 가까이 계신다. 해마다 성탄절이 되면 우리는 예수님의 이름 중 하나가 "하나님이 우리와 함께 계시다"(임마누엘; 마 1:23)임을 떠올리지만, 이 특별한 메시아 호칭이 구약 성경에 처음 등장했다는 사실은 잊고 있다. 이 호칭은 주전 8세기, 당시 왕이었던 아하스에게 주신 거룩한 약속의 한 측면이었다(사 7:14).[3] 하나님이 자신의 백성과 함께 계신다는 인식은 실제로 구약 성경 전체에서 발견된다. 하나님은 특별한 개인들(족장, 사사, 왕 그리고 예언자)과 함께 계셨을 뿐 아니라 자기 백성과도 함께 계셨다. 야웨는 여러 방법으로 자기 백성에게 자신의 임재를 알리시는데, 그중 놀라운 것들도 있다.

그 비통한 시편들

"몬티 파이톤과 성배"(Monty Python and the Holy Grail: 1975년에 나온 영국 코미디 영화로, 성배를 찾아 나선 아서 왕의 전설을 패러디했다—역주)라는 영화에서, 구름 속에서 고개를 내미신 "하나님"이(이것이 내가 방금 말한 놀라운 방법은 아니다), 아서 왕에게 성배를 찾으라고 명령하신다.

> **하나님**: 아서여! 영국 왕 아서여! 저런, 굽실거리지 마라! 내가 참을 수 없는 것이 있다면, 그것은 굽실거리는 사람들이다.
>
> **아서**: 죄송합니다….
>
> **하나님**: 그리고 죄송해하지 마라. 누군가와 이야기만 하려 하면 "이것이 죄송하고", "저것을 용서해 주시고", "자격이 없고"라는 말뿐이로구나. 그대는 지금 무엇을 하고 있는가?
>
> **아서**: 오 주여, 저는 시선을 피하고 있나이다.
>
> **하나님**: 음, 그리 하지 말거라. **그 비참한 시편들** 같구나. 너무 우울해.

우리는 특정 시편에 들어 있는 투정조의 불평을 파이톤 식의 부정적 관점으로 볼지 모르지만, 다행히 참 하나님은 솔직한 감정, 생각, 질문을 불쾌히 여기지 않으신다.[4] 우리는 "그 비참한 시편들", 흔히 탄식시편이라고 부르는 시편 하나를 살피면서 하나님과 교제하는 것에 대한 교훈을 배울 수 있다.

시편 13편은, 시편 22편처럼, 하나님의 부재를 묻는 말로 시작한다.

여호와여 어느 때까지니이까 나를 영원히 잊으시나이까
　주의 얼굴을 나에게서 어느 때까지 숨기시겠나이까
나의 영혼이 번민하고 종일토록 마음에 근심하기를 어느 때까지 하오며
　내 원수가 나를 치며 자랑하기를 어느 때까지 하리이까.
여호와 내 하나님이여 나를 생각하사 응답하시고
　나의 눈을 밝히소서 두렵건대 내가 사망의 잠을 잘까 하오며
두렵건대 나의 원수가 이르기를 내가 그를 이겼다 할까 하오며
　내가 흔들릴 때에 나의 대적들이 기뻐할까 하나이다.
나는 오직 주의 사랑을 의지하였사오니
　나의 마음은 주의 구원을 기뻐하리이다
내가 여호와를 찬송하리니
　이는 주께서 내게 은덕을 베푸심이로다. (시 13편)

시편 기자는 고통당하고 있으며 하나님과 단절되었다고 느낀다. 이런 소외감은 아주 오랜 시간(영원히) 지속되었기에, "어느 때까지니이까?"라는 문구를 네 번 반복한다. 시편 기자는 잊혔으나, 야웨는 숨으셨다. 사망은 가까이 있으나, 야웨는 멀리 계신다. 시편 기자는 절망적이나, 야웨는 냉담하시다. 야웨는 위기에 처한 사람에게서 또다시 멀리 계신다.

하지만 2절 이후, 시편의 어조가 질문과 절망에서 간구로 변하더니 마침내 신뢰와 찬양으로 바뀐다. 1-2절에서 비관론자였던 시편 기자가 어떻게 5-6절에서 낙관론자가 되는지는 상상하기 어렵다. 무슨 일이 일어났을까? 시편 기자는 조울증 환자일까? 이것을 이해하려면, 시편 13편을

다른 탄식시편들과 비교하는 것이 도움이 된다. 실제로 시편 13편은 다섯 부분으로 되어 있는 탄식시편의 기본 형식을 따르는데, 그것은 다음과 같다. (1) **기원**, "여호와여" (2) **불평**, "어느 때까지 하리이까" (3) **간구**, "나를 생각하사 응답하시고" (4) **신뢰**, "나는 의지하였사오니" 그리고 (5) **찬양**, "내가 찬송하리니."[5]

끝에 이를 즈음에야 비로소 시편 기자의 확신과 신뢰가 분명하게 나타나지만, 아이러니하게도 우리는 실의에 빠져 던지는 첫 질문에서도 여전히 하나님이 계시다는 믿음의 핵심을 발견한다. 야웨가 안 계시다면, 시편 기자가 왜 성가시게 야웨께 말하려 하겠는가? 하나님이 숨으신 것처럼 보이지만, 대화는 여전히 이루어지고 있다. 시편 기자는 1, 3, 6절에서 그분을 야웨("여호와여")라고 부르면서, 2인칭 대명사를 써서 하나님께 직접 말을 건다. 하나님의 부재에 대한 절망감을 정직하게 표현하는 것은 마침내 그가 신뢰와 찬송의 자리로 돌아가도록 도와준다.

왜 이 시편이 성경에 있는가?

시편 13편에서 가장 놀라운 것은 이 시편이 성경에 있다는 사실일 것이다. 하나님이 버리셨으며(시 22편) 잊어버리신(시 13편) 것 같기에, 탄식시편은 하나님을 부당하게 보이게 할 수도 있다. 따라서 우리는 하나님이 구름 속에 있는 몬티 파이톤의 하나님처럼 탄식시편 때문에 마음 상하셨다고 생각할 수 있을 것이다. 그러나 하나님이 마음 상하셨다면, 영감을 주셔서 그토록 많은 탄식시편을 기록하게 하시고 그것들을 하나님의 말씀에 넣도록 허락하지 않으셔야 했다.[6] 분명 탄식시편은 가장 흔한 시편 형태다. 시편의 40퍼센트 이상이 탄식시편이다.[7] 동시에 탄식시편은 종종 무시되는 시편 형태이기도 하다.

하나님은 시편 기자들이 하나님의 부재에 대해 솔직하게 표현하는 것을 좋게 여기셨을 것이다. 하나님은 고통 중에 기도하는 수단으로 자신의 백성에게 탄식시편을 주셨다. 예수님은 심지어 십자가에서 죽으시면서도 자신의 처지에 시편이 얼마나 적절한지 보이심으로써 탄식시편 사용의 적절한 본을 보여 주셨다. 하지만 예수님이 시편 22편을 인용하신 중요한 이유는 탄식하는 방법의 본을 보이시려는 것도 아니요, 메시아 시편이 어떻게 자신을 가리키는지 보이시려는 것도 아니었다. 예수님이 시편 22편을 인용하신 이유는 이 시편이 그 순간 예수님의 감정을 드러냈기 때문이다. 예수님은 탄식하셔야 했고, 우리도 탄식해야 한다.

위기와 고통의 순간에 하나님이 멀리 계신 것처럼 보일 때, 탄식시편으로 기도할 수 있다. 탄식시편의 형식을 따라 의심과 절망에서 기도와 간구로 나아갈 때, 마침내 소망, 신뢰, 찬송의 자리에 이른다. 이런 과정이 시편 13편의 여섯 구절에서는 신속하게 일어나지만, 삶에서는 훨씬 더 많은 시간이 걸릴 것이다. 고통의 때에 읽을 탄식시편은 많다. 하나님이 멀리 계시다고 느끼는 시간이 많으리라는 것을 하나님은 아신다. 그래서 그 시간 동안 하나님은 기도하는 자들에게 이러한 "비통한" 시편을 주셨다. 하나님은 이런 시편들을 통해 우리와 대화의 창구를 열어 두실 뿐 아니라 우리를 자신의 임재 안으로, 하나님에 대한 신뢰와 믿음의 자리로 이끄신다.

옥스퍼드가 나를 제적 처리하려 했다

구약학 분야에서 박사학위를 따려고 애쓰는 동안, 나는 여러 번 포기하고 싶었다. 가장 힘든 시기는 석사학위 과정을 시작한 지 2년째 되던 해였다. 박사과정에 올라가야 했지만, 옥스퍼드에서는 석사과정에 더 머물면서 학위(M. Litt.)를 하나 더 따야 할지도 모른다고 말했다(나는 이미 석사학위를 세 개나 가지고 있었다). 이 학위는 D. Phil.(옥스퍼드가 개설한 박사학위에 해당)을 받지 못하는 사람들을 위한 위로상 같은 것이었다. 옥스퍼드가 나를 제적시키려는 것 같았다. 나는 몇 주일 후 대학 동창회에 맞춰 미국에 돌아갈 계획이었으며, 결코 취업 때문에 위기에 처해서는 안 되는 처지였다. 나는 막 40세가 되었으며, 장래에 대한 희망이 깨지고 있었다.

어느 날 오후, 나는 옥스퍼드에서 운하를 따라 오랫동안 걸으며 탄식했다. 내게 왜 이런 일이 일어났는지, 이 일이 앞으로 얼마나 더 오래갈지, 하나님은 어디 계신지를 물으며 내가 느끼는 좌절감을 하나님께 토로했다. 즉시 하나님의 응답을 듣지는 못했지만, 그러고 나니 기분이 좋아졌다. 탄식은 정화하는 힘이 있었다. 여름 계절학기 과목을 이수하는 동안, 하나님은 인내할 수 있도록 내게 용기를 준 동료, 친구 그리고 가족을 통해 자신이 함께하심을 나타내셨다. 그리고 3년 후 나는 박사학위를 받았다.

그렇게 말해서는 안 된다

나는 탄식시편을 가르칠 때 학생들에게 질문한다. "어떤 그리스도인이 '나의 하나님, 나의 하나님, 어찌하여 나를 버리셨나이까?'라고 십자가에 달

려서 묻고 있는 또 다른 그리스도인을 본다면, 그 사람이 무엇이라고 말할 것으로 생각하는가?" 전형적인 대답이 나온다.

"그렇게 말하면 안 됩니다. 로마서는 아무것도 하나님의 사랑에서 우리를 끊을 수 없다고 말합니다."

"너무 낙심하지 마세요. 가브리엘 천사는 마리아에게 하나님께는 능치 못하심이 없다고 말했어요."

"그렇게 비관적이어서는 안 됩니다. 예레미야는 당신을 향한 하나님의 생각은 재앙이 아니라 평안이라고 말했어요."[8]

우리는 고통받는 사람들에게 "기쁜" 구절을 인용하여 말한다. 그러나 예수님이 십자가에 달려 계셨을 때, 그분이 주목하신 것은 소망을 주는 시편이나 노래("언제나 삶의 밝은 면을 보라")가 아닌 탄식시편이었다. 예수님이 탄식하신다면, 우리도 탄식해야 할 것이다.

내가 제임스를 만난 건 처음 신학교에 부임했을 때다.[9] 새내기인 그는 아이를 가지려고 그동안 아내와 애쓴 사연을 털어놓았다. 그들은 수년 동안 노력한 끝에 마침내 아이를 갖게 되었지만, 나를 만나기 두 달 전에 임신 3개월이던 그의 아내는 유산을 했다. 그리스도인으로서 불평하는 것을 옳다고 생각하지 않았기에 탄식 속에서 고통을 견뎌 냈다면서, 제임스는 덧붙여 말했다. "그렇지만 하나님은 선하시고, 저는 불평해서는 안 되잖아요." 나는 무슨 말을 해야 할지 몰라 한동안 아무 말도 못 했다.

마침내 나는 "불평해도 돼. 시편 기자는 불평했어"라고 말했다("심지어 예수님도 탄식하셨지"라는 말도 해주었어야 했다). 나는 고뇌하고 슬퍼하는 그들을 하나님이 도와주시고 복 주셔서 언젠가 아기가 생기기를 기도했다. 나중에 내 시편 수업을 들었을 때, 제임스는 유산에 대해 탄식하는 자신의 시편을 썼다. 마침내 우리가 처음 만나 이야기하고 기도한 지 2년 만에 그의 아들이 태어났고, 우리는 기쁨을 나눴다.

나를 야웨라 부르는 몇몇 사람이 있다
시편 13편과 22편의 기자는 하나님이 가까이 계시기를 원했지만, 시내 산 기슭에 있던 이스라엘 자손은 하나님이 멀리 계시기를 원했다.

> 모세가 **하나님을 맞으려고** 백성을 거느리고 진에서 나오매 그들이 산기슭에서 있는데, 시내 산에 연기가 자욱하니 여호와께서 불 가운데서 거기 강림하심이라. 그 연기가 옹기 가마 연기같이 떠오르고 온 산이 크게 진동하며 나팔 소리가 점점 커질 때에 모세가 말한즉 하나님이 음성으로 대답하시더라. 여호와께서 시내 산 곧 그 산 꼭대기에 강림하시고 모세를 그리로 부르시니 모세가 올라가매
>
> 여호와께서 모세에게 이르시되 내려가서 백성을 경고하라. 백성이 밀고 들어와 나 여호와에게로 와서 보려고 하다가 많이 죽을까 하노라. 또 **여호와에게 가까이하는** 제사장들에게 그 몸을 성결히 하게 하라. 나 여호와가 그들을 칠까 하노라. 모세가 여호와께 아뢰되 주께서 우리에게 명령하여 이르시기를 산 주위

에 경계를 세워 산을 거룩하게 하라 하셨사온즉 백성이 시내 산에 오르지 못하리이다. 여호와께서 그에게 이르시되 가라 너는 내려가서 아론과 함께 올라오고 제사장들과 백성에게는 경계를 넘어 나 여호와에게로 올라오지 못하게 하라. 내가 그들을 칠까 하노라 모세가 백성에게 내려가서 그들에게 알리니라.…

못 백성이 우레와 번개와 나팔 소리와 산의 연기를 본지라. 그들이 볼 때에 떨며 **멀리** 서서 모세에게 이르되, 당신이 우리에게 말씀하소서 우리가 들으리이다. 하나님이 우리에게 말씀하시지 말게 하소서 우리가 죽을까 하나이다. 모세가 백성에게 이르되 두려워하지 말라 하나님이 임하심은 너희를 시험하고 너희로 경외하여 범죄하지 않게 하려 하심이니라. **백성은 멀리 서 있고 모세는 하나님이 계신 흑암으로 가까이 가니라**. (출 19:17-25; 20:18-21)

이스라엘 자손이 하나님 가까이에 있기를 원하지 않은 데는 여러 가지 이유가 있다. 이 구절에서 번개, 우레, 연기, 그리고 큰 진동 가운데 강림하시는 야웨의 모습은(몬티 파이튼과 "성배"의 마법사 팀을 연상시키는) 위협적이다. 그런 불과 소음이 있는 곳에 누가 가까이 가려 하겠는가?

여기서 야웨는 자기 백성과 거리를 두시지만, 그렇게 하시는 목적이 있다. 야웨는 이제 막 그들을 애굽의 종살이에서 자유롭게 하셨으며, 행여나 그들이 어떻게 행동하든 야웨의 보호를 받을 거라고 생각할까 봐 염려하셨다. 야웨는 백성으로부터 존경받기를 원하셨고, 특히 십계명을 선포하실 때 더 그러셨다(출 20:1-17). 백성은 하나님이 거룩하고, 능력 있고, 순종에 관심이 있는 분임을 인식해야 한다.

그러나 이 사건에서, 야웨는 큰 소리가 나는 위협적인 순간에도 실제로 가까이 계신다. 이 구절의 시작 부분에서, 모세는 백성들로 하여금 하나님을 뵙게 하려고 진영에서 그들을 데려온다. 하나님은 그들이 가까이 오는 것을 허락하지 않으시는데, 이는 그들이 해를 당하지 않도록 보호하시기 위함이다(이 개념은 다음 부분에서 더 설명하겠다). 그럼에도 그들은 하나님을 만난다. 그들은 번개를 보고, 우렛소리를 듣고, 연기 냄새를 맡고, 지진을 느낀다. 하나님의 능력을 나타내는 이 모든 것이 그들에게는 하나님이 실재하시며 가까이 계시다는 증거다. 그들은 하나님을 경험한다.

사람들은 하나님으로부터 멀리 있어야 하지만, 하나님을 잘 아는 모세는 하나님께 가까이 가기 원한다. 모세는 이미 하나님과의 거룩한 만남을 여러 번 겪었고, 가장 유명한 것은 불붙은 떨기나무에서의 만남이었다(출 3:2). 모세도 다른 사람들처럼 하나님의 우레와 불이 두려웠겠지만, 그는 야웨 앞에 있는 것이 위험을 무릅쓸 만한 가치가 있음을 알았다. 시내 산에서, 야웨는 자기 백성에게서 멀리 계시면서도 가까이 계신다. 하나님의 임재를 소중하게 생각한 모세는 이 사건 직후 하나님이 그들을 떠나시지 않게 하려고 하나님과 논쟁한다. 이어서 그것을 살피겠다.

하나님은 계셔야 할까 가셔야 할까?

하나님의 백성이 금송아지를 만들어 그것에 절함으로써 시내 산에서 그들에게 주신 하나님의 첫 두 계명을 위반하기 전까지는, 모든 일이 순조롭게 진행된다. 금송아지 사건이 일어나자, 야웨는 모세에게 가나안 땅으로 계속해서 가라고 말씀하시면서 자신은 그들과 동행하지 않겠다는 나쁜 소식을 전하신다.

너희를 젖과 꿀이 흐르는 땅에 이르게 하려니와 나는 **너희와 함께** 올라가지 아니하리니 너희는 목이 곧은 백성인즉 내가 길에서 너희를 진멸할까 염려함이라 하시니, 백성이 이 준엄한 말씀을 듣고 슬퍼하여 한 사람도 자기의 몸을 단장하지 아니하니…

모세가 야웨께 아뢰되 보시옵소서 주께서 내게 이 백성을 인도하여 올라가라 하시면서 **나와 함께** 보낼 자를 내게 지시하지 아니하시나이다. 주께서 전에 말씀하시기를 나는 이름으로도 너를 알고 너도 내 앞에 은총을 입었다 하셨사온즉, 내가 참으로 주의 목전에 은총을 입었사오면 원하건대 주의 길을 내게 보이사 내게 주를 알리시고 나로 주의 목전에 은총을 입게 하시며 이 족속을 주의 백성으로 여기소서. 야웨께서 이르시되 **내가 친히** 가리라 내가 너를 쉬게 하리라. 모세가 야웨께 아뢰되, 주께서 친히 가지 아니하시려거든 우리를 이곳에서 올려 보내지 마옵소서. 나와 주의 백성이 주의 목전에 은총 입은 줄을 무엇으로 알리이까. 주께서 **우리와 함께** 행하심으로 나와 주의 백성을 천하 만민 중에 구별하심이 아니니이까.

야웨께서 모세에게 이르시되, 네가 말하는 이 일도 내가 하리니 너는 내 목전에 은총을 입었고 내가 이름으로도 너를 앎이니라. (출 33:3-4, 12-17)

이스라엘 자손은 야웨께서 **자신들과 함께** 가시지 않겠다는 말씀에 슬퍼한다. 그들은 야웨를 두려워하면서도 야웨의 임재를 소중하게 생각한다. 그들이 야웨의 동행을 원하는 이유가 가나안 사람들에게서 보호받기 위함일지라도, 야웨의 결정은 그들에게 충격을 준다. 야웨는 모세에게 자신이 그들과 동행하지 않는 것은 그들을 진멸하지 않기 위함이라고 말씀하신다. 야웨께서 자기 백성을 보호하시려고 그들과 거리를 두시는 것은 이번이 두 번째다. 그들이 죽임을 면하는 것은 좋은 일이지만, 야웨께서 그냥 자제하시면서 진멸하시지 않을 수는 없을까? 여기서 나는 야웨께서 그렇게 하시지 않는 세 가지 이유를 본다.

첫째, 야웨는 자기 백성이 근본적으로 지시받기를 달가워하지 않는 목이 곧은 백성임을 잘 아셨다. 목이 곧은 황소가 농부의 말을 듣지 않는 것처럼, 목이 곧거나 완고한 백성은 하나님의 명령에 순종하지 않기 때문에(그래서 금송아지를 만들고) 종종 벌을 받아야 할 것이다. 문제는 농부에게 있는 것이 아니라 소에게 있다. 야웨께 묻지 말고, "이스라엘 자손이 자제하고 하나님이 원하시는 대로 할 수 없을까?"라고 묻는 것이 적절할 것이다. 그러면 문제가 없을 것이다.

둘째, 야웨는 자기 백성이 자신들의 죄짓는 성향이 심각한 문제라는 사실을 깨닫기 원하셨다. 야웨는 거룩하시기에 그들이 거룩하지 못하면 심각한 결과를 초래할 수 있었다. 하나님 손에 진멸되거나 버림받을 수도 있었다. 하나님이 함께 가시지 않을 수도 있기 때문에 그들이 탄식했다는 것은 그들이 이 메시지를 이해했음을 암시한다.

셋째, 야웨는 자신의 백성이 자신을 원하기를 바라셨다. 야웨는 관계가 끝났다는 암시("우리 그냥 친구하자")를 깨닫지 못하고 매달리는 남자 친구나 여자 친구가 아니다. 하나님은 하나님을 원하지 않는 그들의 행동 때문에 떠나겠다고 말씀하셨다. 전에도 그들은 목이 곧은 행동을 했지만, 그때 사람들은 울고 모세는 간구했다. 분명 그들은 하나님이 계시기를 원했다.

이제 야웨께서 그들과 함께 가지 않겠다고 말씀하신 이유를 이해했으니, 앞에서 건너뛴 출애굽기 33장으로 돌아가야 한다.

> 사람이 자기의 친구와 이야기함같이 여호와께서는 모세와 대면하여 말씀하시며, 모세는 진으로 돌아오나 눈의 아들 젊은 수종자 여호수아는 회막을 떠나지 아니하니라. (출 33:11)

야웨께서 떠날 것이라고 백성에게 말씀하신 그 순간에도, 모세와 여호수아는 야웨 가까이에 있었다. 여호수아는 결코 야웨가 계신 회막을 떠나지 않았다. 여호수아는 이스라엘 군대를 이끌고 아말렉 사람들과 싸웠으며(출 17:8-14), 야웨께서 그들이 가나안 사람들을 이기고 승리하게 하실 것임을 확신한 충성스러운 두 정탐꾼 중 하나였다(민 14:6). 모세가 죽은 후에 여호수아가 받은 가장 중요한 지도자 훈련은 그가 회막에서 야웨와 보낸 시간에 이루어졌을 것이다.

분명 여호수아는 그의 스승으로부터 야웨와 함께하는 시간의 중요성을 배웠을 것이다. 구약 성경에서 모세와 야웨의 관계는 특별했기 때문이다. 모세와 야웨는 친구처럼 얼굴을 마주하며 대화했다(출 33:11; 민 12:8). 모세는 자신만 야웨와 친밀한 관계를 갖기를 바라지 않고, 백성도 야웨와 가까워지기를 바랐다. 그래서 야웨께서 그들과 동행하지 않겠다고 알리셨을 때, 그는 야웨께서 계셔야 할지 떠나셔야 할지를 논쟁했으며, 하나님을 설득하여 다시 뜻을 돌이키시게 했다(7장을 보라).

모세의 첫 시도가 어렵긴 했으나, 야웨는 뜻을 돌이키시고 그들과 동행하기로 하셨다. 자신이 처음에 간청한 것을 반복하는 것을 보면, 모세가 야웨의 말씀을 제대로 알아듣지 못한 것으로 보일 수 있다(하긴, 그는 80이 넘었다). 야웨께서 앞서 마음을 바꾸어 그들과 함께 가겠다고 하신 말씀을 거듭 모세에게 말씀하셨기 때문이다. 하지만 추정컨대, 모세는 그 말씀을 처음부터 정확하게 들었음에도 그 말씀이 소중하여 야웨께서 함께 가실 것인지를 거듭 확인하려 했을 것이다.

야웨께서 자기 백성과 함께 계시다

하나님은 자기 백성이 시내 산을 떠날 때 그들과 함께 있기로 하셨다. 그러나 구약 성경은 하나님이 그들이 시내 산에서 지내기 이전과 이후에도, 특히 그들이 위기에 처했을 때 그들과 함께 계셨음을 거듭 말한다. 아브라함이 사랑하는 아들 이삭을 죽이려는 동안, 야웨는 그와 함께 계셨다(창 22:11-14). 야곱이 자신을 죽이려는 형에게서 도망하는 동안, 야웨는 그와 함께 계셨다(창 28:15). 요셉이 애굽에서 종으로 죄수로 있는 동안, 야웨는 그와 함께 계셨다(창 39:2, 3, 21,23). 모세가 미디안에 도망가서 목자로 지내는 동안, 야웨는 그와 함께 계셨다(출 3:12). 비느하스가 성전의 문지기로 있는 동안, 야웨는 그와 함께 계셨다(대상 9:20). 여호수아가 이스라엘 백성을 이끌고 가나안 사람들과 싸우는 동안, 야웨는 그와 함께 계셨다(수 1:5, 9). 기드온이 미디안 사람들이 두려워 몸을 움츠리고 있는 동안, 야웨는 그와 함께 계셨다(삿 6:12, 16). 사무엘이 엘리의 악한 전에서 자라는 동안, 야웨는 그와 함께 계셨다(삼상 3:19). 예레미야가 왕과 열국에 맞서 싸우기를 두려워하는 동안, 야웨는 그와 함께 계셨다(렘 1:8, 19).

야웨는 이스라엘과 유다의 왕들과 함께 계셨다. 사울(삼상 10:7), 다윗(삼상 18:12, 14, 28), 솔로몬(대상 29:20), 여호사밧(대하 17:3), 아하스(사 7:14), 히스기야(왕하 18:7)와 함께 계셨다. 야웨는 온 백성이 전쟁에 나갈 때(신 20:1), 그들이 땅을 정복하려 할 때(삿 1:19, 22), 그들이 이사야(41:10; 43:5), 예레미야(42:11; 46:28), 스가랴(8:23)를 통해 예언의 말씀을 들을 때, 그들과 함께 계셨다.

하나님이 자기 백성에게 말씀하시다

하나님이 자기 백성과 함께 계신다는 말은 무슨 뜻인가? 이 말은 성경에 지나치게 많이 나오기 때문에 상투어처럼 들릴 수 있다. 구약 성경에서 하나님이 자기 백성과 함께 계심을 말할 때 그 뜻을 이해하려면, 몇 가지 특별한 하나님의 임재 방식을 살필 필요가 있다. 하나님의 임재를 나타내는 데 사용되는 특별한 이미지는 불붙은 떨기나무(출 3:2)와 불기둥(출 13:21), 지진(왕상 19:11-12), 회오리바람(욥 38:1; 40:6) 같은 것이다. 하나님은 더 일상적인 방법으로도 자신의 백성에게 나타나신다. 하나님은 그들에게 말씀하시며, 그들과 동행하시며, 그들 가운데 거하신다.

성경을 하나님의 말씀이라고 부르는 데는 이유가 있다. 성경에서, 하나님은 자주 자신의 백성에게 말씀하신다. ESV 구약 성경에, "야웨께서 말씀하셨다"는 문구가 250번 이상 나오며, "이처럼 야웨께서 말씀하신다"는 문구는 400번 이상 나온다. 하나님의 말씀은 많다. 또한, 명백하게 하나님의 말씀임을 나타내는 표시 없이 말하는 구절도 수백 개나 된다. 구약 성경은 하나님이 말씀으로 세상을 창조하시고 말씀으로 인간에게 복 주시는 것으로 시작한다(창 1:28). 히브리 성경(기독교의 구약 성경에 대비되는 유대인들의 성경—역주)은 야웨께서 고레스를 통해 자기 백성에게 말씀하시는 것으로 끝나는데, 거기서 야웨는 자신이 세상 만국을 고레스에게 주셨으며 예루살렘에 야웨의 임재를 나타내는 성전을 지을 것을 그에게 명령했다고 선포하신다(대하 36:22-23).[10)] 구약 성경 영역본은 야웨께서 말라기를 통해 말씀하시는 것으로 끝난다. 말라기는 하나님이 친히 자신의 성전에 오시는 야웨의 날이 이르기 전에(말 3:1-2) 엘리야가 다시 올 것을 예언한다(말 4:5-6). 하나님은 이런 방법을 통해, 처음에는 직접 족장들에게 말씀하셨으며 나중에는 모세, 사사, 왕 그리고 예언자를 통해 말씀하셨다. 야웨는 예언, 환상, 꿈을 통해(창 28:12; 37:5-10; 욜 2:28), 심지어 말하는 나귀를 통해서도 말씀하셨다(민 22장).

하나님이 자기 백성과 동행하시다

사람들은 하나님의 성육신을 엄격하게 신약 성경의 개념(즉, 예수님)으로 생각하지만, 구약 성경에는 인간으로서의 하나님 모습이 자주 등장한다. 야웨는 백성에게 자신의 임재를 나타내기 위해 인간 같은(신인동형) 성품을 드러내시고, 때로는 인간의 형상으로 그들과 동행하시며, 심지어 인간과 씨름도 하신다.

창세기에서 야웨는 흙으로 첫 인간을 빚어 흙덩이에 생기를 불어넣어 생명을 주셨으며, 이어서 첫 인간에게서 갈빗대를 취하여 그의 배필을 만드시고, 나중에는 이 첫 부부와 에덴 동산을 거니셨다(창 2:7, 21-22; 3:8). 야웨는 마므레의 상수리 나무가 있는 곳에서 아브라함에게 나타나시고, 아브라함과 잡수시고, 아브라함과 그의 아내 사라와 말씀을 나누셨다(창 18:1-15). 시내 산에서, 야웨는 자신이 이스라엘 자손의 하나님이 되시고 그들이 그분의 백성이 되는 동안에는 그들과 동행하겠다고 약속하셨다(레 26:12).

야웨는 자기 백성과 동행하시지만, 또한 그들이 자신과 동행하기를 바라신다. 에녹과 노아는 둘 다 하나님과 동행했다(창 5:22-23; 6:9). 아브라함이 99세였을 때, 야웨는 그에게 자신의 앞에서 행하여 완전하라고 명령하셨으며(창 17:1), 아브라함의 손자 야곱은 만년에 아들 요셉을 축복하면서 아브라함과 이삭이 하나님 앞에서 어떻게 행했는지를 설명한다(창 48:15). 야곱이 형 에서를 피해 하란으로 갈 때, 야웨는 베델에서 그와 동행하겠다고 말씀하셨다(창 28:15, 20). 예언자 미가는, 야웨께서 그의 백성에게 요구하시는 것은 단지 그들이 정의를 행하며, 인자를 사랑하며, 겸손하게 하나님과 함께 행하는 것이라고 말했다(미 6:8).

야곱이 형 에서와 다시 만나려 할 즈음, 야곱은 인간의 몸으로 나타나신 하나님과 기이한 경험을 한다. 야곱이 에서를 마지막으로 보았을 때, 쌍둥이 형 에서는 야곱을 죽이겠다고 맹세했었다. 그 에서가 400명의 무리를 거느리고 가까이 오고 있다는 전갈을 받은 야곱은 시내를 건너가 혼자 밤을 지내기로 결정했다.

야곱은 홀로 남았더니 어떤 사람이 날이 새도록 **야곱과 씨름하다가** 자기가 야곱을 이기지 못함을 보고 그가 야곱의 허벅지 관절을 치매 야곱의 허벅지 관절이 **그 사람과 씨름할** 때에 어긋났더라. 그가 이르되 날이 새려하니 나로 가게 하라. 야곱이 이르되 당신이 내게 축복하지 아니하면 가게 하지 아니하겠나이다. 그 사람이 그에게 이르되 네 이름이 무엇이냐. 그가 이르되 야곱이니이다. 그가 이르되 네 이름을 다시는 야곱이라 부를 것이 아니요 이스라엘이라 부를 것이니 이는 네가 **하나님과** 및 사람들과 **겨루어** 이겼음이니라. 야곱이 청하여 이르되 당신의 이름을 알려주소서. 그 사람이 이르되 어찌하여 내 이름을 묻느냐 하고 거기서 야곱에게 축복한지라. 그러므로 야곱이 그곳 이름을 브니엘이라 하였으니 그가 이르기를 내가 하나님과 대면하여 보았으나 내 생명이 보전되었다 함이더라. 그가 브니엘을 지날 때에 해가 돋았고 그의 허벅다리로 말미암아 절었더라. 그 사람이 야곱의 허벅지 관절에 있는 둔부의 힘줄을 쳤으므로 이스라엘 사람들이 지금까지 허벅지 관절에 있는 둔부의 힘줄을 먹지 아니하더라. (창 32:24-32)

야곱이 자려고 누웠을 때 시편 13편을 썼을 수도 있다. 그는 두려웠다. 그는 혼자였으며, 지난 20년 동안 집과 부모와 연락을 끊고 살았다. 그의 원수인 형 에서가 그 다음날이면 그를 죽일 수도 있었다. 지혜롭게, 그는 시내를 건너기 전에 기도했다(창 32:7-12).

하나님은 특이한 방법으로 기도에 응답하셨다. 야곱이 잠든 사이, 하나님이 그를 치셨다(아마도 나는 오늘밤 잠자리에 들 때 기도를 안 할 것 같다). 둘은 밤새 씨름했다. 오늘날 레슬링 경기는 체력 소모가 많아 6-7분 정도 한다. 다음날이면 형제 살해가 일어날 수도 있는 때에, 여덟 시간은 잘 수 있으련만 잠도 안 자고 밤새 씨름을 한다는 것을 상상할 수 있을까? 게다가 시냇가 근처였으니, 진흙탕에서 벌인 씨름이었을 것이다.

야곱과 씨름한 상대는 인간이면서 신인 것 같았다(약간 예수님 같다). 본문은 그를 사람이라고 말한다. 그는 야곱을 이길 수 없었으며, 야곱의 이름을 물어야 했다. 그가 야곱의 허벅지 관절을 쳐서 어긋나게 한 것을 보면, 그에게는 초자연적인 힘이 있었다. 그는 야곱의 이름을 바꾸었으며, 가장 중요한 것은 야곱이 그가 씨름한 상대가 하나님이심을 깨달았다는 사실이다. 야곱은 그 장소를 '하나님의 얼굴'이라는 뜻의 브니엘이라 이름 붙였는데, 그가 하나님의 천사와 씨름했기 때문이 아니라 "하나님을 대면하여 보았기" 때문이었다. 야곱의 상대는 그에게 '하나님과 겨룬 자'를 뜻하는 "이스라엘"이라는 이름을 주었는데, 이 또한 싸움 상대가 거룩한 존재였음을 암시한다.[11]

나는 보통 자는 동안 거룩한 공격자를 보내주실 것을 기도하지 않지만 분명 하나님은 야곱이 그것을 원한다고 생각하셨을 것이다. 때때로 나의 아들 중 하나가 싸움을 걸어오면 우리는 씨름을 한다. 허리를 다치면 씨름한 것을 종종 후회하지만, 그래도 아들들과의 씨름은 즐겁다. 씨름은 활동적이며, 신체적인 접촉을 할 수 있게 하며, 아이들과 유대감을 가질 수 있는 방법이다. 분명 하나님은 야곱과 유대감을 갖고 싶으셨을 것이다. 씨름의 주도권은 하나님께 있었으나, 야곱은 지고 싶어 하지 않았다. 야곱의 모습은 시내 산에서의 모세의 모습과 비슷하다.

절룩이면서, 야곱은 하나님을 가까이하는 것이 위험할 수 있으나 모험할 만하다는 것을 배웠다. 하나님을 가까이한 것은 야곱에게 좋은 일이었다. 그는 절룩이는 다리만 얻은 것이 아니라, 하나님의 축복과 새 이름도 얻었다. 예수님은 결코 제자들과 씨름하시지 않으나, 야웨는 밤새 진흙탕에서 이스라엘과 씨름하셨다.

　인간과 동행하시는 하나님이나 하나님과 동행하는 인간을 말하는 구약 성경에는 비유적 의미를 암시하는 구절이 많다. 그러나 여러 경우, 특히 아브라함과 야곱과 동행하시는 하나님을 말하는 구절에는 실제 하나님의 존재가 암시되어 있다. 암시하는 것이 비유적 의미든 실제 하나님의 존재든, 중요한 것은 구약 성경이 우리와 동행하시는 것과 같은 기본적이고 중요한 일을 행하시는 하나님을 자주 말한다는 사실이다.

　저녁을 먹은 후, 아내와 나는 종종 티그(개)를 데리고 산책한다(아내는 이것을 "아내 산책시키기"라 부른다). 대소변을 누이고 그것을 비닐봉지에 담아 처리하는, 산책에서 별로 유쾌하지 않은 측면이 있지만, 나는 섀넌과 티그와 함께하는 시간을 좋아한다. 개는 단지 밖에서 변을 보고 킁킁거리며 소화전 냄새를 맡는(그것들이 좋긴 하겠지만) 것만 좋아하는 것이 아니라, 우리와 함께 있는 것을 좋아하는 것 같다. 개와 함께하는 시간은 즐겁고, 아내와 함께하는 시간은 소중하다. 하나님도 우리와 동행하기를 원하신다. 누군가와 걷는 것은 더 친밀한 관계가 되게 하기 때문이다.

하나님이 자기 백성 가운데 거하시다

하나님은 자기 백성에게 말씀하시며, 그들과 동행하시며, 또한 그들 가운데 거하신다. 야웨는 시내 산에서 회막(성막으로도 불리는)을 지을 것을 지시하신 다음, "내가 이스라엘 자손 중에 거하여 그들의 하나님이 되리[라]"고 선포하셨다(출 29:45). 이스라엘 자손이 광야에서 유리하며 장막을 치고 지내는 동안에는 회막으로 족했으나, 그들이 약속의 땅에 정착하게 되면서 다윗은 하나님이 그들 중에 거하실 처소를 지어야 한다고 생각했다(삼하 7:2). 하나님은 다윗이 성전 짓는 것을 원치 않으시고 그 아들 솔로몬이 그 일을 완성할 것을 허락하셨다. 성전 건축이 진행되는 동안, 야웨께서 솔로몬에게 말씀하셨다. "내가 이스라엘 자손 가운데에 거하며 내 백성 이스라엘을 버리지 아니하리라"(왕상 6:13). 솔로몬이 지은 성전은 주전 950년쯤에 봉헌되었다(왕상 8장).

하나님은 우상숭배와 그 밖의 다른 죄를 범한 유다를 징벌하시려고, 주전 587년에 바벨론의 느부갓네살로 하여금 첫 성전을 파괴하게 하셨다. 주전 538년에 바사의 고레스에게 예루살렘에 두 번째 성전을 짓는 권한을 주셨다(대하 36:23). 18년이 지나도록 하나님의 성전 건축이 이루어지지 않자, 주전 520년에 야웨의 말씀이 학개에게 임하여 사람들을 동원하여 성전을 재건하라고 명령하셨다(학 1장). 학개는 야웨의 메시지를 사람들에게 전달했다. 그런 다음 이상한 일이 일어났다. 그들이 순종한 것이다.

스알디엘의 아들 스룹바벨과 여호사닥의 아들 대제사장 여호수아와 남은 모든 백성이 그들의 하나님 여호와의 목소리와 예언자 학개의 말을 들었으니, 이는 그들의 하나님 여호와께서 그를 보내셨음이라. 백성이 다 여호와를 경외하매 그 때에 여호와의 사자 학개가 여호와의 위임을 받아 백성에게 말하여 이르되, 여호와가 말하노니 **내가 너희와 함께하노라** 하니라. 여호와께서 스알디엘의 아들 유다 총독 스룹바벨의 마음과 여호사닥의 아들 대제사장 여호수아의 마음과 남은 모든 백성의 마음을 감동시키시매 그들이 와서 만군의 여호와 그들의 하나님의 전 공사를 하였으니, 그 때는 다리오 왕 제 이 년 여섯째 달 이십사일이었더라.

일곱째 달 곧 그 달 이십일일에 여호와의 말씀이 예언자 학개에게 임하니라. 이르시되 너는 스알디엘의 아들 유다 총독 스룹바벨과 여호사닥의 아들 대제사장 여호수아와 남은 백성에게 말하여 이르라. 너희 가운데에 남아 있는 자 중에서 이 성전의 이전 영광을 본 자가 누구냐 이제 이것이 너희에게 어떻게 보이느냐 이것이 너희 눈에 보잘것없지 아니하냐. 그러나 여호와가 이르노라 스룹바벨아 스스로 굳세게 할지어다 여호사닥의 아들 대제사장 여호수아야 스스로 굳세게 할지어다 여호와의 말이니라. 이 땅 모든 백성아 스스로 굳세게 하여 일할지어다 **내가 너희와 함께하노라** 만군의 여호와의 말이니라. 너희가 애굽에서 나올 때에 내가 너희와 언약한 말과 나의 영이 계속하여 너희 가운데에 머물러 있나니 너희는 두려워하지 말지어다. (학 1:12-2:5)

이 구절에서, 야웨는 세 가지 방법으로 자신이 자기 백성과 함께하심을 말씀하신다. 첫째, 야웨는 그들에게 주시는 말씀을 통해 함께하신다. 본문의 아홉 절에서 야웨의 목소리, 야웨의 메시지, 야웨의 선포 또는 야웨의 말씀이라는 말이 여섯 번 나온다. 메시지를 전하는 사람은 학개이지만, 메시지는 분명 하나님으로부터 온다.

둘째, 야웨께서 백성에게 전을 짓게 하신 것은 그들 가까이에 자신의 임재의 상징을 두고 싶어 하심을 나타낸다. 솔로몬 성전이 허물어지는 것을 허락하셨지만, 야웨는 여전히 백성 가운데 나타나는 자신을 그들이 보기 원하신다.

셋째, 야웨께서 학개를 통해 백성에게 주시는 중요한 메시지는 이미 **야**

웨께서 그들과 함께하신다는 것이다(학 1:13; 2:4). 흥미롭게도, 야웨는 성전이 완성되기도 전에 그들과 함께하심을 말씀하신다. 그들이 순종하여 행할 때, 야웨는 그들 사이에 있겠다고 말씀하신다. 또한 야웨는 그들이 애굽에서 나올 때 시내 산에서 맺은 언약을 다시 생각하게 하시며, 야웨의 영이 그들 가운데 머물러 있을 것임을 약속하신다. 그들이 솔로몬의 찬란한 성전에 비해 하찮게 보이는 이 초라한 두 번째 성전 때문에 낙심할 때, 야웨는 그들이 순종하도록 용기를 북돋아주시며 계속 전진할 수 있도록 동기를 부여하신다. 야웨는 백성들이 야웨께서 자신들과 함께 계심을 알기 원하신다.

예수님은 불의한 무리의 관심을 끄신다

요한복음은 예수님에 관한 대표적 선포와 더불어 시작한다. "말씀이 육신이 되어 우리 가운데 거하시매"(요 1:14). 이 말씀은 그동안 우리가 야웨에 관해 논한 것의 본질을 정확히 포착한다. 야웨는 말씀하시며, 예수님은 말씀이시다. 야웨는 행하시며, 예수님은 인간의 몸을 입으신 하나님이다. 야웨는 자신의 백성 사이에 거하시며, 예수님도 마찬가지다. 예수님 시대 사람들은 인성과 신성이 있는 예수님을 파악하기 어려웠지만, 그들이 구약 성경을 주의 깊게 읽었다면 야웨께서 일관되게 자신을 백성들에게 나타내고 계셨으므로 성육신에 놀라지 않았을 것이다. 전에는 야웨께서 가까이 계셨고, 지금은 예수님이 가까이 계신다.

　예수님은 사람들과 잘 어울리셨기 때문에 특정 무리와 가깝게 지내시는 예수님을 본 종교지도자들의 반감을 사셨다.

모든 세리와 죄인들이 **말씀을 들으러 가까이 나아오니** 바리새인과 서기관들이 수군거려 이르되 이 사람이 죄인을 영접하고 **음식을 같이 먹는다** 하더라.

예수께서 그들에게 이 비유로 이르시되 너희 중에 어떤 사람이 양 백 마리가 있는데 그 중의 하나를 잃으면 아흔아홉 마리를 들에 두고 그 잃은 것을 찾아내기까지 찾아다니지 아니하겠느냐. 또 찾아낸즉 **즐거워** 어깨에 메고 집에 와서 그 벗과 이웃을 불러 모으고 말하되 나와 함께 **즐기자** 나의 잃은 양을 찾아내었노라 하리라. 내가 너희에게 이르노니 이와 같이 죄인 한 사람이 회개하면 하늘에서는 회개할 것 없는 의인 아흔아홉으로 말미암아 **기뻐하는** 것보다 더 하리라. (눅 15:1-7)

주일학교에서 배워 잘 알고 있을 법한 이 구절은, 사람들과 어울리는 것이 예수님께 어떤 의미가 있었는지를 가르쳐준다. 먼저 유의할 것은 예수님께 가까이 나온 사람들은 '불의한 무리'였으며 종교지도자들에게는 예수님의 행위가 충격이었다는 점이다. 세리들은 유대인을 갈취하고, 로마에 수익금을 바치고, 옳지 못한 방법으로 재물을 모은 매국노였다. 오늘날 조직폭력배가 이들에 해당할 것이다. 여기서 "죄인들"을 어떤 종류의 부도덕함과 관련된 사람들로 이해할 수 있으며, 이런 이유로 그들은 따돌림을 받았다. 이 본문보다 조금 앞에 나오는 예수님의 발을 씻겨 드린 "죄인"도 창녀였을 것이므로, 여기서 "죄인들"은 창녀에 대한 완곡어로 사용된 것 같다(눅 7:37, 39).[12]

이 사람들은 왜 예수님께 끌렸을까? 오늘날에는 조직폭력배와 창녀가 가득한 교회를 찾기 어려울 것이다. 여기서 나는 그들이 예수님께 끌렸을 법한 원인 세 가지를 발견한다. 첫째, 예수님은 이야기를 하셨다. 누가복음 15장 이후 몇몇 장에서 보듯이, 예수님은 비유에 비유를 거듭하여 말씀하시는 진정한 이야기꾼이셨다. 예수님은 잃어버린 드라크마, 돌아온 탕자, 약삭빠른 청지기, 부자와 나사로, 불의한 재판장, 그리고 바리새인과 세리의 비유를 말씀하셨다. 마지막 세리의 비유에서 의롭다 하심을 받은 사람은 바리새인이 아니었다(눅 18:9-14). 내가 세리라면, 나는 세리를 칭찬하는 이야기가 듣고 싶을 것이다.

둘째, 예수님은 이런 유형의 사람들을 찾아다니셨다. 이 점을 강조하는 것이 잃어버린 양의 비유다. 목자(예수님)가 양 아흔아홉 마리(바리새인?)를 남겨 두고 잃어버린 양 한 마리(세리와 죄인)를 찾아다녔다. 종교지도자들은 이런 무리를 쫓아낸 반면, 예수님은 그들에게 가까이 가셨다. 예수님은 잃어버린 양을 찾듯 그들을 찾아다니셨으며, 틀림없이 그들은 자신을 향한 예수님의 관심을 느꼈을 것이다. 잃어버린 양을 찾아다니는 목자 되신 하나님 개념은 구약의 에스겔서로부터 나온다(겔 34:11-16).

셋째, 예수님은 이들을 사랑하셨다. 비유에 등장하는 목자처럼, 예수님은 잃어버린 자들을 사랑하셨기에 그들을 찾으면 잔치를 여셨다. 예수님이 세리와 죄인을 받아들이시고 그들과 더불어 먹고 그들과 더불어 축하하신 이유는 그들을 사랑하셨기 때문이다. 자연히 그들은 예수님께 끌렸다. 예수님이 어떤 분이었는지를 이해한다면, 조직폭력배들과 창녀들이 그분께 끌린 것은 놀랍지 않다. 놀라운 것은 오늘날 예수님을 따른다는 사람들이 예수님의 본을 따르지 않는다는 것이다. 주변에 있는 세리와 죄인들에게 혐오감이나 심지어 반감이 있는 것을 보면, 오히려 우리는 바리새인과 서기관에 가깝다.

한 번도 창녀를 차에 태운 적이 없다

그렇다면 예수님을 따르는 자들은 하나님이 가까이 계심을 어떻게 사람들에게 전할 수 있을까? 우리는 교회 밖에 있는 사람들, 심지어 사회에서 소외된 사람들도 환영하고 찾아가야 할 것이다. 그러나 하나님의 임재를 알리기 위한 이런 방법에는 위험이 따를 것이며 거북한 상황에 놓이게 될 것이다.

대학을 갓 졸업한 어느 날, 나는 점심을 먹은 후 집안 심부름을 하느라 운전 중이었다. 한 여자가 차를 얻어 타려고 길에 서 있어서 차에 태웠다. "난 데이브인데, 당신 이름은 무엇이죠?"라고 묻자, "난 도미노예요"라고 대답했다.

나는 '이상한 이름이로군' 하고 생각했으나, 더는 묻지 않았다. 그녀의 가족에 대해 묻자 자기는 집에서 미운 오리 새끼라 식구들과 잘 지내지 못한다고 말했다. 순진하게 나는 다시 물었다. "그런데 왜 미운 오리 새끼가 되셨어요?"

그녀는 말하기 어려워하면서, "아, 내가 하는 일 때문에요"라고 말했다. 호기심이 일었지만 화제를 바꾸기로 했다. "그런데 무슨 일을 하세요?" 내가 묻자 그녀는 예상 밖의 답변을 했다. "지금 일하고 있는 거예요." 혼란스러웠다. 계속해서 그녀는 말했다. "말하자면, 낮의 여자라고 말할 수 있지요."(그때는 밤이 아니었다).

어색했다. 마침내 이해가 되었다. 한 번도 창녀를 차에 태운 적이 없었기에, 처음 당하는 일이었다. 내가 그녀의 "손님"이 될 판이었다. 여자에게 말했다. "실망시켜 미안하지만, 당신의 서비스를 이용하지 않겠어요. 그렇지만, 당신을 위해 기도하고 싶군요." 나는 그녀를 집까지 태워다 주었으며, 차 안에서 그녀가 미운 오리 새끼일지라도 예수님이 그녀를 찾으실 것을 기도했다. 이것이 예수님의 일이기 때문이다. 그녀를 위해 기도하는 동안 그녀는 울었고, 기도를 마치자 황급히 가 버렸다.

나는 그녀가 어떻게 되었는지 모른다. 여자 친구에게 그녀의 전화번호를 주어 알아보게 했으나 연락이 닿지 않았다. 그렇지만 나는 예수님이 계속해서 그녀를 찾으셨으리라고 확신한다. 예수님은 잃어버린 양을 찾아 나서는 일을 좋아하시기 때문이다.

에필로그

나는 최근에 어느 학회에 참석해서 거기서 만난 한 친구에게 지금 내가 "구약의 하나님은 잔인하고, 폭력적이고, 배타적인 신일까?"라는 질문의 답을 내용으로 하는 책을 쓰고 있다고 말했다. 그는 "'그럼, 그렇지, 그렇고말고'가 답 아니야?"라고 말했다(그는 신약학 교수였다). 짐작했겠지만, 나는 질문에 대한 답이 그보다 길어야 한다고 생각한다. 당연히 나의 답은 야웨에 대한 나의 호감을 나타낸다. 내가 항상 야웨를 이해하는 것은 아니지만, 나는 야웨께서 부당하게 행하신다고 생각하지 않는다. 상세하게 제시한 나의 답을 보려면 관련된 장들을 다시 읽기 바란다. 그럴 마음이 없는 사람을 생각해서 그 내용을 간단히 요약하련다.

- 1장에서는 구약 성경의 하나님 야웨의 평판이 나쁘다는 것을 언급했다. 그리고 비판적인 하나님 인식은 구약 성경을 읽는 사람들에게 부정적인 영향을 주므로, 이러한 비판적인 인식을 검토하고 그 정당성 여부를 판단하는 것이 중요함을 언급했다.
- 2장에서는 실제로 야웨께서 악과 불의와 억압에 진노하시지만, 야웨의

진노는 항상 정당함을 관찰했다. 또한 야웨는 노하기를 더디 하신다는 것과 그분의 근본 성품은 사랑임을 지적했다.

- 3장에서는 야웨가 성차별주의자인 것 같으나, 여자를 자기 형상으로 만드시고 심지어 이스라엘을 다스리는 영적·정치적 지도자로 택하시는 등, 실제로 여자를 높이 인정하심을 보았다(드보라).
- 4장에서는 야웨가 인종차별주의자가 아니라 열방을 환영하시는 분임을 논증했다. 야웨는 심지어 자신의 백성에게 외국인을 환대하라고 명령하시는 분이다.
- 5장에서는 일정한 유형을 언급하면서 야웨의 폭력을 살폈는데, 야웨는 연약한 자들을 보호하고 평화를 조성하시려고 개인은 물론 국가들까지도 가혹하게 징벌하신다.
- 6장에서는 "야웨는 율법주의자인가?"라는 질문에 강한 부정으로 대답했다. 우리는 하나님이 우리에게 율법으로 부담을 주신다고 생각하지만, 하나님의 명령은 그분의 선하심과 복 주시려는 열망을 나타낸다.
- 7장에서는 야웨가 완고하면서도 유연성이 있는 분이라고 결론지었다. 야웨께서 자기 백성에게 복을 주겠다는 약속에 유연성을 나타내시지 않는 것은 좋은 소식이지만, 회개하는 죄인들에게 자비를 베푸는 일에 유연성을 나타내시는 것은 놀라운 소식이다.
- 8장에서는, 성경을 읽는 많은 사람이 하나님이 가까이 계심을 믿기 어려워하지만, 신구약 성경이 모두 하나님의 임재를 묘사함을 살폈다. 하나님은 자신의 백성에게 말씀하시며, 그들과 동행하시며, 그들 가운데 거하신다. 분명 이 사실은 위기에 처한 사람에게 위로가 될 것이다.

하나님은 어떤 분인가?

복습한 내용이 도움이 되기를 바라면서, 이제 이 책이 근본적으로 하나님의 성품을 다룬 책이라는 점을 강조하고자 한다. 질문으로 바꾸면, "하나님은 어떤 분인가?"를 다룬 책이라고 할 수 있다. 이 책에서 구약 성경의 하나님을 주목한 이유는 구약 성경에서 만나는 하나님에 마음 상하는 사람들이 있기 때문이다. 사람들은 종종 구약 성경의 "심술궂은" 하나님을 신약 성경의 "선량한" 하나님과 비교한다. 그러나 우리는 신구약 성경의 많은 구절을 살피면서 실제로 야웨(구약 성경의 하나님 이름)와 예수님(신약 성경의 하나님 이름)께 공통점이 있음을 보았다. 신학적으로 삼위일체 하나님(성부, 성자, 성령)을 상세하게 비교하진 않겠지만, 중요한 것은 야웨와 예수님이 뚜렷이 다른 위격을 지니고 있으면서도 본질상 한 분이라는 사실이다. 그리고 가장 중요한 것은 야웨와 예수님 모두 사랑으로 특징지어진다는 사실이다.

하나님의 본질을 생각해야 하는 중요한 이유는 하나님에 대한 관점이 하나님과의 관계를 결정하기 때문이다. 구약 성경의 하나님에 대해 부정적 이미지를 갖는 것은 성경을 읽는 우리에게 역효과를 줄 수 있다. 부정적 이미지 때문에 하나님에 대해 당황할 수 있으며, 믿지 않는 사람들에게 하나님에 관해 말하기를 주저할 수도 있다. 또한 성경이 난폭하거나 성차별적이거나 인종차별적인 행위를 용납한다고 생각할 수도 있는데, 이는 그리스도 시대 이후로 그리스도인들이 교회와 더불어 싸우고 있는 문제다. 부정적 이미지 때문에 우리는 하나님으로부터 멀어질 수 있다(진노하거나, 성차별적이거나, 인종차별적이거나, 난폭하신 하나님과 누가 친밀한 관계를 맺으려 하겠는가?). 부정적 이미지 때문에 문제가 되는 본문을 무시하거나 겁이 나서 아예 성경 읽기를 멀리할 수도 있을 것이다.

야웨를 이해하려면, 야웨를 부정적으로 드러내는 것 같은 구절을 무시하는 대신 연구하고, 토론하고, 가르쳐야 한다. 우리의 모든 의문이 완전히 풀리지는 않겠지만, 야웨와 예수님을 조화시킬 수 있다는 것과 신구약 성경의 하나님이 사랑의 하나님이심을 발견할 것이다. 하나님은 여자를 인정하시며, 외국인에게 친절하시며, 검이 아닌 화평을 주신다. 하나님은 율법주의자가 아니라 은혜로운 분이며, 완고하지 않고 유연성이 있으시며, 멀리 계시지 않고 가까이 계신다. 하나님은 멋진 분이다.

하나님은 매력적이시며, 관계를 맺으시며, 선하시다

학생들과 성경 본문을 연구하는 동안, 그들이 하나님의 성품에 주목하기를 바라기에, 나는 종종 질문한다. "우리는 이 본문에서 하나님에 관해 무엇을 배우는가?" 나는 학생들이 설교를 통해 듣거나 책에서 읽는 것이 아닌, 직접 말씀에서 배운 것을 토대로 하나님이 어떤 분인지 생각하기를 원한다. 우리는 이 책의 각 장에서 많은 구절을 검토했으며, 나는 이 구절들을 근거로 많은 형용사(사랑의, 환대하는, 평강의, 은혜로운, 유연한 그리고 가까이 계시는)를 사용하여 야웨가 어떤 분인지를 묘사했다. 거기에 세 개의 형용사를 덧붙이고 싶다. 하나님을 묘사하는 이 세 개의 형용사는 이 책에 단편적으로 나오는 것이 아니라 다양한 방법으로 책 전체에 등장하며, 성경 전체를 통틀어 중요한 성경 주제와 연결된다.

첫째, **매력적인** 하나님. 하나님이 지루하거나 단조로운 분이라고 생각하는 사람들은 성경을 읽어야 한다. 하나님은 복잡한 분이다. 하나님을 단조로운 분으로 묘사할 수 없다. 하나님은 진노의 하나님인 동시에 사랑의 하나님이다. 하나님은 강간을 미워하시지만, 강간당한 여자에게 강간범과 결혼하라고 명령하신다. 하나님은 가나안 창녀 라합을 택하셔서 다윗과 예수님의 조상이 되게 하신다. 하나님은 난폭하시다. 하나님이 난폭하신 이유는 오직 사악한 자들을 응징하고 연약한 자들을 보호하기 위함이다. 하나님은 자기 백성에게 성관계를 갖고, 먹고, 쉬라고 명령하신다. 하나님은 자신이 하신 약속에는 완고하시지만, 용서에는 유연성을 나타내신다. 하나님은 잠든 야곱을 쳐서 그의 기도에 응답하신다. 하나님은 우리가 하나님을 공부하면서 남은 생애를 지루하지 않게 보낼 수 있을 정도로 매력적인 분이다. 때로는 성경을 읽으며 헷갈릴 테니, 통찰력 주시기를 기도하면서 누군가에게 질문할 수 있다(같은 의문점이 있는 사람들이 있을 것이다). 하나님을 공부하는 것은 때로 복잡하거나 헷갈리지만, 하나님은 절대로 지루하거나 단조로운 분이 아니라 여러 성품을 지니신 매력적인 분이다.

둘째, **관계를 맺으시는** 하나님. 앞에서 논한 하나님의 모든 속성을 이해할 수 있는 것은 오직 백성과의 관계의 문맥에서다. 하나님은 사람을 사랑하시며, 여자를 인정하시며, 외국인을 환대하시며, 약한 자를 보호하시며, 죄인을 용서하신다. 하나님은 자기 백성에게 말씀하시며, 그들과 동행하시며, 그들 가운데 거하신다. 하나님은 거리를 두시거나, 관계를 단절하시거나, 멀리 계시지 않고, 앞서 일하시며 교제하기 원하신다. 우리도 하나님의 형상으로 창조되었기에 관계를 맺는다. 하나님과 우리의 관계는

천생연분이다. 우리는 하나님과 교제하도록 창조되었으며, 이것이 하나님이 원하시는 것이다. 우리가 길 잃은 양처럼 배회할 때 하나님은 계속 우리를 찾으신다. 우리를 배회하게 하는 것은 결코 하나님이 아니다. 원칙적으로 우리의 삶에는 하나님과 더 깊은 관계로 움직이는 과정이 있다. 깊은 교제는 다른 관계처럼 함께 시간을 보냄으로써 이루어진다. 다행히 하나님은 우리가 관계를 맺고 싶어 할 만한 분이다. 이것은 하나님을 묘사하는 마지막 형용사로 연결된다.

셋째, **선하신** 하나님. 사람들에게 있는 하나님에 대한 부정적인 관점(진노하는 신, 성차별주의자, 인종차별주의자)은 하나님을 부당한 분으로 보게 할 가능성이 있다. 다행히, 우리는 야웨와 구약 성경을 면밀하게 살피면서 하나님께 호의적인 성품(사랑의, 환대하는, 은혜로운 등)이 있음을 발견한다. 지금껏 살핀 하나님에 대한 모든 긍정적인 성품은 **선하시다**는 한마디 말로 요약할 수 있다. 하나님은 선하시다. 하나님은 선하시므로 우리처럼 악한 사람들에게 항상 좋은 일이 생긴다. 하나님은 선하시므로 하나님의 명령은 우리에게 복이 된다. 하나님은 선하시므로 우리에게 성경을 주시는데, 이 성경에서 우리는 매력적이고 관계를 맺으시는 사랑의 하나님을 배운다.

이 책을 읽으면서 하나님을 묘사하는 범위가 확대되었기 바란다. 하나님을 아는 지식이 당신을 형성하게 하라. 하나님께 매료되어 그분의 말씀에 몰두하라. 하나님이 당신과 관계 맺기를 열망하신다는 것을 인식하라. 하나님이 선하시다는 것을 확신하라.

하나님은 참으로 선하시므로, 우리는 하나님의 선하심을 선포하고 우리를 향한 하나님의 선하심에 감사하는 일만으로도 남은 생애를 보낼 수 있을 것이다. 흥미롭게도, 구약 성경을 읽는 사람들은 구약 성경에서 발견하는 하나님 때문에 괴로워하지만, 그리스도인들이 하나님을 예배하고 찬양하는 법을 배우는 곳은 여전히 구약 성경이다. 시편 106편 기자가 하나님에 대해 이해한 진리는 하나님이 선하시다는 것이며, 우리에 대해 이해한 진리는 우리가 찬양하며 감사해야 한다는 것이다. 그래서 시편 106편의 시작 구절은 이 책의 끝 구절로 적절하다.

여호와를 찬양하라! 여호와께 감사하라, 그는 선하시며
그 인자하심(*hesed*)이 영원함이로다. (시 106:1)[1]

토론을 위한 질문

1장. 평판이 좋지 않은 하나님

1. 당신이나 당신의 지인들이 생각하는 구약 성경의 하나님에 대한 부정적 이미지는 어떤 것인가?
2. 이런 부정적인 이미지는 얼마나 정당한가?
3. 이런 부정적인 이미지는 어디에서 오는가? 미디어? 텔레비전 혹은 영화? 성경?
4. 구약 성경의 어떤 구절이 문제가 있거나, 혼동을 일으키거나, 기이하다고 생각하는가?
5. 구약 성경의 하나님(야웨)과 신약 성경의 하나님(예수님)은 어떻게 비슷하거나 다른가?
6. 여호와에 대해 리처드 도킨스가 인용한 내용("구약 성경의 하나님은…여자와 동성애자를 혐오하고, 인종을 차별하고, 영아를 살해하고, 종족을 살해하고, 자식을 살해하며, 역병을 일으키고, 과대망상적이고, 가학피학성 변태 성욕을 지닌 변덕스럽고 악의적인 불한당이다")을 어떻게 생각하는가? 그의 의견에 동의하는 부분과 동의하지 않는 부분은 어디인가?
7. 여호와에 대한 부정적 이미지는 구약 성경을 읽고, 연구하고, 가르치려는 당신의 열망에 어떤 영향을 주는가?
8. 구약 성경의 하나님을 더 잘 파악하려면 무엇을 할 수 있나?

2장. 진노의 하나님

1. 당신의 행동 때문에 하나님이 당신을 벌하거나 치실 것이라고 걱정해 본 적이 있는가? 있다면 어떤 행동이었는가?
2. 당신이 다윗이라면 야웨께서 웃사를 죽이시는 것을 보았을 때 어떻게 느꼈을까? 하나님께 무엇이라고 말했을까?
3. 자동차 트렁크에 타 본 적이 있는가? 예를 들어, 조수석에 타기를 원하는 당신에게 누군가가 자신의 차 트렁크에 타라고 한다면 어떤 기분이 들겠는가?
4. 당신이 소중하게 여기는 것을 잃어버린 이야기를 해 보라. 그것을 찾았을 때 어떻게 축하했는가? 그런 경험은 잃어버린 언약궤를 되찾는 이야기를 이해하는 데 얼마나 도움이 되는가?
5. 당신은 어떤 일에 화를 내는가? 또 얼마나 빠르게 혹은 더디게 화를 내는가? 당신은 흥분을 가라앉히기가 얼마나 어려운가? 분을 가라앉히려고 애쓰는 데서 하나님에 대해 무엇을 배우는가?
6. 당신은 깨어진 관계에 얼마나 화를 내는가? 불의나 압제에 얼마나 화가 나는가?
7. 언제 화를 내는 것이 좋은가? 관계에서, 사람들은 적절한 분노와 변함없는 사랑 사이의 적절한 균형을 어떻게 모색하는가?

3장. 성차별주의자 하나님

1. 여자들이 특별히 교회라는 맥락에서 경험한 성차별적 발언이나 사건을 나누게 함으로써 토론을 시작하라.

2. 누군가가 "구약 성경의 하나님은 성차별주의자다"라고 말한다면, 무엇이라고 말하겠는가?

3. 남자가 받은 저주와 여자가 받은 저주 중 어떤 게 더 나쁜가?(창 3:16-19) 왜 그렇게 생각하는가?

4. 에피듀랄과 콤바인을 사용하는 목적과 관련해서, 우리는 저주의 결과, 특히 여자를 지배하는 남자의 문제를 어떻게 극복할 수 있는가?

5. 구약 성경에 등장하는 어떤 여자에 관하여 읽고 공부하고 싶은가?

6. 예수님이 자신의 발에 향유를 부은 여인을 왜 그처럼 극적으로 칭찬하셨다고 생각하는가? 남자들에게 하는 질문인데, 당신이 마지막으로 공공연하게 여자를 예수님처럼 극적으로 칭찬한 것은 언제였나?

7. 여자들이 교회라는 맥락에서 남자들로부터 공공연하게 높임을 받거나 칭찬을 받은 경험을 나누게 함으로써 토론을 마치라.

4장. 인종차별주의자 하나님

1. 당신의 문화에서 인종 문제는 얼마나 중요한가? 교회에서는 대체로 어떤가? 특히 당신의 교회에서는 어떤가?

2. 하나님이 인종차별주의자가 아니라면, 하나님은 왜 이스라엘 사람들에게 그처럼 많은 관심을 두실까?

3. 당신의 교회는 얼마나 통합되거나 분리되었는가? 다른 인종이나 종족에 속한 사람들을 환영하는 데 어떤 장애가 있나?

4. 가나안의 창녀 라합을 자기 백성으로 쾌히 받아들이시고, 심지어 그녀를 예수님의 조상이 되게 하시는 하나님을 당신은 어떻게 생각하는가?

5. 선한 사마리아 사람 이야기가 그처럼 대중물이 된 이유는 무엇인가?
6. 당신의 교회에서 인종 문제를 제기하기 위해 당신이 할 수 있는 것은 무엇인가?
7. 다른 인종 또는 다른 신앙을 가진 사람을 친구 삼는 일에서 당신은 어떻게 성 프란체스코를 닮을 수 있는가?
8. 초대 그리스도인들이 복음을 전파하려고 인종의 담을 넘지 않았다면, 오늘날 교회는 어떤 모습이 되었을까?

5장. 폭력적인 하나님

1. 당신이 엘리사이고 야웨께서 10대 무리로부터 당신을 보호하신다면 당신은 어떻게 느낄까?
2. 가나안 사람들의 학살은 왜 그처럼 이해하기 어려운 문제인가? 그것은 현대의 종족 살해와 얼마나 같거나 다른가?
3. 성경 저자들은 왜 그처럼 많은 폭력과 전쟁을 기록했을까? 부분적으로 그것들을 수정했어야 하지 않을까?
4. 폭력적인 징벌 개념에 대해 당신은 얼마나 마음이 불편한가?
5. 당신의 원수는 누구인가? 당신은 어떻게 엘리사와 예수님처럼 원수를 사랑할 수 있는가?
6. 원수나 사이가 좋지 않은 누군가를 당신이 어떻게 사랑했는지 이야기를 나누어 보라.
7. 가정, 학교, 일터 그리고 이웃과의 관계에서 당신은 어떻게 평화와 화해를 돈독히 할 수 있는가?

6장. 율법주의자 하나님

1. 왜 그처럼 율법주의적인 그리스도인이 많은가? 이 사실은 교회 밖에 있는 사람들로 하여금 하나님을 어떻게 인식하게 하는가?

2. 이치에 닿지 않는다고 생각하는 구약 성경의 율법 하나를 택하라(이상하거나, 기이하거나, 가혹하거나, 부당한). 하나님이 왜 그 율법을 지키라고 명령하시는지, 가능한 이유를 토론하라.

3. 하나님이 당신에게서 좋은 것을 제거하시려는 것처럼 보이기 때문에 따르기 어려운 성경의 명령 하나를 택하라. 어떻게 이 명령에서 당신이 하나님을 신뢰할 수 있음을 스스로에게 상기시킬 수 있는가?

4. 하나님의 율법을 사랑하고 감사하는 데 있어서, 당신은 어떻게 시편 119편 기자처럼 될 수 있는가?

5. 당신은 하나님의 명령 중 어떤 것이 순종하기 쉬운가?(성관계를 가지라? 먹으라? 쉬라? 잔치하라? 가난한 자들을 도우라?) 이런 명령들을 그처럼 따르기 쉽게 하는 것은 무엇인가?

6. 당신의 문화에 속한 사람들이 쉬기 어려워하는 이유는 무엇인가? 당신은 언제 안식일의 쉼을 갖는가? 안식일에 무엇을 하는가? 당신과 당신 가족이 쉬라는 하나님의 명령을 따르고 있음을 어떻게 확신하는가?

7장. 완고한 하나님

1. 당신이 알고 있는 완고한 사람을 생각해 보라(당신일 수도 있다). 이런 사람 가까이에 있는 것은 어떠한가? 이 사람이 완고한 것이 좋은 때는 언제인가?

2. 당신은 얼마나 쉽게 마음을 바꾸는가? 어떤 상황일 때 마음을 바꾸기가 쉽거나 어려운가?

3. 야웨께서 이사야에게, 히스기야에게 돌아가서 야웨께서 뜻을 돌이키셨으며 그의 수명이 15년 연장될 것이라고 전하게 하셨는데, 당신이 이사야라면 어떻게 느꼈을까? 이사야처럼 반응하기 어려웠다면, 그 이유는 무엇일까?

4. 요나처럼 하나님이 누군가에게 자비를 베풀지 않으셨으면 좋겠다고 느껴 본 적이 있는가? 어떤 유형의 사람이 당신으로 하여금 그렇게 느끼게 하는가? 왜 그런가?

5. 지나치게 유연성이 있었거나 지나치게 유연성이 없었던 때의 이야기를 나누라.

6. 언제 유연성을 나타낼지 언제 완고할지를 당신은 어떻게 결정하는가?

8장. 멀리 있는 하나님

1. 하나님께 불평하거나 탄식하는 것을 얼마나 편안하게 생각하는가?

2. 예수님이 십자가에서 탄식하셨을 때, 당신이 그곳에 있었다면 그분께 무엇이라고 말했을까?

3. 개인적으로 위기에 처한 동안에 하나님이 멀리 계시거나 가까이 계신 것처럼 생각되었던 때의 이야기를 나누어 보라.

4. 오늘날 하나님은 자신의 임재를 어떻게 나타내시는가? 하나님은 당신에게 어떻게 말씀하시는가? 언제 하나님의 임재를 경험하는가?

5. 당신이, 아브라함이 야웨와 동행하거나 제자들이 예수님과 동행한 것

처럼, 하나님과 동행하기 어려운 것은 무엇 때문인가?
6. 야웨나 예수님에 관해 당신이 가장 끌리는 것은 무엇인가? 왜 그분들에게 가까이 가기를 원하는가?
7. 당신이 속한 교회의 조직폭력배와 창녀 비율은 얼마나 되나? 당신의 공동체를 예수님 시대의 공동체처럼 만들려면 어떻게 그 비율을 늘릴 수 있을까?

에필로그

1. 구약 성경에서 문제가 있는 어떤 구절을 정하여 읽거나, 공부하거나, 가르칠 생각이 있는가?
2. 당신이 하나님을 매력적이고 관계를 맺는 선한 분이라고 느낀다면, 당신의 행동은 어떻게 달라질까?
3. 당신이 하나님을 묘사할 때 가장 즐겨 쓰는 단어는 무엇인가? 왜 그 단어인가? 어떻게 해야 더욱더 이 단어로 표현되는 하나님처럼 될 수 있을까? 이 과정에서 당신을 도우실 하나님의 은혜를 구하고 기도하라.

주

1장. 평판이 좋지 않은 하나님

1) 예를 들어, 출 34:6; 민 14:18; 시 86:5, 15; 103:8; 145:8; 느 9:17; 욜 2:13; 욘 4:2.
2) 신약 성경에서 '지옥'(*Gehenna* 혹은 *Hades*)이라는 말의 73퍼센트는 예수님의 입에서 나온다.
3) 신약 성경은 롯을 '의롭다'고 간주한다(벧후 2:7).
4) 앞으로 여러 장에서 웃사, 롯 그리고 가나안 사람들을 논할 것이다.
5) Gary Larson, *The Far Side Gallery 5*(Kansas City: Andrews McMeel, 1995), p. 40.
6) 다행히 하나님은 엘리야와 브루스 두 사람의 요구를 모두 거절하셨다.
7) "The Telltale Head", season 1, episode 8.
8) Richard Dawkins, *The God Delusion*(New York: Mariner, 2008), p. 51. 「만들어진 신」(김영사).
9) Christopher Hitchens, *God Is Not Great: How Religion Poisons Everything*(New York: Hatchette Book Group, 2007). 「신은 위대하지 않다」(알마).
10) "The Far Side"에서, 하나님은 또한 퀴즈프로 출연자로 두각을 나타내시며 [*Valley of The Far Side*(London: Chronicle, 1987), p. 52], 설익은 행성을 만드시며[*It Came from the Far Side*(London: Warner, 1986), p. 58], 진흙으로 뱀을 만드신다["야, 이거…너무 쉬운걸!" *The Far Side Gallery 4*(Kansas City: Andrews and McMeel, 1993), p. 18]. "The Simpsons"("Homer the Heretic", episode 3, season 4) 일화에서, 호머는 처음에 교회를 빼먹어 하나님의 화를 돋우지만, 하나님은 호머의 얘기를 듣고 결국 그의 견해를 따르신다.
11) 현대의 성경 번역가들은 '치다'(smite)와 같은 강한 단어의 사용을 꺼리는 것 같으나, KJV 번역가들은 그런 말을 거리낌 없이 사용한다.
12) 다음 책에서 자연재해가 발생했을 때의 하나님 역할에 대해 논한 것을 보라. Christopher J. H. Wright, *The God I Don't Understand*(Grand Rapids:

Zondervan, 2008), pp. 31-32, 44-50.

13) 하지만 Christopher Hitchens는 *God Delusion*, p. 283에서, 신약 성경의 악이 구약 성경의 악을 능가한다고 생각한다(*God Is Not Great*, pp. 109-122).
14) *Free Inquiry 25*(2005): 9-10. 또 Dawkins, *God Delusion*, p. 283를 보라.
15) Robert Wright, "One World, Under God", *The Atlantic*, April 2009, p. 38.
16) Tremper Longman, *Making Sense of the Old Testament: Three Crucial Questions*(Grand Rapids: Baker, 1998)에 도움을 주는 논의가 있으며(pp. 55-101), 신구약 성경의 하나님 묘사가 통일되어 있다고 주장한다.「구약 성경의 이해」(CLC).
17) 하나님의 이름에 관한 상세한 논의를 보려면 다음 논문을 참고하라. David W. Baker, "God, Names of" in *Dictionary of the Old Testament: Pentateuch*, ed. T. Desmond Alexander and David W. Baker(Downers Grove, Ill.: InterVarsity Press, 2003), pp. 359-368.
18) 또한 '하나님'으로 번역되는 관계형 '엘'(*el*)은 종종 '엘 엘욘'(*el elyon*, "지극히 높으신 하나님", 창 14:18), 또는 '엘 샤다이'(*el shaddai*, "전능한 하나님", 창 17:1)처럼 연결형으로 나온다.
19) '야웨'라는 이름을 경칭을 사용하여 '주님'으로 번역하는 것이 이상한 것 같지만, 이는 유대 전통을 따르는 것으로, 그들은 히브리어를 읽을 때 거룩한 이름 '야웨'를 말하지 않고 '아도나이'(*adonai*, 주님)라고 말한다.
20) 역설적이지만, 하나님의 이름에 대한 존경 때문에 많은 유대인은 하나님을 부를 때 '야웨'라는 이름을 쓰지 않는다.
21) 경칭이 이름보다 친밀하게 느껴지는 유일한 상황은 부모 자식 관계일 것이다. 지구상에 유일하게 나를 "아빠"라고 부를 수 있는 두 사람이 있으며, 그들이 쓰는 이 말은 우리의 특별하고 유일한 관계를 나타낸다.
22) Scot McKnight, *The Jesus Creed*(Brewster, Mass.: Paraclete Press, 2004)를 보라. 그는 여기서 하나님과 이웃을 사랑하라는 명령을 훌륭하게 논한다.

2장. 진노의 하나님
1) 나는 이 말을 사용한 것을 사과한다.
2) Chris Tomlin은 "Indescribable"(2005)에서 하나님은 "모든 벼락이 어느 곳에 떨어져야 하는지 말씀하셨다"고 노래하지만, 나는 별로 확신이 없다.

3) "Nuclear Materials Transportation", U.S.NRC〈www.nrc.gov/materials/transportation.html〉(2010년 8월 23일에 접속).
4) 수레가 사람을 태우는 데 사용된 경우가 한 번 있었다(창 45:19).
5) 구약 성경은 결코 언약궤가 어떻게 되었는지를 말하지 않으나, 학자들은 대부분 주전 587년 느부갓네살이 예루살렘을 정복하고 성전을 약탈했을 때(왕하 25장) 빼앗겼다고(혹은 파괴되었다고) 추정한다. 하지만, 우리가 알고 있듯이, 언약궤는 마침내 인디아나 존스에게 발견되어 지금 미국 정부 소재 한 창고에 있다.
6) 이 본문을 다룬 훌륭한 논의를 참고하려면, Walter Brueggemann, *Theology of the Old Testament: Testimony, Dispute, Advocacy*(Minneapolis: Fortress, 1997), pp. 213-228를 보라. 「구약신학」(CLC).
7) Daytona 500에 모터사이클이 아닌 자동차가 참가함을 알고 있다.
8) 출 34:7에는 "세대"(*dor*)라는 말이 없으나, 문맥상으로 이 말이 암시되어 있기 때문에 NRSV에 이 말이 포함된 것은 적절하다.
9) 실제로 야웨는 아직 그의 이름을 아브람에서 아브라함으로 바꾸시지 않았다(창 17:5). 400년 동안의 종살이(창 15:13)와 네 세대가 지난 후에 약속의 땅으로 돌아오는(창 15:16) 시기에서 세대 문제가 쉽게 해결될 수 있다. 한 **세대**는 단지 30년이 아닌 오랜 연한을 뜻할 수 있기 때문이다.
10) 예수님이 다른 뺨을 돌려 대라고 말씀하셨음을 감안하면(마 5:39), 실제로 예수님이 채찍으로 짐승 파는 자들과 환전상들을 치지는 않으셨을 것이다.

3장. 성차별주의자 하나님

1) Richard Dawkins, *The God Delusion*(New York: Mariner, 2008), p. 58에 인용된 Gore Vidal의 글.
2) Voula Papas, "Women in the Bible", Atheistic Foundation of Australia 〈www.atheistfoundation.org.au/articles/women-bible〉(2010년 4월 23일에 접속).
3) "Proof#30: Examine God's Sexism", God Is Imaginary〈http://godisimaginary.com/i30.htm〉(2010년 4월 23일에 접속).
4) "Is God/the Bible Sexist?" Gotquestion.org?〈www.gotquestions.org/God-Bible-sexist.html〉(2010년 4월 23일에 접속).
5) Jim Burns, "Is God Sexist?" *Christianity Today*〈www.christianitytoday.

com/iyf/advice/goodadvice/1.16.html〉(2010년 4월 23일에 접속).
6) Rich Deem, "Sexism in the Bible: Is Christianity Sexist", God and Science 〈www.godandscience.org/apologetics/sexism.html〉(2010년 4월 23일에 접속).
7) Amy Orr-Ewing은 *Is the Bible Intolerant?*(Downers Grove, Ill.: InterVarsityPress, 2005), pp. 85-97에서 성경의 성차별 주제에 관한 훌륭한 내용을 기록하고 있으나, 그녀는 구약 성경보다 신약 성경에 더 주목한다.
8) Rice가 자신의 개종 번복을 결정한 데는 다른 요소들이 있다. "Anne Rice: 'I Quit Christianity'", "CBS News"〈www.cbsnews.com/stories/2010/07/30/entertainment/main6727348.shtml〉(2010년 8월 18일에 접속)을 보라.
9) 성경에 나타난 성차별에 관한 토론은 많은 부분 바울서신에 집중되어 있으나, 나는 구약 성경에 주목하기 때문에 여기서는 그것을 논하지 않겠다.
10) 창 1-3장에 관한 나의 토론이 깊어진 것은 수년에 걸쳐 아내와 나눈 대화를 통해서다.
11) 수업에서 학생들이 답변한 그 밖의 대답("갈빗대", "벗은", "어머니")은 중립적이거나 긍정적이었다.
12) 여기서 몇몇 번역본은 *adam*을 "사람"으로 번역하지만, 문맥에 따라 대체로 '인간들'로 번역해야 하며, 최근에는 많은 번역본이 이렇게 번역했다(TNIV, NET, NLT, NRSV). 창 1:27은 "남자와 여자"에 관해 말하고 28절은 생육하고 번성함에 주목하는데, 이는 여성 없이 하기 어려운 일이다.
13) 하나님과 달리, 인간은 타락하고 부패하였으며 죄를 짓기 쉽다.
14) 여기서는 구약 성경에 나타난 잠정적인 성차별에 초점을 두려 한다. 그러나 창 1:26-28에 관한 기록과 인간이 어떻게 하나님의 형상을 반영하도록 계획되었는지에 관한 기록이 많이 있다. 토론과 참고문헌 정보를 위해서는, Gordon J. Wenham, *Genesis 1-15*(Waco, Tex.: Word, 1987), pp. 28-33를 보라. 「창세기(상)」(솔로몬)
15) Brueggemann의 지적에 따르면, 창 5:1과 9:6에서 하나님의 형상을 또다시 말하기 때문에, 이것은 창 3장에서 열매를 먹은 것(타락) 때문에 인간에게서 하나님의 형상이 없어졌음을 뜻하지 않는다. *Theology of the Old Testament: Testimony, Dispute, Advocacy*(Minneapolis: Fortress, 1997), p. 452를 보라.
16) 창 2장과 3장에 대한 통찰력 있는 논의를 위해서는, Phyllis Trible, *God and*

the Rhetoric of Sexuality(Philadelphia: Fortress, 1978), pp. 72-143를 보라. 저자의 설득력 있는 주장에 따르면, 이 본문을 대중적인 여성혐오의 글로 읽는 것은 부정확한 해석이다. 「하나님과 성의 수사학」(태초).
17) 디모데에게 보낸 첫 서신에서 바울이 창 2장을 근거로 주장하는 것은 여성이 남성보다 열등하다는 것이 아니다. 그는 단지 그 특별한 맥락에서 여자들이 가르치는 것을 원치 않았던 것이다(딤전 2:13).
18) 한 예외에서, 거짓 "신들"은 돕도록 요청을 받는데(신 32:38), 이는 비꼬는 말이다. William J. Webb의 주장에 따르면, '에제르'(ezer)가 우월한 상태를 말한다고 생각할 수 없다. 그러나 Webb이 인용하는 증거는 반대의 결론을 암시하며, 그는 모세오경의 다른 곳에서 ezer가 전적으로 거룩한 존재들에게 사용되고 있다는 사실을 무시한다. Slaves, Women & Homosexuals(Downers Grove, Ill.: InterVarsityPress, 2001), p. 128.
19) 예를 들어, 삼상 7:12; 대상 12:18; 15:26; 대하 14:11; 18:31; 25:8; 26:7; 32:8; 시 28:7; 30:10; 33:20; 37:40; 46:5; 54:4; 70:5; 79:9; 86:17; 89:19; 109:26; 115:9-11; 118:13; 121:2; 124:8; 146:5; 사 41:10, 13-14; 44:2; 49:8; 50:7, 9을 보라.
20) 바울도 속은 것은 아담이 아니라 여자였다고 말한다(딤전 2:14).
21) 남자든 여자든 죽으면 몸이 썩기 때문에, 남자에게 임한 이 저주가 여자에게도 적용된다고 주장할 수 있다. 그럼에도 이 저주의 직접적인 표적이 여자가 아닌 남자라는 사실은 남는다.
22) 나는 출산 때 여자가 겪는 위험과 고통을 결코 경시하고 싶지 않다. 첫 아들이 태어날 때 아내는 출혈을 많이 했다. 100년 전이었다면, 아내는 죽었을 것이다.
23) Wenham, Genesis 1-15, pp. 80-81; and Derek Kidner, Genesis: An Introduction and Commentary, Tyndale Old Testament Commentary series(Downers Grove, Ill.: InterVarsity Press, 1967), pp. 70-71를 보라.
24) 벧후 2:7은 "의로운 롯"을 말하지만, 무엇을 근거로 이렇게 평가하는지에 대한 설명은 전혀 없다.
25) 삿 19-20장에서 이 소돔 사건과 유사한 상당히 비참한 사건이 발견되는데, 베냐민 성읍 사람이 난폭한 강간을 저지르자 보복에 나선 나머지 지파가 베냐민 지파를 몰살했다.
26) 다윗과 그 아들 압살롬은 다말이 강간당한 것이 명백히 잘못된 행위라고 생각

했다. 다윗은 장자 암논에게 아무 일도 하지 않았지만, 압살롬은 암논이 죽게 만들었다(삼하 13:23-29).

27) Webb, *Slaves, Women & Homosexuals*, pp. 46-47, 76-81.
28) *Tight Fists or Open Hands? Wealth and Poverty in Old Testament Law*(Grand Rapids: Eerdmans, 2009), pp. 16-28에서 이 주제에 관한 David L. Baker의 논의를 보라.
29) Bess Twiston Davies, "Is the Bible Sexist? New Research Claims Bible's Negative Stance on Women is a Myth", The(London) *Times Online* 〈www.timesonline.co.uk/tol/comment/faith/ article4866842. ece〉(2010년 4월 23일 에 접속).
30) 참고 구절: 한나의 기도(삼상 2:1-10), 마리아의 노래(눅 1:46-55), 드보라의 노래(삿 5:1-31). 삿 5:1은 드보라와 바락이 함께 노래를 지은 것처럼 보이게 할 가능성이 있다. 그러나 7절에서 드보라는 1인칭으로 말하며, 12절에서는 바락이 포로를 끌고 가는 동안 드보라가 노래한다.
31) 예를 들어, 혈루증을 앓는 여인(막 5:33-34), 사마리아 여인(요 4장), 수로보니게 여인(막 7:26-29), 막달라 마리아(요 20:11-18).
32) 예를 들어, 잃어버린 동전(눅 15:8-10)과 끈질긴 과부(눅 18:1-8).
33) 품꾼은 보통 하루 삯으로 한 데나리온을 받았으므로, 이 액수는 1년 치 품삯에 해당할 것이다.
34) 마가는 여자를 비난한 사람이 누구인지 밝히지 않지만, 마태는 그것이 제자들이었음을 알려 준다(마 26:8).
35) 이것은 인종 문제를 제기한 소수민의 경우와 비슷한 상황인데, 다음 장에서 이야기하겠다.

4장. 인종차별주의자 하나님

1) William R. Jones, *Is God a White Racist?*(Boston: Beacon Press, 1997). Jones는 인종차별 문제를 알릴 수 있는 가장 실행 가능한 신학적 대안이 인간 중심의 이신론이라고 믿는다. 이는 근본적으로 하나님이 절대 주권자가 아니시며 인간에게 자치권이 있다는 이론이다.
2) 그녀의 앨범 "It's Not Me, It's You"에서.
3) Richard Dawkins, *The God Delusion*(New York: Mariner, 2008), p. 51.

4) 이런 구절들을 포스터로 만들고 싶다면 그렇게 하라. 그러나 포스터에 창 11:12-13이라고 적어 넣으라.
5) 하나님이 다른 인간을 창조하셨다는 언급이 없으므로, 셋은 자기 여동생과 결혼해야 했던 것 같다(창 4:26). 그것은 여동생과 키스하는 것보다 나쁘다.
6) W. H. Griffith Thomas는 "아프리카에 있는 함의 후손들은 수세기 동안 야벳 족속의 노예로 살아왔다"고 기록한다[*Genesis: A Devotional Commentary*(Grand Rapids: Eerdmans, 1946), p. 97].
7) William J. Webb, *Slaves, Women & Homosexuals*(Downers Grove, Ill.: InterVarsityPress, 2001), pp. 43-45, 74-76.
8) 종족 살해의 피해를 입은 사람들이 가나안 사람들에 대한 폭력을 보는 관점은 그런 공포를 겪은 적이 없는 우리의 관점과 다를 것이다. 그러므로 르완다나 수단에서 이런 이야기를 읽는다면 더욱 생생한 느낌이 들 것이다.
9) A. K. Grayson의 *Assyrian Rulers of the Early First Millennium BC I(1114-859 BC)*(Toronto: University of Toronto Press, 1991), p. 201를 보라.
10) William W. Hallo and K. Lawson Younger, *The Context of Scripture*, vol. 2(Leiden, U.K.: Brill, 2003), pp. 137-138를 보라.
11) K. Lawson Younger는 또한 정복 설화의 언어가 과장적이라고 생각한다. *Ancient Conquest Accounts: A Study in Ancient Near Eastern and Biblical History Writing*(Sheffield, U.K.: JSOT Press, 1990), pp. 226-228.
12) 5장에서 이스라엘 자손이 가나안 사람들을 쫓아내려 했으나 성공하지 못한 것을 더 상세히 논하겠다.
13) 이 열방의 위치를 정확하게 알기란 불가능하지만, 그들은 모두 가나안에, 가나안 가까이에, 또는 가나안 주변에 있었다.
14) 관심 있는 독자를 위해, 이 주제를 더 상세하게 전달하는 Christopher J. H. Wright의 저서 두 권을 추천한다. *Old Testament Ethics for the People of God*(Downers Grove, Ill.: InterVarsity Press, 2004), 「현대를 위한 구약윤리」(IVP)에서 Wright는 가나안 사람들에게 행한 폭력 문제에 대한 논의를 부록에서 다룬다. *The God I Don't Understand*(Grand Rapids, Zondervan, 2008)에서는 두 장을 할애하여 가나안 사람들에게 주목한다(pp. 76-108). 「성경의 핵심 난제들에 답하다」(새물결플러스).
15) 이 주제에 관한 논의를 위해, Matthew Soerens & Jenny Hwang,

Welcoming the Stranger: Justice, Compassion & Truth in the Immigration Debate(Downers Grove, Ill.: IVP Books, 2009)를 보라.

16) 또한 야웨는 그들에게 가난한 자들과 외국인을 위해 밭에 여분의 곡식과 양식을 남기라고 하셨으며(레 19:10; 23:22; 신 24:19-21), 심지어 그들 가운데 있는 외국인에게 그들 십일조의 일부를 주라고 하셨다(신 26:12-13).

17) *Jonah: A Veggie Tales Movie, Daniel and the Lion's Den and Duke and the Great Pie War*(룻기를 바탕으로).

18) *Theology of the Old Testament: Testimony, Dispute, Advocacy* (Minneapolis: Fortress, 1997), pp. 520-522에서 이 두 구절에 대한 Brueggemann의 통찰력 있는 해석을 보라.

19) 20여 년 전, Ray Bakke는 지금껏 들은 설교 중 가장 기억할 만한 설교를 했는데, 제목은 "가문의 비밀"이었으며, 마태복음에 기록된 예수님 족보에 나오는 네 여인을 다루었다. 이 설교를 팟캐스트로 들으려면, ⟨www.urbansermons.org/f/ray-bakke⟩(2010년 8월 23일에 접속)로 가라. 이 설교를 출판물로 보려면 그의 책, *A Theology as Big as the City*(Downers Grove, Ill.: InterVarsity Press, 1997), pp. 119-126를 보라.

20) David Van Biema, "Can Megachurches Bridge the Racial Divide?" *Time*, January 11, 2010, pp. 38-41.

21) 거의 800년 전, Francis가 군주에게 정확하게 무슨 말을 했는지는 알기 어렵다. 이것은 Julien Green, *God's Fool: The Life and Times of Francis of Assisi*(San Francisco: Harper & Row, 1985), pp. 204-205에서 인용한 내용이다.

5장. 폭력적인 하나님

1) "Letter to the Editor", *The Philadelphia Inquirer*, July 2, 2009.
2) Reginald Finley Sr., "2nd Kings 2:23-A Story of God's Love"⟨www.infidelguy.com/article168.html⟩(2010년 4월 23일에 접속).
3) 이 답변을 올린 다음에 '카탄'(*qatan*)이 '나아르'(*naar*)라는 복수형과 함께 사용된다는 것을 알았는데, *qatan*과 '엘레드'(*yeled*)처럼 *naar*에도 넓은 의미가 있어서 성인 압살롬(삼하 14:21)을 묘사하는 데 사용되기도 한다. 또한, Donald J. Wiseman, *1 & 2 Kings*, Tyndale Old Testament Commentary(Downers

Grove, Ill.: InterVarsity Press, 1993), pp. 197-198를 보라.
4) 오늘날 법정에서도 유죄와 무죄를 결정하는 데 도움을 줄 수 있도록 개인의 성격을 검증한다. 나도 최근에 마약 취급 혐의로 기소된 한 친구를 위한 성격 증인으로 증언했다(그는 무혐의로 풀려났다).
5) 예를 들어, Mordechai Cogan and Hayim Tadmor, *II Kings: A New Translation with Introduction and Commentary*(New York: Doubleday, 1988), p. 239; and Marvin A. Sweeney, *I & II Kings: A Commentary*(Louisville, Ky.: Westminster John Knox Press, 2007), p. 419.
6) Nahum M. Sarna, *Exploring Exodus: The Origins of Biblical Israel*(New York: Schocken Books, 1986), pp. 158-189에서 이스라엘 율법과 고대 근동 법을 논의한 것을 보라. 「출애굽기 탐험기」(솔로몬).
7) David L. Baker, *Tight Fists or Open Hands? Wealth and Poverty in Old Testament Law*(Grand Rapids: Eerdmans, 2009), p. 207를 보라.
8) Eric Liddell과 Harold Abrahams를 다룬 영화의 제목인 "불의 전차"(Chariots of Fire)는 William Blake의 시 "예루살렘"(Jerusalem)에서 영감을 받은 것인데, 이 시에서 영화 속의 사건과 엘리야가 하늘로 올림을 받았을 때 등장하는 "불 수레"가 언급된다.
9) 한동안 평화가 지속된 것 같다. 그 다음 구절에 "이후에" 적들이 돌아왔다고 기록되었기 때문이다(왕하 6:24).

6장. 율법주의자 하나님

1) 이 연재만화는 원래 1987년 12월 6일자 신문에 실렸다. 또한, Bill Watterson, *The Authoritative Calvin and Hobbes*(Kansas City: Andrews McMeel Publishing, 1990), p. 99를 보라.
2) 하지만 예수님은 문둥병자에게 그가 모세가 명한 대로 예물을 드려 깨끗해졌다고 말씀하신다(막 1:44).
3) "Gone, Maggie, Gone", season 20, episode 13에서.
4) 이런 구조에서 독립부정사는 대체로 부사로 번역된다(surely, truly, really).
5) 유혹자 사탄에 관한 언급을 참고하기 위해서는, 마 4:1-11; 눅 4:1-13; 고전 7:5을 보라.
6) 심지어 Harold Kushner가 이것을 주제로 쓴 책이 베스트셀러가 되기도 했다.

When Bad Things Happen to Good People(New York: Anchor, 2004), 「착한 당신이 운명을 이기는 힘」(까치).

7) 욥은 의롭다고 묘사되었지만(욥 1:1, 8, 22; 2:3, 10) 그에게 나쁜 일들이 일어났다. 그는 또 야웨의 비난을 받았으며(욥 38:1-40:2; 40:6-41:34), 회개해야 했다(욥 42:3-6).

8) Joshua Berman, *Created Equal: How the Bible Broke with Ancient Political Thought*(New York: Oxford University Press, 2008).

9) Melody Kramer, *National Geographic*, December 2009, p. 18에 실린 기사의 표제 없는 도표에서.

10) Gerhard von Rad, *Deuteronomy: A Commentary*(Philadelphia: Westminster Press, 1966), p. 141를 보라. 그리고 J. Gordon McConville, *Deuteronomy*, Apollos Old Testament Commentary(Downers Grove, Ill.: InterVarsity Press, 2002), p. 338를 보라.

11) 2장에서 막 3:1-6을 간략하게 살펴보았다.

12) 삼하 21장에 등장하는 제사장의 이름은 아비아달이 아닌 그의 아버지 아비멜렉이다. 이 문제를 살펴보려면 William Lane, *The Gospel of Mark*(Grand Rapids: Eerdmans, 1974), pp. 115-116를 보라. 「마가복음 주석」(생명의말씀사).

13) 내가 순종의 동기를 생각할 수 있도록 도움을 준 사람은 John Piper, 특히 그의 저서인 *Desiring God: Meditations of a Christian Hedonist*(Portland, Ore.: Multnomah, 1996)이다. 「하나님을 기뻐하라」(생명의말씀사).

14) 나는 이렇게 의역한 시편 50편을 InterVarsity 스태프인 Greg Read에게서 얻었다.

7장. 완고한 하나님

1) episode 1("Fun Run"), season 4로부터.

2) Cindy Berry(1996). 다른 현대 기독교 음악도 하나님을 변함없는 분으로 묘사한다. 예를 들어, Chris Tomlin의 "Unchanging"(2002), "Indescribable"(2005) 그리고 "Unfailing Love"(2004). 그 밖에, David Crowder Band의 "No One Like You"(2003)와 Vicky Beeching의 "Yesterday, Today and Forever"(2006)가 이에 속한다.

3) 또한, John Goldingay, *Old Testament Theology, vol. 2, Israel's*

Faith(Downers Grove, Ill.: InterVarsity Press, 2006), pp. 88-92에서 하나님의 일관성과 유연성 논의를 보라.
4) 'regret'의 둘째 뜻이 마음을 바꾸는 것, 심지어 회개하는 것을 암시할 수 있으나, 이 단어에는 그저 사건의 변화와 관련하여 슬픔이나 비애가 담겨 있을 수 있으므로, 이 단어가 반드시 가변성을 암시하는 것은 아니다. 긍휼이나 위로의 뜻이 있는 셋째 의미 또한 반드시 변화를 암시하는 것은 아니다. 그러므로 하나님의 후회(창 6:11; 삼상 15:11)나 하나님의 긍휼(삿 2:18; 사 40:1)과 관련해서 *naham*을 사용하는 본문은 논의하지 않으려 한다.
5) KJV와 RSV의 역자들은 분명 출 32:14의 "회개하셨다"(repent)라는 말을 단지 하나님이 이스라엘을 진멸하겠다고 정한 마음을 바꾸시는 것으로 이해했을 것이다. 그러므로 본문이 반드시 야웨께 죄가 있음을 암시한다고 볼 수는 없다.
6) 심지어 사울에게도 그의 죄의 결과는 훨씬 치명적이었을 것이다. 성경은 열다섯 장 뒤에 그가 권좌에 머물러 있다가 싸움터에서 죽는다고 말한다(삼상 31장).
7) 나는 신학 모임에서 전개하는 '해방신학'에 대한 논의를 알고 있지만, 이 장에서는 그 문제를 직접 전달하지 않고 단지 성경의 양식을 관찰한다.
8) 나는 종종 아들 중 하나가 용서를 구할 때 부모로서 이렇게 느낀다. 용서해 주고 싶지만 지나치게 너그럽게 보이고 싶지는 않다.
9) 버킷 리스트에는 죽기 전에 하고 싶어 하는 모든 것이 들어 있다. 이는 2007년 Jack Nicholson과 Morgan Freeman이 출연한 영화 "버킷 리스트"(The Bucket List)에서 나온 말이다.
10) 비록 NRSV는 *naham*을 "긍휼을 나타내다"(showed compassion)로 번역하지만, 대부분 다른 번역본은 그 말을 "뜻을 돌이키다"(relent)라는 유형의 동사로 번역한다(ESV, RSV, NAS, NIV, TNK, NLT, NKJ).
11) 이사야서에서, 야웨는 "내가 어찌 위로를 받겠느냐(*naham*)?"라고 질문하신다(사 57:6). 질문의 처음에는 야웨께서 돌이키실 것 같지 않지만, 사 57:13은 바뀔 가능성이 있음을 암시하는 낙관적인 어조로 끝난다.
12) 예루살렘이 함락된 후, 예레미야는 야웨께서 주신 말씀, 즉 그들이 유다 땅에 남아 있으면, 야웨께서 그들에게 내리는 징계를 돌이키실 것(*naham*)이라는 말씀을 아직 유다에 사는 남아 있는 자들에게 전한다(렘 42:10). 전형적으로, 그들은 예레미야의 말을 믿지 않고 애굽으로 도망할 뿐 아니라 예레미야를 납치하여 데려간다(렘 43:1-7). 예레미야가 성전에서 백성에게 말씀을 전할 때,

그는 야웨께서 그들에게 내리려는 재앙을 돌이키실 수 있도록(*naham*), 그들의 악한 행동을 회개할 것을 두 번이나 간곡하게 권한다(렘 26:3, 13). 이 설교를 매듭지으면서 예레미야가 그들에게 상기시킨 것은, 히스기야 왕이 야웨께 호의를 베풀어주실 것을 간청하자 야웨께서 그에게 내리실 심판에 대해 마음을 바꾸신(*naham*) 일이었다(렘 26:19; 참고. 왕하 20:5-6). 렘 18장에서 예레미야는 토기장이와 토기의 이미지를 사용하여 야웨의 가변성의 양면을 묘사하는 신탁을 선포한다. 악한 백성이 악에서 돌이키면 야웨는 그들에게 내리려는 재앙을 돌이키실(*naham*) 것이며, 야웨께서 복을 주겠다고 약속하신 나라가 악을 행하면 그들에게 내리시려는 복에 대해 뜻을 돌이키실(*naham*) 것이라(렘 18:7-10)는 말씀이다.

13) 예언적인 두 본문이 심판을 돌이키지 않으시는 야웨를 말하는 반면(겔 24:14; 슥 8:14), 바로 다음에 나오는 구절의 문맥은 자비로운 야웨의 성품을 드러낸다. 겔 24:13은 전에 야웨께서 어떻게 예루살렘을 깨끗하게 하시고 예루살렘을 용서하셨는지(짐작컨대)를 묘사한다. 그러나 여전히 그들이 깨끗해지지 않았으므로 이번에는 야웨께서 용서하지도 돌이키지도 않으려 하신다. 스가랴는 전에 야웨께서 어떻게 재앙을 내리기로 하신 마음을 바꾸지 않으셨는지를 설명한다. 그러므로 현재 상황에서 야웨는 예루살렘과 유다 집안에 복 주려는 뜻을 바꾸시지 않을 것이다(슥 8:15).

14) Thomas Aquinas, *Summa Theologica*, question 9, "The Immutability of God." 아우구스티누스, 플라톤 그리고 디오니시우스 모두 이 주제에 관해 중요하게 할 이야기가 있을 것이라고 확신하지만, 나는 말라기서에 더 비중을 둔다.

15) Richard Rice, "Biblical Support for a New Perspective", in *The Openness of God*, ed. Clark Pinnock et al.(Downers Grove, Ill.: InterVarsity Press, 1994).

16) 같은 책, p. 32.

17) Rice는 후에 "Biblical Support", p. 47에서 말 3:6을 논했다.

18) Jonathan Edwards, in *The Works of Jonathan Edwards, vol. 2*(Carlisle, Penn.: Banner of Truth Trust, 1834), p. 115.

19) 예를 들어, Rice, "Biblical Support", p. 47를 보라.

20) 내가 알기로는, 많은 번역본(예를 들어 NAS와 NRSV)에서 아모스는 예언자가 아니라고 주장하며(암 7:14), 아모스도 처음에 자신이 예언자가 아니라고 말했

다(NIV와 ESV를 보라). 그러나 분명 그는 예언자처럼 행동했으며, 그의 이름으로 기록된 책은 예언서로 간주된다.
21) 구약 성경과 신약 성경의 세계에서, 개는 인간의 가장 친한 친구로 간주되지 않고 우리가 쥐를 대하는 것 같은 멸시의 대상이었다. 예를 들어, 신 23:2; 삼상 17:43; 삼하 3:8; 16:9; 빌 3:2; 계 22:15을 보라.

8장. 멀리 있는 하나님

1) Philip Pullman, *The Amber Spyglass*(New York: Yearling, 2000), p. 328.
2) 나는 삼부작을 읽었다. 나는 이 책을 위대한 허구로 간주하지 않으며, 그리스도인들은 이 책을 걱정할 필요가 없다. 나는 불일치점과 일치점을 찾으면서, Pullman이나 Dawkins의 글을 비평적으로 읽을 수 있다. 그리스도인들은 그들의 비판을 귀담아듣고 그것에서 배울 수 있어야 한다.
3) 마태는 아하스 왕에게 준 700년 된 이 위로의 말("하나님이 우리와 함께 계시다")이 예수님의 생애에 어떻게 들어맞는지를 적절히 보여 준다. 안타깝게도 이 구절을 배울 때 사 7:14의 처음 맥락은 종종 무시된다.
4) 학생들은 종종 이렇게 질문한다. "하나님은 어째서 탄식시편에서는 불평을 용인하시는 것처럼 보이면서 광야 여정 중에서 불평하는 이스라엘 자손에게 벌을 주셨는가?"(출 14:11; 15:24; 16:3; 17:3; 민 11:1, 4을 보라). 그 대답으로, 나는 세 가지를 이야기하려 한다. 첫째, 하나님은 광야에서 그들이 불평하면 곧바로 벌을 내리지 않으시고 처음에는 그들의 요구를 들어주셨다(양식, 고기, 물). 둘째, 그들은 방금 하나님이 수백 년 종살이에서 자신들을 구원해 내셨음을 보았으므로 그 후로 오랫동안 감사해야 했다. 셋째, 그들은 끝없이 불평했으며 결코 신뢰와 찬양의 자리에 이르지 못했는데, 하나님이 마침내 이것에 진노하셨다.
5) 탄식시편을 간단히 논하는 데 도움을 얻으려면, Nancy L. deClaissé-Walford, *Introduction to the Psalms: A Song from Israel*(St. Louis: Chalice Press, 2004), pp. 23-25를 보라. 탄식시편을 신학적으로 더 깊이 분석하고 탄식시편이 교회에 주는 잠정적 유익이 무엇인지를 알려면, Walter Brueggemann, *The Psalms and the Life of Faith*(Minneapolis: Fortress, 1995)에서 특히 "The Costly Loss of Lament", pp. 98-111를 보라.
6) 시편의 정경화 작업은 아마 복잡한 과정을 통해 수많은 저자와 편집자의 손으로 이루어졌겠지만, 나는 이 작업이 궁극적으로 하나님의 감동으로 이루어졌다

고 믿는다(딤후 3:16).
7) 개인 탄식시편 목록 48개가 있다: 3, 4, 5, 6, 7, 9-10, 13, 14, 17, 22, 25, 26, 27, 28, 31, 35, 38, 39, 40, 41, 42-43, 51, 52, 53, 54, 55, 56, 57, 59, 61, 64, 69, 70, 71, 77, 86, 88, 89, 102, 109, 120, 130, 139, 141, 142, 143편. 그것으로 충분하지 않으면, 공동체 탄식시편 목록 15개가 있다: 12, 44, 58, 60, 74, 79, 80, 83, 85, 90, 94, 123, 126, 129, 137편. 나는 이미 많은 시편이 있다고 말했다.
8) 롬 8:38-39, 눅 1:37 그리고 렘 29:11을 보라.
9) 그의 진짜 이름이 아니다.
10) 구약 성경은 말라기서가 마지막 책이지만, 히브리어 성경은 순서가 달라 역대하가 마지막 책이다.
11) 호 12:3-4은 야곱이 하나님과 천사와 겨루어 이겼다고 말한다.
12) Craig Evans, *Luke*(Peabody, Mass.: Hendrickson, 1990), p. 123를 보라.

에필로그
1) 저자의 번역.

감사의 글

이 책이 나오기까지 도움을 준 여러 사람에게 고마움을 전한다.

내 인생 여정에서 가르침을 준 인상적인 사람이 많다. IVF(폴 바이어, 그렉 리드), 풀러 신학교(존 골딩게이, 짐 버틀러, 바비 클린턴), 그리고 옥스퍼드 대학교(수 길렁엄, 휴 윌리엄슨, 폴 조이스)의 성경교사들은 성경 말씀뿐만 아니라 내가 강의와 글쓰기에 관한 관점을 형성할 수 있도록 도움을 주었다.

2007년 형(리치 램)에게 책에 대한 내 생각을 말하자, 그는 그 생각을 주제로 하는 과목을 가르칠 것을 제안했다. 2008년과 2009년에 비블리컬 신학교에서 "구약 성경에서 문제가 되는 하나님의 행동"이라는 주제로 선택과목을 개설할 기회를 주었으며, 이 수업을 듣는 학생들은 꼼짝없이 내 주제의 시험 대상이 되었다(그러나 이 시험에 짐승들은 사용하지 않았다). 수업을 들은 모든 학생이 이 책에 다양한 방식으로 참여했지만, 수업 시간에 토의한 내용이 책의 윤곽을 잡는 데 도움을 주었기에 특별히 첫 선택과목을 수강한 다섯 학생(윤정관, 박성진, 김영, 리즈 노스, 제시 노스)의 이름을 언급하고자 한다.

형과 형수(리자)는 각 장을 꼼꼼하게 읽어주었으며, 나의 노력을 격려해 주었을 뿐 아니라 귀한 관점을 제시하고 다양한 제안을 아끼지 않았다. 비블리컬 신학교 동료들(스티브 테일러, 토드 맹엄, 존 프랭키)도 부분적으로 나의 글을 읽고 피드백해 주었다. 다른 친구들(앨리슨 시워트, 다코타 피펜, 데이비드 오프더백)은 여러 장의 특정 부분을 세심하게 읽어주었는데, 그것을 통해 나는 많은 것을 배웠으며 그들도 많은 강의 자료를 얻었다.

스캇 맥나이트(Scot McKnight)에게 내 글의 주제를 이야기하자, 그는 즉시 그렉 대니얼(Greg Daniel)과 만날 것을 권했다. 그렉은 나의 에이전트가 되어 주었으며 도움이 되는 피드백을 해주었을 뿐 아니라, 출판업자를 찾는 과정에서 가이드가 되었다. 미국 IVP 팀장인 알 쉬(Al Hsu)는 내 원고를 출판 가능한 책으로 바꾸는 과정에서 균형감을 실어 주었으며, 한층 가독성 있는 책이 될 수 있도록 도와주었다.

내 최초의 성경교사는 부모님이었다. 지난 몇 년 동안 어머니는 알츠하이머로 의사소통도 하실 수 없었지만, 어린 시절부터 내게 하나님 말씀에 대한 깊은 사랑을 주입해 주신 분이 바로 어머니이시기 때문에 이 책에 막대한 영향을 주신 분이다. 아버지는 내가 IVF 사역과 대학원 생활을 하는 여러 해 동안 여러 면에서 나를 지원해 주셨다. 이 책을 쓸 때도 아버지는 관심과 제안과 격려로 후원해 주셨다.

내 화살통 속에 들어 있는 두 화살(10대 아들인 나단과 노아)은 내게 이야기를 들려주고 대중문화의 실례를 알려주는(각각에 대해 1달러를 지급했다) 연구 보조원의 역할을 잘 해주었다. 그들은 날마다 나를 웃게 만들었다.

하지만 내가 이 책을 쓸 수 있도록 가장 신실하게 토대를 만들어준 사람은 20년을 함께해 온 아내 섀넌이다. 책을 쓰는 동안 그녀는 내 얘기를 주의 깊게 들어주고, 내게 창의적 영감을 주었으며, 계속 글을 읽어주고, 끊임없이 나를 사랑해 주었다. 그녀는 나의 동반자, 나의 친구, 나의 영혼의 짝이다. 이 책을 섀넌에게 바친다.

참고문헌

- Baker, David L. *Tight Fists or Open Hands? Wealth and Poverty in Old Testament Law*. Grand Rapids: Eerdmans, 2009.
- Bakke, Ray. *A Theology as Big as the City*. Downers Grove, Ill.: InterVarsity Press, 1997.
- Berman, Joshua. *Created Equal: How the Bible Broke with Ancient Political Thought*. New York: Oxford University Press, 2008.
- Brueggemann, Walter. *The Psalms and the Life of Faith*. Minneapolis: Fortress, 1995.
- _____. *Theology of the Old Testament: Testimony, Dispute, Advocacy*. Minneapolis: Fortress, 1997.
- Cogan, Mordechai, and Hayim Tadmor. *II Kings: A New Translation with Introduction and Commentary*. New York: Doubleday, 1988.
- Dawkins, Richard. *The God Delusion*. New York: Mariner, 2008.
- deClaissé-Walford, Nancy L. *Introduction to the Psalms: A Song from Israel*. St. Louis: Chalice Press, 2004.
- Edwards, Jonathan. "The Most High a Prayer-Hearing God." In *The Works of Jonathan Edwards*. Vol. 2. Carlisle, Penn.: Banner of Truth Trust, 1834.
- Evans, Craig. *Luke*. Peabody, Mass.: Hendrickson, 1990.
- Goldingay, John. *Old Testament Theology, vol. 2: Israel's Faith*. Downers Grove, Ill.: InterVarsity Press, 2006.
- Grayson, A. K. *Assyrian Rulers of the Early First Millennium BC I(1114-859 BC)*. Toronto: University of Toronto Press, 1991.
- Griffith Thomas, W. H. *Genesis: A Devotional Commentary*. Grand Rapids: Eerdmans, 1946.
- Hallo, William W., and K. Lawson Younger. *The Context of Scripture*.

Vol. 2. Leiden, U.K.: Brill, 2003.
- Hitchens, Christopher. *God Is Not Great: How Religion Poisons Everything.* New York: Hatchette, 2007.
- Jones, William R. *Is God a White Racist?* Boston: Beacon Press, 1997.
- Kushner, Harold. *When Bad Things Happen to Good People.* New York: Anchor, 2004.
- Longman, Tremper, III. *Making Sense of the Old Testament: Three Crucial Questions.* Grand Rapids: Baker, 1998.
- McConville, J. G. *Deuteronomy.* Downers Grove, Ill.: InterVarsity Press, 2002.
- Mortenson, Greg, and David Oliver Relin. *Three Cups of Tea: One Man's Mission to Promote Peace···One School at a Time.* New York: Penguin Books, 2007.
- Orr-Ewing, Amy. *Is the Bible Intolerant?* Downers Grove, Ill.: InterVarsity Press, 2005.
- Piper, John. *Desiring God: Meditations of a Christian Hedonist.* Portland, Ore.: Multnomah, 1996.
- Rad, Gerhard von. *Deuteronomy: A Commentary.* Philadelphia: Westminster Press, 1966.
- Rice, Richard. "Biblical Support for a New Perspective." In *The Openness of God*, ed Clark Pinnock et al. Downers Grove, Ill.: InterVarsity Press, 1994.
- Sarna, Nahum M. *Exploring Exodus: The Origins of Biblical Israel.* New York: Schocken Books, 1986.
- Seibert, Eric A. *Disturbing Divine Behavior: Troubling Old Testament Images of God.* Minneapolis: Fortress, 2009.
- Soerens, Matthew, and Jenny Hwang. *Welcoming the Stranger: Justice, Compassion & Truth in the Immigration Debate.* Downers Grove, Ill.: IVP Books, 2009.
- Sweeney, Marvin A. *I & II Kings: A Commentary.* Louisville, Ky.:

Westminster John Knox Press, 2007.
- Trible, Phyllis. *God and the Rhetoric of Sexuality*. Philadelphia: Fortress Press, 1978.
- Webb, William J. *Slaves, Women & Homosexuals: Exploring the Hermeneutics of Cultural Analysis*. Downers Grove, Ill.: InterVarsity Press, 2001.
- Wenham, Gordon J. *Genesis 1-15*. Waco, Tex.: Word, 1987.
- Wiseman, Donald J. *1 & 2 Kings*. Tyndale Old Testament Commentary. Downers Grove, Ill.: InterVarsity Press, 1993.
- Wright, Christopher J. H. *Old Testament Ethics for the People of God*. Downers Grove, Ill.: InterVarsity Press, 2004.
- Wright, Christopher J. H. *The God I Don't Understand*. Grand Rapids: Zondervan, 2008.
- Younger, K. Lawson. *Ancient Conquest Accounts: A Study in Ancient Near Eastern and Biblical History Writing*. Sheffield, U.K.: JSOT Press, 1990.

성구 찾아보기

창세기
1장 *57, 58, 59, 60, 61, 69, 70*
1-2장 *144*
1-3장 *70, 72, 233*
1-15장 *233, 234, 248*
1:1 *19*
1:26-28 *58, 87, 233*
1:27 *233*
1:28 *137, 139, 199*
2장 *58, 61, 69, 70, 143, 233, 234*
2:3 *149*
2:7 *199*
2:9 *138*
2:16-17 *138*
2:17 *49, 138*
2:18-23 *59~60*
2:21 *69*
2:21-22 *199*
3장 *57, 62, 63, 64, 69, 140, 142, 233*
3:1-5 *140~141*
3:1-6 *63*
3:8 *199*
3:14-19 *66*
3:16-19 *221*
3:21 *69*
4장 *87*
4:26 *236*
5장 *87*
5:1 *233*
5:22-23 *200*

5:24 *22*
6:6 *180*
6:7 *180*
6:9 *22, 200*
6:11 *240*
9:18-27 *88*
10장 *87, 88*
11장 *87*
11:12 *87*
11:12-13 *236*
12:3 *94*
12:7 *94*
13:12 *93*
14:18 *231*
15:2 *19*
15:6 *156*
15:12-21 *44*
15:13 *232*
15:16 *45, 94, 95, 119*
15:18-21 *94*
16:3 *93*
17:1 *200, 231*
17:5 *232*
17:8 *94*
18-19장 *71*
18:1-5 *22*
18:1-15 *200*
18:23-32 *72*
19:2-8 *10*
19:5-11 *71~72*
22장 *111, 112*

22:11-14 *197*
23:16-18 *93*
23:20 *93*
24:27 *42*
25:10 *93*
25:10-11 *93*
26:2-3 *94*
26:6 *93*
28:12 *199*
28:13-15 *94*
28:15 *197, 200*
32:7-12 *200~204*
32:10 *42*
32:24-32 *200~201*
32:26 *22*
33:18-19 *93*
33:19 *93*
37:1 *93*
37:5-10 *199*
39:2 *197*
39:3 *197*
39:21 *42, 197*
39:23 *197*
42:7-17 *51*
42:22 *52*
42:24 *52*
44:20 *115*
45:1-15 *52*
45:19 *232*
46:1-4 *94*
48:15 *200*
49:25 *61*
50:13 *93*
50:15-21 *52*
50:20 *51*

출애굽기
1:8-22 *37*
2:23 *37*

2:24-25 *37*
3:2 *193, 198*
3:5 *32*
3:8 *94*
3:11 *37*
3:12 *197*
3:13 *37*
3:14 *21*
3:15 *19*
3:20 *15, 32*
4:1 *37*
4:10 *37*
4:13 *37*
4:14 *36, 37*
4:18-20 *38*
6:1 *120*
7장 *41*
11:1 *120*
11:8 *36*
12:43-48 *97*
13:5 *94*
13:21 *198*
14:11 *40, 242*
15:7-8 *40*
15:8 *36*
15:24 *40, 242*
16:3 *40, 242*
16:35 *150*
17:2 *40*
17:3 *242*
17:8-13 *94*
17:8-14 *196*
18:4 *61*
19:5-6 *41*
19:16 *32*
19:17-25 *191~192*
20-23장 *144*
20:1-17 *191~192*
20:3-5 *40*

20:6 *44*
20:10 *149*
20:11 *149*
20:17 *153*
20:18-21 *191~192*
21:14 *124*
22:1-4 *75*
22:10-24 *99*
22:21-24 *38*
22:22-24 *124*
22:24 *36*
23:3 *146*
23:4-5 *146*
23:6 *146*
23:9 *99*
23:14-17 *146*
23:28 *120*
23:28-31 *119*
23:31-33 *94*
23:32-33 *94*
24:3 *40*
24:3-8 *41*
24:7 *40*
25-31장 *144*
25:10-15 *30*
25:22 *32, 33*
29:45 *203*
31:13 *149*
31:15 *149*
31:17 *149*
32장 *47, 172*
32:1-4 *40*
32:10 *36, 39, 41*
32:11 *36*
32:11-14 *41*
32:12 *36, 169*
32:14 *164, 169, 173, 181, 240*
32:19 *36*
32:22 *36*

32:35 *15*
33장 *196*
33:2 *120*
33:3-4 *194*
33:11 *22, 196*
33:12-17 *194*
33:20 *32*
34:5-6 *39*
34:6 *36, 39, 42, 230*
34:6-7 *42, 43*
34:7 *43, 232*
34:11 *119*
34:11-16 *94*
34:13-16 *94*
35-40장 *144*
35:2-3 *149*

레위기
1-7장 *136*
1-16장 *144*
16:2 *33*
17-26장 *144*
18:25 *94*
19:10 *237*
19:11 *75*
19:13 *75*
19:18 *21, 105, 107, 146*
19:33 *99*
19:34 *99, 107, 146*
23:22 *237*
24:19-20 *125*
24:22 *97*
26:12 *200*

민수기
1-10장 *144*
4:15 *30, 32*
7:3 *33*
7:7-8 *33*

7:7-9 *30*
9:14 *97*
10:33 *34*
11:1 *242*
12:8 *196*
14장 *150*
14:6 *196*
14:11-29 *170*
14:18 *39, 43, 230*
14:20 *175, 180, 181*
14:44 *34*
15장 *144*
15:15-16 *97*
15:32-36 *148*
16장 *150*
18-20장 *144*
26-30장 *144*
34-36장 *144*
36장 *130*
21:1 *94*
21:21-26 *94*
21:33-35 *94*
22장 *199*
22-24장 *94*
22:22 *46*
23:19 *163, 165, 172, 174, 180*
23:19-20 *174*
25:17 *15*
32:21 *119*
33:52-55 *119*

신명기
2:26-37 *94*
3:1-22 *94*
3:26 *46*
4:38 *119*
5:14 *149*
5:15 *149*
6:4 *21*

6:5 *21, 105, 146*
6:13 *21*
6:16 *21*
7:1 *119*
7:2 *15*
7:9 *44*
8:3 *21*
9:3-6 *119*
9:5 *10, 94*
10:1-5 *34*
10:8 *30, 34*
10:17-19 *98*
11:23 *119*
12-26장 *144*
12:29-31 *94*
14:2-27 *146*
15:7 *146*
15:10 *157*
15:11 *146*
16:1-17 *146*
16:18-20 *124*
17:15 *97*
18:9-14 *94*
18:12 *119*
20:1 *198*
20:18 *94*
22:9-11 *147*
22:11-12 *23*
22:25 *124*
22:25-27 *73*
22:28-29 *73*
23:2 *199*
23:7 *99*
23:20 *97*
24:7 *124*
24:14 *99*
24:14-15 *146*
24:17 *98*
24:19-21 *196*

26:12-13 *196*
27:19 *98, 99*
30:11-20 *144*
31:9 *30, 34*
31:25 *30*
32:38 *194*
33:7 *61*
33:26 *61*
33:27 *119*
33:29 *61*

여호수아
1:5 *197*
3:3 *30, 34*
3:10 *119*
3:11 *34*
3:15 *30*
3:17 *30*
4:9 *31*
4:10 *31*
4:18 *31*
6장 *96*
6:6 *31*
8:33 *31, 92*
8:35 *92*
9장 *96*
10:40 *10, 91, 92, 119*
11:12 *119*
11:12-14 *93*
11:12-15 *92*
11:14-15 *91*
13:1-6 *92*
13:13 *120*
14:12 *119*
15:63 *92, 120*
16:10 *120*
17:12 *92*
17:13 *120*
17:18 *119*

23:5 *119*
23:13 *120*

사사기
1:19 *120, 198*
1:19-34 *92*
1:21 *120*
1:22 *198*
1:24-25 *96*
1:27-33 *120*
2:11-23 *120*
2:18 *240*
2:20 *46*
2:21 *120*
4장 *76*
4:4 *22*
5:1 *235*
5:1-31 *22, 235*
6:12 *197*
6:16 *197*
6:22-23 *32*
6:23-24 *132*
19장 *111*
19-20장 *234*
19-21장 *112*

사무엘상
1:10-12 *22*
2:1-10 *22, 235*
3:19 *197*
4-5장 *29*
4:3 *34*
4:4 *31, 33, 34*
4:5 *34*
4:10 *32*
6:8-11 *33*
7:12 *234*
10:7 *198*
13:14 *22*

15:6 96
15:11 180, 240
15:29 163, 165, 172, 180
15:35 180
17:43 242
18:12 198
18:14 198
18:28 198
21:1-9 154
24:3-7 129
25장 76, 129
26:7-12 129
31장 240

사무엘하
3:8 242
6:1 32
6:1-8 29
6:7 9~10
6:13 32
6:14 35
6:20 35
7:2 204
7:13-16 68
11장 111
11:27-12:12 112
13장 76
13:1-20 74
13:23-29 235
14장 129
14:21 237
15:29 32
16:9 242
20장 129
20:14-22 76
21장 239
24:15 15
24:16 170, 181

열왕기상
1:10 22
2:26 32
3:15 34
4:34 94
6:13 204
6:19 34
8장 204
8:3 32
8:23-61 22
11:9 46
13:24 116
15:18-20 101
18:4 117
18:14 117
19:4 11
19:11-12 32, 198
20:36 116

열왕기하
2-6장 116
2:11 11
2:14 183
2:19-22 117
2:23 111
2:23-25 113
5:1-4 100~101
5:9-15 100~101
6:14-23 126~127
6:16-20 22
6:17 128
6:18 128
6:20 128
6:24 238
8장 116
13장 116
13:21 116
13:25 101
15:29 35

17:18　*46*
17:24-25　*95*
18:7　*198*
18:13　*122*
18:27　*122*
18:32-35　*123*
19:4　*123*
19:10　*123*
19:22-23　*123*
19:28　*123*
19:35　*122*
20:1-6　*167, 181*
20:5-6　*241*
25장　*232*

역대상
9:20　*197*
12:18　*234*
15:11-13　*32*
15:26　*234*
16:15　*44*
16:34　*43, 144*
16:41　*43*
21:15　*170, 181*
29:20　*198*

역대하
5:13　*43, 144*
7:3　*43, 144*
7:6　*43*
14:11　*234*
17:3　*198*
18:31　*234*
20:21　*43*
25:8　*234*
26:7　*234*
32:8　*234*
36:15-16　*117*
36:22-23　*199*

36:23　*204*

에스라
3:11　*43*

느헤미야
9:17　*39, 43, 230*

욥기
1:1　*239*
1:8　*239*
1:22　*239*
2:3　*239*
2:10　*239*
38:1　*198*
38:1-40:2　*239*
40:6　*198*
40:6-41:34　*239*
41:10　*32*
42:3-6　*239*
42:7　*37, 46*

시편
10:1　*183*
13편　*185, 186, 187, 188, 200~201*
14:3　*143*
22편　*183, 184, 185, 187, 188*
22:1　*21*
22:1-2　*184*
28:7　*234*
30:10　*234*
33:20　*234*
34:8　*144*
35:22　*183*
37:40　*234*
38:21　*183*
42:3　*183*
42:10　*183*
46:5　*234*

47편 *21*
50:10-12 *157*
50:14 *157*
54:4 *234*
67:2 *94*
70:5 *234*
71:12 *183*
76:7 *32*
78:21 *38*
79:9 *234*
79:10 *183*
86:5 *230*
86:15 *39, 43, 230*
86:17 *234*
89:19 *234*
100:5 *43, 144*
103:8 *39, 43, 230*
105:8 *43, 44*
106장 *143*
106:1 *43, 217*
106:40 *46*
106:44-45 *170, 175*
106:45 *181*
107편 *143*
107:1 *43*
109:26 *234*
110:1 *21*
110:4 *163, 165, 172, 180*
115:2 *183*
115:9-11 *234*
118편 *143*
118:1 *43*
118:2 *43*
118:3 *43*
118:4 *43*
118:13 *234*
118:29 *43*
119편 *23, 152, 153*
119:14 *152*

119:16 *152*
119:20 *23, 152*
119:24 *152*
119:35 *152*
119:47 *152*
119:70 *152*
119:77 *152*
119:92 *152*
119:97 *23, 152*
119:113 *152*
119:119 *152*
119:127 *152*
119:131 *152*
119:132 *152*
119:145 *152*
119:159 *152*
119:162 *152*
119:163 *152*
119:165 *152*
119:167 *152*
119:176 *152*
121:2 *234*
124:8 *234*
135:3 *144*
136편 *43, 143*
145:8 *39, 43, 230*
145:9 *144*
146:5 *234*
146:9 *99*

잠언
25:21 *129*
28:27 *158*

아가
3:7 *33*

이사야
2:2-4 *94*

2:4 *129*
5:1-2 *21*
7:14 *184, 198, 242*
9:6 *132*
12:1 *38*
19:23-25 *103*
34:2 *46*
38:1-6 *181*
40:1 *240*
41:10 *198*
41:13-14 *234*
43:5 *198*
44:2 *234*
49:8 *234*
50:7 *234*
50:9 *234*
54:8 *38*
56:7 *48*
57:6 *240*
57:13 *240*
58:7-9 *157*
62:5 *21*
66:18-21 *94*

예레미야
1:8 *197*
1:19 *197*
3:16 *34*
3:17 *94*
7:5-7 *157*
15:6 *170, 181*
18장 *241*
18:10 *181*
20:2 *117*
26:3 *181, 241*
26:13 *181, 241*
26:19 *169, 175, 181, 241*
29:7 *129*
29:11 *243*
33:11 *43, 144*
38:1-6 *117*
42:10 *182, 198*
43:1-7 *240*
46:28 *198*
48:7 *95*

예레미야 애가
3:25 *144*

에스겔
2:6 *117*
22:7 *99*
22:29 *99*
24:13 *241*
24:14 *241*
34장 *21*
34:11-16 *208*
36:9-11 *144*

다니엘
7:13 *21*

호세아
6:6 *137*
12:3-4 *243*

요엘
2:12-14 *171*
2:13 *39, 43, 230*
2:13-14 *181*
2:17 *183*
2:28 *199*

아모스
1:2 *38*
1:3 *38*
1:5 *95*
1:6 *38*

1:9 *38*
1:11 *38*
1:13 *38*
1:15 *95*
2:6-7 *38*
2:7 *38*
2:12 *38*
2:13 *33*
3:4 *38*
3:8 *38*
3:9 *38*
4:1 *38*
5:5 *95*
5:15 *38*
6:12 *38*
7:1-3 *171*
7:3 *181*
7:4-6 *171*
7:6 *181*
7:14 *241*
8:4 *38*
8:6 *38*
9:7 *103*

요나
1:1 *123*
3장 *129, 172*
3:5-10 *45*
3:8-10 *171*
3:10 *123, 181*
4:2 *39, 43, 171, 175, 181, 230*

미가
4:3 *129*
6:8 *200*
7:10 *183*

나훔
1:3 *39, 43*

1:7 *144*

학개
1장 *204*
1:12-2:5 *204~205*
1:13 *206*
2:4 *206*

스가랴
1:17 *180*
7:10 *99*
7:12 *46*
8:14 *241*
8:15 *241*
8:23 *198*

말라기
2:13 *33*
2:17 *183*
3:1-2 *199*
3:2 *32*
3:5 *99*
3:6 *163, 166, 172, 174, 180*
4:5-6 *199*

마태복음
1:1-6 *103~104*
1:23 *184*
4:4 *153*
5:12 *117*
5:17-18 *153*
5:21-26 *133*
5:38-44 *125*
5:39 *15, 125, 129*
5:44 *128, 129*
9:13 *136*
10:34 *130*
18:23 *21*
21:33 *21*

성구 찾아보기 253

21:12-13 *48*
23:30-37 *117*
25:34-40 *158*
26:8 *235*
27:46 *21, 184*

마가복음
1장 *105*
1:44 *238*
2:19 *21*
2:23-3:6 *153~154*
3:1-6 *49, 239*
5:33-34 *235*
7장 *105*
7:26-29 *235*
7:24-30 *176*
10:18 *143*
10:21 *158*
10:42-45 *67*
11장 *105*
11:11 *48*
11:15-17 *48*
12:29 *21*
12:30-31 *21*
12:43-44 *78*
14:1 *79*
14:3-9 *78*
14:10 *79*
14:27 *79*
14:66-72 *79*
15:34 *184*

누가복음
1:37 *243*
1:46-55 *235*
4장 *104, 109*
4:1-13 *238*
4:4 *20*
4:8 *21*

4:12 *21*
4:39 *15*
7:27 *21*
7:37 *207*
7:39 *207*
7:50 *130*
8:48 *130*
10장 *109*
10:26 *21*
10:29-37 *105~106*
10:38-42 *78*
12:51 *130*
14:13-14 *157*
15장 *208*
15:1-7 *207*
15:8-10 *235*
18:1-8 *235*
18:9-14 *208*
18:31 *21*
19:45-46 *48*
19:46 *21*
20:17 *21*
22:37 *21*
22:49-51 *15*
24:44 *21*

요한복음
1:14 *206*
2:14-16 *48*
4장 *105, 235*
4:27 *76*
10:11 *21*
20:11-18 *235*
20:19-26 *130~131*

사도행전
4:13 *132*
4:29 *132*
4:31 *132*

5:1-11　*49*
9:31　*130~131*
17:24-25　*157*
28:31　*132*

로마서
1:7　*132*
3:23　*143*
5:8-10　*132*
5:12　*64*
6:23　*49*
8:38-39　*243*

고린도전서
1:3　*132*
7:5　*238*

고린도후서
1:2　*132*

갈라디아서
3:6　*156*
3:28　*70*

에베소서
5:21-22　*67*

빌립보서
3:2　*242*
3:4-6　*158*

디모데전서
2:13　*234*
2:14　*234*

디모데후서
3:16　*242*

히브리서
11:32-38　*117*

야고보서
1:15　*49*
1:17　*163*
1:19　*53*

베드로후서
2:7　*230, 234*

요한계시록
22:15　*242*

옮긴이 **최정숙**은 이화여자대학교 영어영문학과를 졸업하고 동 대학원에서 석사, 박사학위 취득한 후에 이화여자대학교, 성신여자대학교, 총신대학교 강사를 역임했다. 한영신학대학교 조교수 재임 중 도미하여, 현재는 ESL 강사와 통역, 번역 일에 종사하고 있다.

내겐 여전히 불편한 하나님

초판 발행 2013년 7월 10일
초판 5쇄 2025년 3월 20일

지은이 데이비드 T. 램
옮긴이 최정숙
펴낸이 정모세

편집 이종연 이성민 이혜영 심혜인 설요한 양지영 박예찬
디자인 한현아 서린나 ｜ 마케팅 오인표 ｜ 영업·제작 정성운 이은주 조수영
경영지원 이혜선 이은희 ｜ 물류 박세율 김대훈 정용탁

펴낸곳 한국기독학생회출판부 ｜ 등록번호 제2001-000198호(1978.6.1)
주소 04031 서울시 마포구 동교로 156-10
대표 전화 (02) 337-2257 ｜ 팩스 (02) 337-2258
영업 전화 (02) 338-2282 ｜ 팩스 080-915-1515
홈페이지 http://www.ivp.co.kr ｜ 이메일 ivp@ivp.co.kr
ISBN 978-89-328-1296-0

ⓒ 한국기독학생회출판부 2013

책값은 뒤표지에 있습니다.
무단 전재와 복제를 금합니다.